HUGO SCHNELL

DIE WIES

Ihr Baumeister Dominikus Zimmermann · Leben und Werk

D1873587

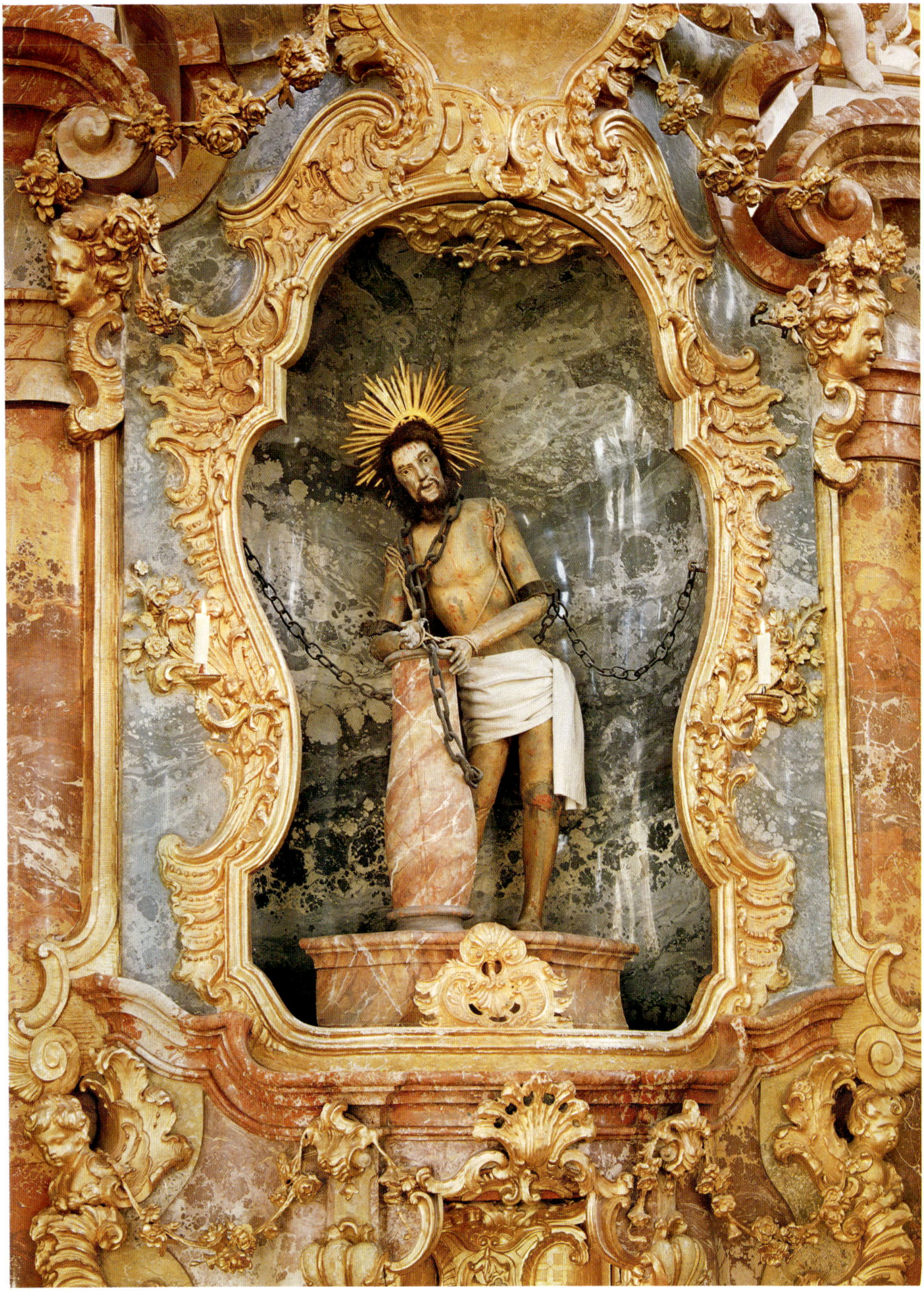

DIE WIES

Wallfahrtskirche zum gegeißelten Heiland

IHR BAUMEISTER DOMINIKUS ZIMMERMANN
LEBEN UND WERK

HUGO SCHNELL

Fotos von Kurt Gramer, Hugo Schnell und Johannes Steiner

VERLAG SCHNELL & STEINER MÜNCHEN · ZÜRICH

Meiner lieben Frau

Umschlagseite vorne: Wieskirche, Südseite, Gewölbedurchbruch
Rückseite: Außenansicht. Fotos Gramer

Diese Veröffentlichung bildet Band 1 der »Großen Kunstführer« des Verlages Schnell & Steiner
Völlig neu bearbeitete und wesentlich erweiterte Ausgabe der Auflagen 1934–1960
Herausgeber Dr. Hugo Schnell und Dr. Paul Mai
© 1979 by Schnell & Steiner GmbH u. Co., München · Zürich. Alle Rechte vorbehalten
Gesamtherstellung: Kösel, Kempten. Printed in Germany
ISBN 3-7954-08121 broschierte Ausgabe, ISBN 3-7954-04193 Leinenausgabe

DIE WIES

Wallfahrts- und Baugeschichte

Über die Gründung und die Anfänge der Wallfahrt zur Wieskirche bei Steingaden im Landkreis Schongau in Oberbayern sind wir eingehend orientiert. Vor und im Dreißigjährigen Krieg waren in Süddeutschland und im Alpenraum die Karfreitagsprozessionen, manchmal mit Wagen, die Figuren oder lebende Bilder zur Passion zeigten, manchmal mit Geißlern, in sehr vielen Städten und Dörfern bis zur zweiten Hälfte des 18. Jahrhunderts beliebt. Ob man die Publikationen über schwäbische Orte, z. B. Mindelheim, über Tirol (besonders über St. Johann), über Kindberg im steirischen Mürztal, über Altbayern (z. B. Tölz, Altomünster, Hl. Blut bei Erding und im Bayerischen Wald), über Schnaittach, Lohr am Main oder Geisa bei Fulda durchforscht oder alte Anweisungen liest, im Vordergrund steht nicht die fürbittende Prozession, sondern die Volksliturgie als ernste Nachbildung der Wege des Herrn, wie sie sich in Jerusalem besonders im 4./5. Jahrhundert ausgebildet hatte und in der Palmenprozession am Palmsonntag heute noch besteht. Im Fresko der Urkapelle der Wies trägt ein Prämonstratenser das Kreuz den Berg hinauf. Dieser Charakter der Anteilnahme am Leiden Christi und an seiner späteren Verherrlichung ist auch in der lichtdurchströmten Wieskirche, in deren Hochaltarretabel die Figur des gegeißelten Heilands steht, der sich entfaltende Kern.

»Im Jahr 1730 wollte Titl. Herr Hyacinth Abt zu Steingaden die Geheimnisse unseres leidenden Heilandes am so genannten Chor- oder Charfreytag in einem öffentlichen Umgang nach Gebrauch selbiger Zeiten fürstellen. Zu diesem Ende machte der Wohlehrwürdige Herr Magnus Straub Chorherr mit Beihilf des andächtigen Convers- oder Layenbruders Lukas Schweiger in Steingaden neben andern auch eine Statue von 4 und einem halben Schuhe aus unterschiedlich vorgefundenen Theilen zusammen, welche die Geißelung Christi vorstellen sollte. Die Statue nun wurde 3 Jahre hintereinander, nämlich Anno 1732, 1733 und 1934 im öffentlichen Umgang herumgetragen.« (Wahrer Ursprung und Fortgang der in Oberbaiern/Augspurger Bißthums und einem löblichen Prämonstratenser-Chorherren Stift Steingaden einverleibten Wallfahrt des gegeißelten Heilandes auf der Wies. Kempten 1779 S. 3)

Wegen ihres zu »ernsthaften Affektes« wurde die Statue beiseitegestellt und kam in den Besitz des Steingadener Gastwirtes Jeremias Rehle. Am 4. Mai 1738 erbat sich dieselbe die Gevatterin des Wirtes, die Bäuerin Maria Lory. Ihr Hof stand bis zum Anfang dieses Jahrhunderts »in der Wies« (in prato), die im Wald etwa eine Wegstunde südöstlich vom Pfarrdorf Steingaden entfernt liegt. Am Samstag, dem 14. Juli 1738, soll diese Figur während des Abendgebetes der Eheleute, die als »recht christliche« Leute geschildert werden, Tränen geweint haben. Der Mann wischte sie mit einem Tüchlein ab, das er dem Steingadener Abt Hyazinth Gaßner (1729/1745) überließ. Das Protokoll ihrer vereideten Aussagen lag mit dem genau orientierenden Bericht des Dekans Joh. Gg. Jänckher von Schongau bis zur Bombardierung 1945 im Augsburger Ordinariatsarchiv.

Der Abt zögerte. Nach eineinhalb Jahren gab er 1739 die Erlaubnis zum Bau der noch stehenden, offenen Feldkapelle gegenüber dem Loryhof. Als die umliegenden Bauern in ihren Nöten und Leibsgebrechen wunderbare Hilfe erhielten, wuchs die Wallfahrt in ungeahntem Maße. Am 17. März 1744 wurde die Kapelle »eingesegnet« und die erste heilige Messe gefeiert. »Da einmal erlaubt war, an diesem Gnadenort die heilige Messe zu lesen, und anzuhören, so wuchs der Zulauf der andächtigen Christen von allen Landen und Orten Deutschlands, Böhmens und Ungarns, auch anderen benachbarten Provinzen Frankreichs und Welschlands so sichtlich, daß man zuerst die

Kapelle auf zweymal bis in die 44 Werkschuhe erweitern mußte, und diese Erweiterung doch das herwallende Volk niemals halb fassen könnten.« (Wahrer Ursprung... S. 12) Ein »Herr aus München« ließ an das steinerne Kapellchen das Langhaus aus Holz anbauen, das nach dem Neubau der Kirche wieder abgebrochen wurde. 1744 bis 1746 sind durchschnittlich täglich über sechs Messen gelesen worden. Abt Hyazinth Gaßner bat deshalb Dominikus Zimmermann um einen Plan für eine große Kirche mit einem Wallfahrtspriestergebäude. Dieser Prälat hatte das Rokoko in ihm unterstehenden Kirchen eingeführt und schon 1740 mit Dominikus Zimmermann Pläne zur Umgestaltung seiner Abteikirche besprochen. (Mitteilung Michael Hartig) In Wessobrunn sah er die mächtige Rückwirkung einer Wallfahrtskirche auf Kloster und Frömmigkeit, da 1732 der Südturm der 1686–1692 erbauten Kirche in Vilgertshofen abschließend erbaut wurde. Und Dominikus Zimmermann hatte erst 1727–1732 die Wallfahrtskirche Steinhausen für die Prämonstratenser in Schussenried als echten Rokokobau und überzeugende Wallfahrtsstätte errichtet. Das Wallfahrtsbüchlein der Wies berichtet, daß Dominikus Zimmermann schon 1743 den ersten Plan zur Wieskirche Abt Hyazinth Gaßner überbracht hat. Diese Zahl findet sich auch auf einem Balken des Chores als Entstehungsjahr eingeritzt (s. Abb. Nr. 150). Die entscheidenden Verhandlungen erfolgten mit Prälat Hyazinth Gaßner.

Mit 52 Jahren starb dieser 1745. Sein Nachfolger Abt Marian II. Mayr (1745–1772) akzeptierte in der Hauptsache den angenommenen Riß von D. Zimmermann. Da der Bau bereits 1745 schon 40 Schuh »aus dem Grund erhoben worden« war, hatte er unter Hyazinth Gaßner begonnen. Die offizielle Grundsteinlegung erfolgte am (9.) 10. Juli 1746 im Auftrag des baierischen Kurfürsten Max Josef III., des Herrn der Hofmark Steingaden und des Schutzherrn des Klosters (seit 1425), durch Propst Herkulan Karg von Diessen. Noch im gleichen Jahr wurde der nach Osten ausgerichtete Chor unter Dach gebracht. Zu dieser Zeit muß der Riß für die Südseite des Chores vorgelegen haben, auf den später näher eingegangen wird. (Abb. Farbt. III bei Nr. 165)

Unser neu entdecktes Wallfahrtsbüchlein von 1779, das manche interessante, bisher unbekannte Einzelheiten zur Bau- und Wallfahrtsgeschichte vermittelt, berichtet (S. 16), daß ab 1746 an der »Priesterwohnung« und an dem Chor gearbeitet wurde, der innerhalb von drei Jahren bis 1749 »mit all möglicher Verzierung zu vollkommenen Stande gelanget« war; so machte man »alle Anstalten zu einer recht feyerlichen Übersetzung des Gnadenbildes.«

»Weil zugleich in diesem Jahr das Stift Steingaden von Sr. Hochfürstl. Durchl. Joseph Bischof zu Augsburg etc. etc. Landgraf von Hessen-Darmstadt etc. etc. besonders hohe Gnaden empfangen, als: 1. Die Einverleibung dieses neuen Gotteshauses in zeitlichen. 2. das allerheiligste Sakrament des Altares Tag und Nacht in dieser Kirche aufzubehalten. 3. die heilige Sakramenten der Buße, und der Kommunion allen ankommenden und würdigen mitzuteilen. 4. das Wort Gottes dem Volk von öffentlicher Kanzel vorzutragen; und 5. einige Chorherren an diesem Ort wohnhaft auszusetzen: so wurde in eben diesem Jahr beschlossen, den letzten Sonntag des August, oder Erndmondes, welcher damals auf den 31. gefallen, die feyerliche Übersetzung des Gnadenbildes aus der Kapelle, welche bey 150 Schritte unter der neuerbauten Kirche stehet, anzustellen, da vorher schon den 24. August der Chor von Titl. Herren Herrn Abt Marian... ist benedicirt, oder eingesegnet worden... Der Zulauf des Volkes ware an diesem Tage so außerordentlich, daß die Zahl von einigen auf 12. bis 15. tausend ist gerechnet worden.« Ein in der Wies erhaltenes Bild schildert die feierliche Übertragung des Gnadenbildes in den Chor am 31. August 1749.

Es ist bekannt, daß sich das Kloster durch den Bau der Wieskirche in untragbar hohe Schulden stürzte. Einerseits mußten die Materialien »im wildesten Tann«, auf oft moorigem Boden, der erst langsam gerodet wurde, auf schlechten Wegen an die Baustelle gebracht werden, andererseits wird öfters betont, wie schwierig in bautechnischer Hinsicht die Bauaufführung war. Es ergab sich ein vielseitig ausgebautes Konstruktionsbüro für Werkzeugmaschinen und Holzbearbeitung. Eine von mir vor dem Bombardementsbrand des Ordinariatsarchivs in Augsburg eingesehene zusammengestellte Überschau (ohne Künstlernennungen) ergab gegen 180000 fl. Bauunkosten, die möglichst

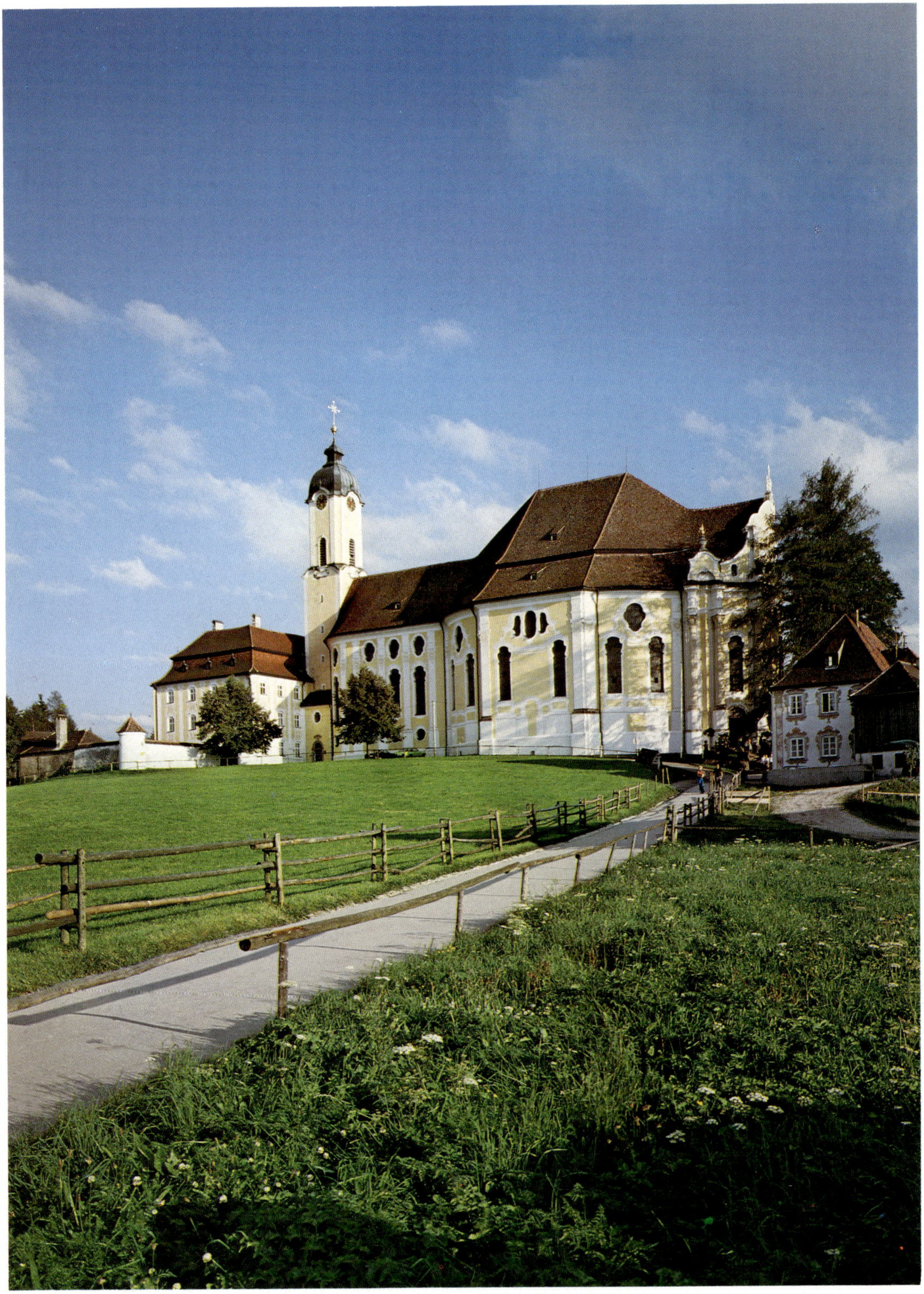

II Die Wieskirche (Nordseite) in der Landschaft mit Wohnhaus Dominikus Zimmermann (rechts)

vor dem warnenden Kurfürsten verborgen wurden. Dietmar Stutzer hat aus den Akten der Klosteraufhebung 1803 errechnet, daß einem Aktivkapital des Klosters von 82784 fl. 18 Kr. Schulden mit 387887 fl. 4 Kr. 2 Pfg. gegenüberstanden. Der Abt strebte eine Förderung der Arbeits- und Wirtschaftsmöglichkeiten, der Kultur und der Frömmigkeit an. Aber er hatte keinen Wirtschaftsfachmann zur Seite. Bewertete man allerdings die Baulichkeiten der Wies mit nur 120000 fl. gegenüber ca. 180000 fl. Entstehungskosten, hoben sich die Beträge gegenseitig ungefähr auf.

Nicht zuletzt auch der Entlegenheit der Wies verdankte sie ihre Rettung inmitten der mehrmals geäußerten Abbruchsabsichten am Anfang des 19. Jahrhunderts, (vor allem 1811, als Baufälle repariert werden sollten), da der Transport der zu verkaufenden Abbruchsteine viel zu teuer gekommen wäre. Auch setzten sich die umliegenden Gemeinden für die Erhaltung der Kirche ein. (A. Scheglmann, Geschichte der Säkularisation im rechtsrheinischen Bayern Bd. III, 2, Rgsbg. 1908 S. 391 f.). Eine entscheidende Einnahmequelle bildeten die anfangs reichlich fallenden Opfergelder, die ab ca. 1760 sehr zurückgingen.

Die verschiedenen großen Schwierigkeiten erbrachten eine Verlängerung der Bauzeit. Trotzdem gelang es, an den 1749 vollendeten Chor 1752/54 das Langhaus anzubauen. Bereits 1753 feierte der fränkische Graf Adam Friedrich von Seinsheim hier sein erstes Meßopfer, der später als Bischof von Würzburg den Wieskult in Franken steigerte (u. a. erhielt sich ein fränkisches Wies-Lied). »Weil nun endlich im bemeldeten Jahr 1754 die ganze Kirche schön ausgemahlen und sehr zierlich mit Stuckadorarbeit allenthalben ausgekleidet war, so wurde sie eben dieses Jahr den 1. September oder Herbstmonath, der zugleich Sonntag war, von Titl. Herrn Herrn Adelmann Reichsfreyherrn von Adelmannsfelden, Bischof von Mactaritra, und Weihbischof zu Augspurg etc. unter Zulauf einer unzähligen Menge Volkes feyerlichst eingeweihet.« (Wahrer Ursprung ...) 1756 folgten die beiden Seitenaltäre. 1757 wurde die Orgel aufgestellt. In und mit diesem Jahr signierte D. Zimmermann ein Votivbild zum Dank der Fertigstellung der Kirche (Abb. Nr. 4/5). Die Zahl findet sich auch in einer Inschrift im Glockenturm.

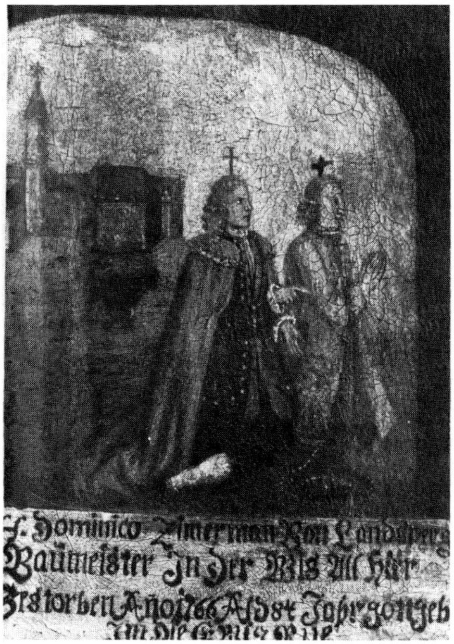

1 Gedächtnisbild an D. Zimmermann und Sohn

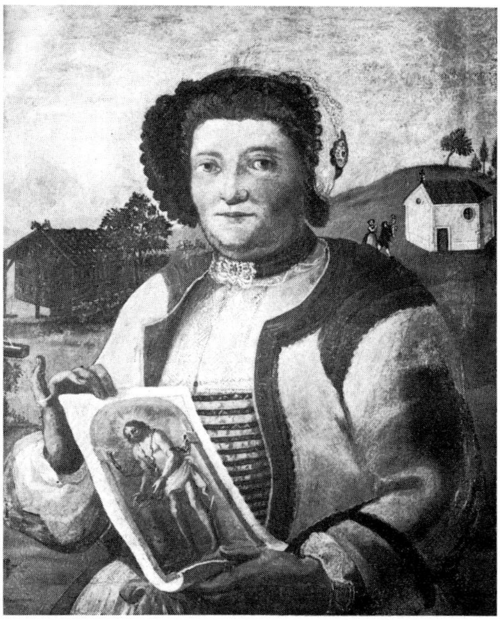

2 Die Wies-Bäuerin Maria Lory mit alter Kapelle

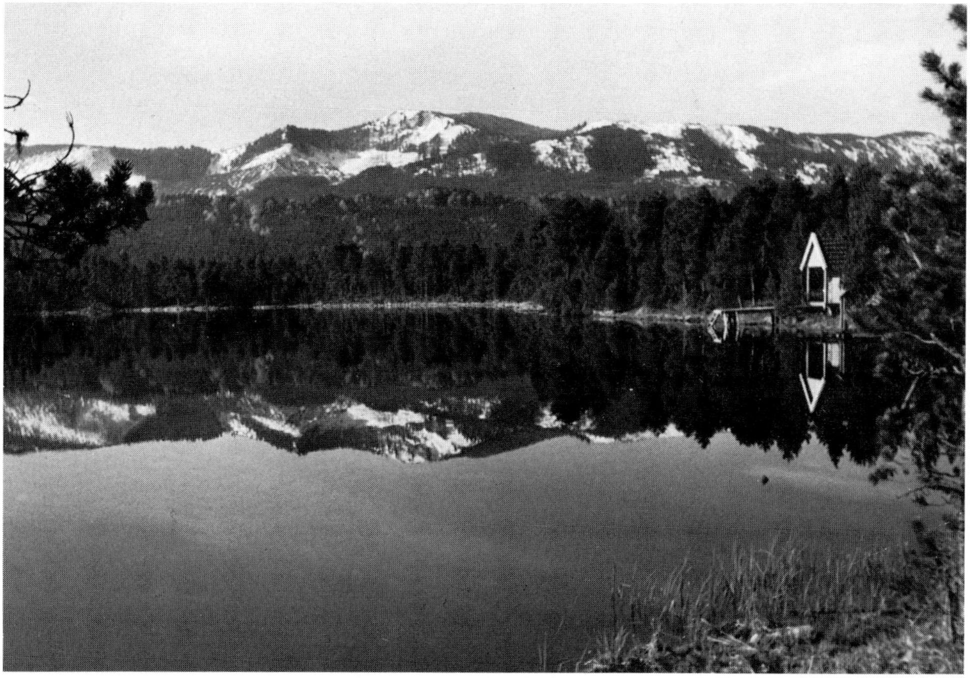

3 Frühlingsmorgen am Klepperfilz bei der Wies

Der Patron der Kirche ist der heilige Joseph, der im 17. und 18. Jahrhundert viel verehrt und zum Schutzpatron Baierns erhoben wurde. Vielleicht stellte diese Wahl auch eine Huldigung für den Augsburger Fürstbischof Joseph dar.

Die Wallfahrt zum gegeißelten Wiesheiland war sehr verbreitet. Jede Spätzeit bevorzugt statt des Sieges den Schmerz, feiert statt den Christkönig das Leiden des Herrn. Verschiedene Siedlungen nahmen diesen Namen an und erbauten Wieskirchen (z. B. Wies b. Freising, bei Moosbach/Opf., in Böhmen, in der Steiermark usw.). Figuren oder Fresken des Wiesheilands wurden bisher über 200 gezählt, vor allem im bayerischen Schwaben, im Elsaß, in der Fuldaer und Mainzer Diözese, aber auch in Neu-Rhode in Schlesien. Trotzdem verblieb dem Kloster von der Gesamtbausumme von fast 180000 Gulden eine große Schuld bis zur Säkularisation.

Wie der Kalender für katholische Christen auf das Jahr 1854 berichtet (Sulzbach, S. 70–75), war die Wies im 19. Jahrhundert in näherer und weiterer Umgebung geschätzt und besucht. Nur der Städter und die beginnende Kunstwissenschaft (z. B. C. Gurlitt, Geschichte des Barockstils und des Rococo in Deutschland, Stuttgart 1889) kannten sie nicht. Nach dem ersten Weltkrieg wurde sie sehr beliebt und erforscht.

Die Gegenwart würdigt nicht nur das Kunstwerk, die Kirche wird auch intensiv als Gottesdienst- und Wallfahrtsraum erlebt. Neue Votivtafeln und viele Beter und Wallfahrer zeugen hiervon. Das ehemalige Wallfahrtspriesterhaus diente der von Prälat Alfons Satzger gegründeten Landvolkshochschule. Sie entwickelte sich unter diesem einsatzbereiten Wies-Kuraten so lebhaft, daß er in einiger Entfernung der Wies durch Architekt Siegfried Östreicher 1960 eigene Gebäude erbaute. Heute leitet sie Kurat Georg Kirchmeir. Der sehr geschätzte und beliebte Prälat A. Satzger wurde im Vorbau der Wies beigesetzt.

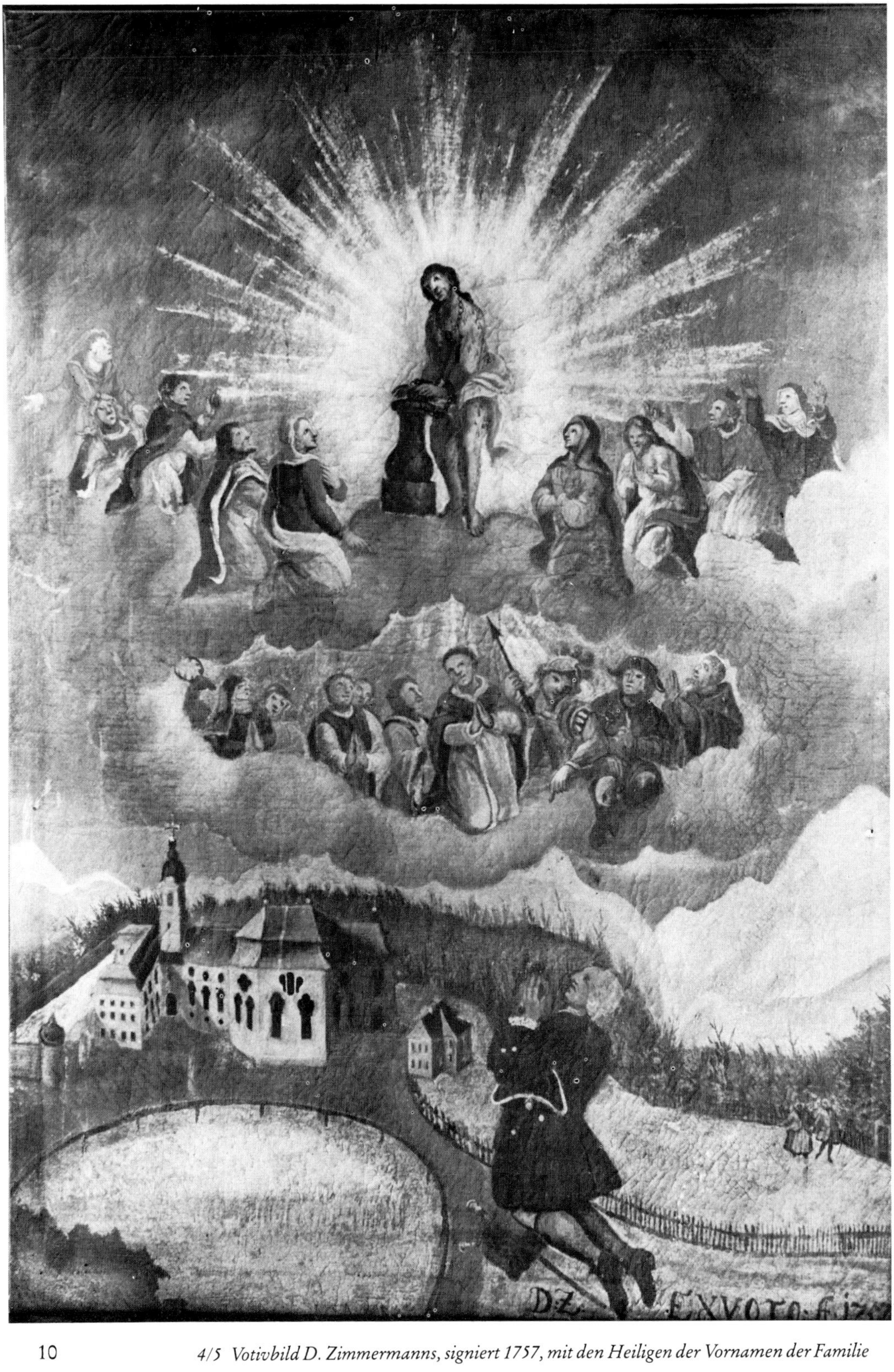

4/5 Votivbild D. Zimmermanns, signiert 1757, mit den Heiligen der Vornamen der Familie

DOMINIKUS ZIMMERMANN

Sein Leben und Werk

D. Zimmermanns Großvater Jakob stammte aus der weiteren Umgebung von Wessobrunn. Der Bauernhof lag auf einer Anhöhe »ab dem Berg« in Birkland an der Straße Schongau–Diessen, dem Filialdorf von Apfeldorf. Sein Bruder Matthias erhielt den Hof (Nr. 8 Simmerbauer, kaum Nr. 7 des Quaribauern); als Taufpate des ersten Kindes von Matthias, Georg, erscheint am 18. IV. 1640 der Maler Nikolaus Augustin. Die Abtei Wessobrunn war in Birkland begütert. Jakob wanderte aus und ließ sich als Bäcker in Wessobrunn nieder. Dort heiratete er am 14. I. 1641 Johanna Hueber »zum Heißnbäck« in Gaispoint. Er übernahm dort wohl das Geschäft. Bald wurde er, selbst Vater von sieben Kindern, Taufpate in den alteingesessenen Familien Zöpf und Steinhauser. Von Jakobs Sohn August wurden unter fünfzehn Kindern mindestens zwei Söhne Stukkatoren, von denen Michael (1690–1762) seinem Vetter Johann Baptist bei der Stukkierung der Reichen Zimmer in der Residenz zu München half. Elias Zimmermann, der dritte Sohn des Jakob (20. VII. 1656–1695), am 19. I. 1694 als Stukkator und Maurermeister erwähnt, der in Untermiete wohnte, wurde der Vater des Dominikus. Er heiratete am 31. VII. 1679 in dem naheliegenden Raisting Justina Rohrmoser. Ihre Eltern Martin und Katharina Rohrmoser, geb. Winterholer, ließen das Kind am 11. IV. 1657 taufen. Nach dem frühen Tod ihres Mannes (1695) ehelichte Justina Zimmermann den Stukkator Christoph Schäffler, der Stiefvater von sechs Kindern, u. a. von Johann Baptist (get. 3. I. 1680) und von *Dominikus* (get. 31. (!) Juni 1685 in Wessobrunn, Taufpate Thomas Zöpf von Schlitten-Forst) wurde. Da die jüngeren Schwestern Severina den Stukkator Dominikus Gebhardt und Catharina den Stukkator Georg Vogl heirateten, lebte Dominikus in einer reich verzweigten Stukkatorenfamilie. Und da die Wessobrunner nicht nur eng versippt, sondern auch – fast zunftmäßig – zusammengeschlossen waren, u. a. mit der Vereinbarung, sich gegenseitig zu helfen, und sie sich in Winterkursen nach der Sommerarbeit fachlich weiterbildeten, stand der einzelne in einem festen Verband. Bei der intensiven Pflege der Formenwelt konnte sich über Renaissance und Barock infolge nie fehlender Begabungen die »Wessobrunner Bau- und Stukkatorenschule« ausbilden.[1]

Es liegt nahe, daß der junge Dominikus Zimmermann gleich seinen Kameraden ab 12., spätestens 14. Lebensjahr als »Bub« die Anfänge der Stuckkunst zunächst bei seinem Stiefvater Christoph Schäffler und in Wessobrunner Kreisen erlernte. Verschiedene Wessobrunner bildeten sich in Augsburg weiter. Möglich ist es, daß D. Zimmermann seine *Lehre* bei Matthias Lotter (Loder, Lother), geboren um 1655 in Sirchenried bei Mering (Obb.), erhielt. Lotter hatte unter Andreas Schmuzer in Biberbach b. Augsburg gearbeitet, war Meister im Bildhauerfach und hatte 1694 in Augsburg das Meisterrecht erhalten. Er stuckierte in mehreren Kirchen, in denen Herkommer arbeitete, z. B. um 1717 in St. Moritz in Augsburg und besonders in Füssen. Manchmal war auch D. Zimmermann vertreten. Das früheste gemeinsame Werk waren wohl die östlichen Rundkapellen im Langhaus von *St. Lorenz* in *Kempten,* die J. J. Herkommer, Füssen, nach 1705 ff. umgebaut und Lotter stuckiert haben dürfte, während D. Zimmermann wohl unter Herkommer später als Frühwerke Stuckmarmoraltäre (St. Benedikt und Schutzengel) schuf. (Zuschreibung zunächst H. Schnell.) Zum letztenmal begegnen sich die drei Meister bei der Arbeit für die Krippen- sog. Christkindlkirche in Füssen.

In der Literatur gilt oftmals Johann Schmuzer als Lehrer D. Zimmermanns. Aber dieser starb schon 1701, als Zimmermann sechzehn Jahre alt war. Daß vor allem die Bau- und zum Teil die

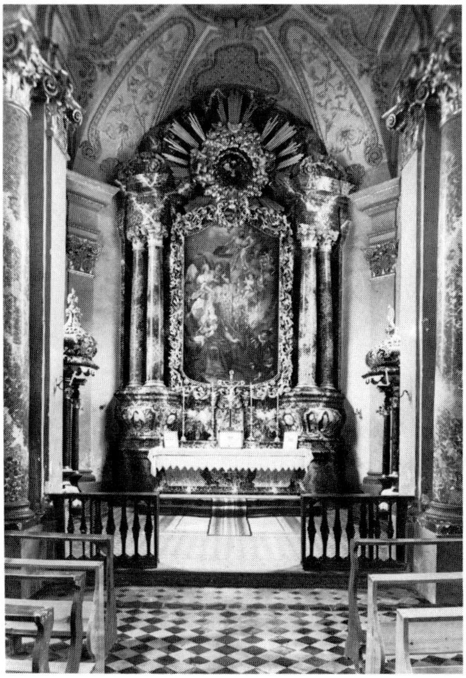

6 Fischingen KT Thurgau, Hochaltar in Idda-Kapelle

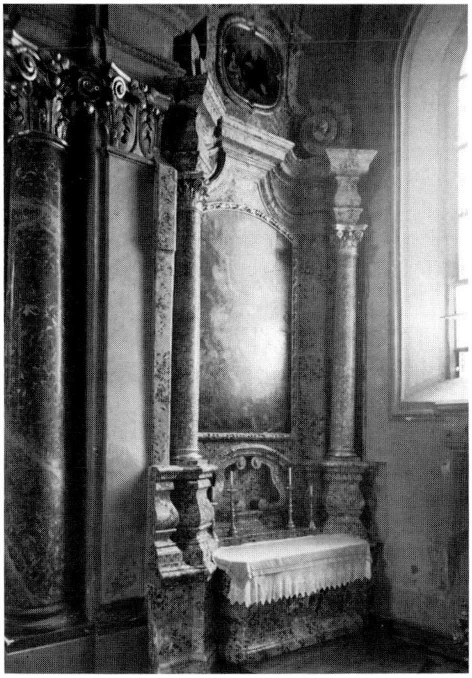

7 Fischingen, Idda-Kapelle, Benedikt-Altar

Stuck-Kunst J. Schmuzers bei D. Zimmermann zeit seines Lebens tief nachwirkte, besonders in Vilgertshofen, ist sicher. Es waren auch persönliche Beziehungen vorhanden, da J. Schmuzer u. a. 1684 der Trauzeuge des Schwiegervaters von D. Zimmermann war. Am wirkungskräftigsten beeindruckte D. Zimmermann die Stuck-Kunst seines fünf Jahre älteren Bruders Johann Baptist.

Aber zunächst fällt die Verbundenheit mit J. J. Herkommer, dem führenden Architekten im schwäbischen und Innsbrucker Raum auf, der D. Zimmermann vielleicht als Baumeister (zwischen 1707/12) freigesprochen haben könnte.[2] D. Zimmermann lebte als »Marmolierer« und »Stukkator« acht Jahre in Füssen, zunächst in Faulenbach, dann im 2. Viertel der Stadt 1708–1716. Einzelne architektonische Elemente Herkommers verwendet Zimmermann noch – oder wieder – im Spätwerk des Umbaus der Eresinger Kirche. Direktes Schülerverhältnis ergibt sich bei Herkommers Altären: die Formenwelt des beispielgebenden Ulrichsaltars in St. Mang in Füssen und Vorgänger beeinflußten Zimmermann jedoch nicht so belastend, daß er nicht in kurzer Zeit seine eigene Gestalt und Aussage gefunden hätte. (Abb. Nr. 32)

D. Zimmermann war es ermöglicht, in Folge seiner überragenden Begabung und eines großen Auftrages in Fischingen in jungem Alter, das heißt mit 22½ Jahren, früher als seine Kollegen, am 9. Januar 1708 in Wessobrunn die 21jährige Therese Zöpf von Gaispoint, die er von Jugend auf im benachbarten Haus im »Stolzgraben« kannte, zu *heiraten*. Ihr Vater Christoph Zöpf, der früh starb, gehörte der großen Stukkatorenfamilie Zöpf an, die in acht verschiedenen Häusern wohnte. Er war einer der geschätztesten Mitarbeiter von Johann Schmuzer, der mit Leonhard Gigl sein Trauzeuge war. Auch die Mutter von Therese, geb. Afra Winkler, stammt aus Kunsthandwerkerkreisen. Als Trauzeugen Dominikus Zimmermanns und Therese Zöpfs waren August Zimmermann und Andreas Müller von Gaispoint sowie Georg Zöpf erschienen. (Vgl. W. Neu, D. Zimmermann,

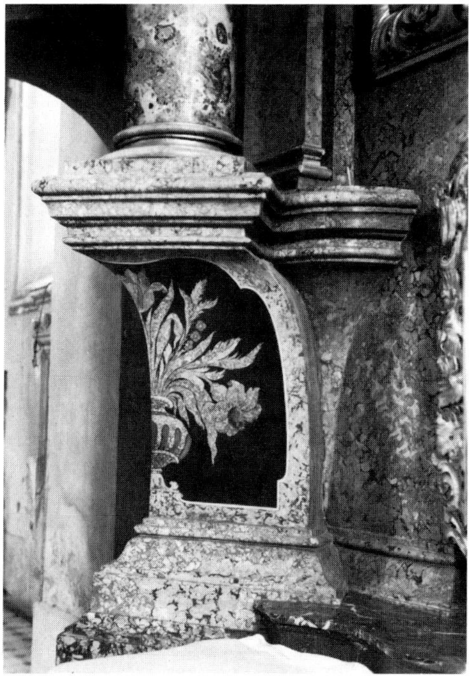

8 Fischingen, Idda-Kapelle, Detail aus Josefs-Altar

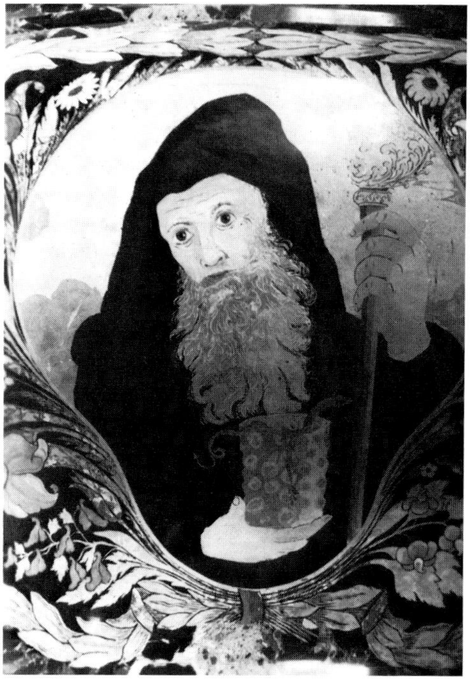

9 Hochaltar 1708/9 Scagliola St. Benedikt

»Gebirdig in Wesobrun« – die Entdeckung seines Elternhauses. In Jb. »Lech-Isar-Land«, Weilheim 1966, S. 95f.)

Jeder Lehrling mußte nach Zunftbrauch auf die Wanderschaft ziehen. Trotz eingehender Nachforschungen konnte nicht in Erfahrung gebracht werden, ob D. Zimmermann vielleicht über München nach Franken ging, da er dort später Aufträge erhielt und eventuelle Einflüsse sich in Pöring feststellen lassen konnten, oder ob er nach Italien wanderte. Einige Formelemente in seinen Scagliolastücken (Stuckmarmoreinlegearbeiten) weisen auf Oberitalien (Carpi), wo diese Kunst zu Hause war. Aber D. Zimmermann konnte diese auch bei Nachfolgern Pfeifers (Fistulator), die in der Münchner Residenz arbeiteten, erlernt haben. Die Marmolier- und Scagliolakunst war frei und an keine Zunft gebunden.[3]

Jedenfalls ist auffallend, daß D. Zimmermann ab Ende 1707 im Benediktinerkloster *Fischingen* im Kt. Thurgau erscheint, einen Probealtar zu Ehren des hl. Joseph – nach seiner Hochzeit im Frühjahr 1708 – errichtet und dann den Idda-Altar und weitere vier Stuckmarmoraltäre mit 23 Jahren erstellt. Sein Name findet sich in einer Signatur eines Scagliolastücks am Hochaltar (Dominicus Zimerman anno 1709) und in erhaltenen Verträgen. Am 31. X. 1707 und am 20. IV. 1708 werden Verträge von der Benediktiner-Abtei Fischingen OSB I, Kt. Thurgau, über die Erstellung des St. Josef- und des Idda-Hochaltares (Staatsarchiv Frauenfeld 7.41.55 VIII/3/6/7) in der 1704–1708 erbauten Idda-Wallfahrtskapelle an der Nordwestseite der Fischinger Klosterkirche, die 1684–1687 erbaut worden war, geschlossen. H. Schnell hatte nach seinem Fund der Signatur 1939 Pfarrer J. Kornmessers Publikation (Geschichte der Pfarrei Fischingen und der Verehrung der hl. Idda, Einsiedeln 1887), der den Hochaltar als Werk D. Zimmermanns nannte, ergänzt und D. Zimmermann aus stilistischen und materialtechnischen Gründen die fünf

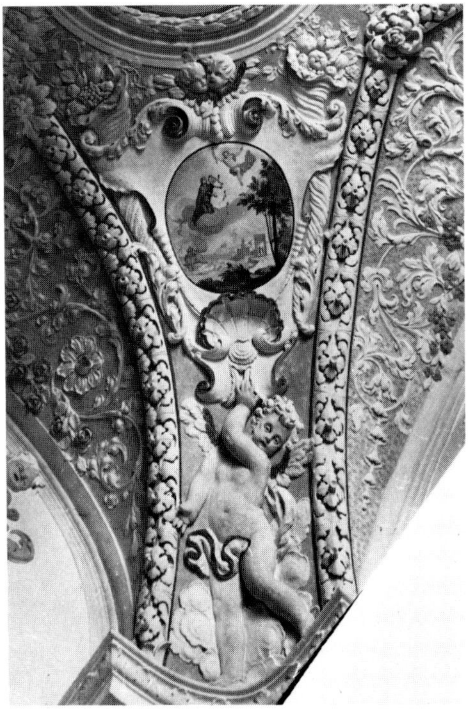

10 Buxheim, Klosterkirche, Marienkapelle 1709

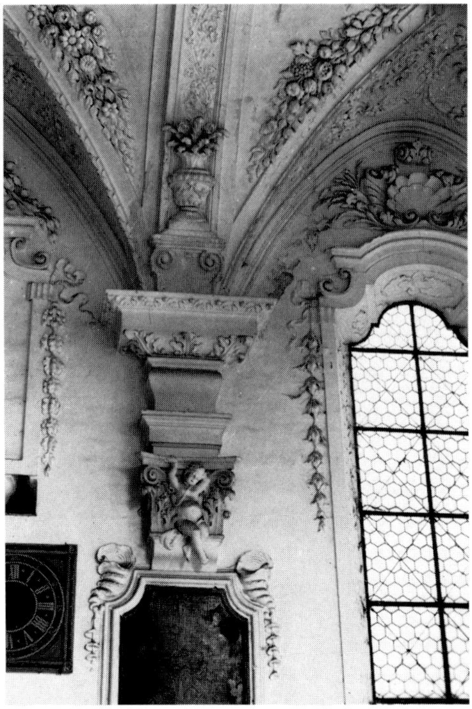

11 Buxheim, Klosterkirche, Chor-Nordseite, ca. 1710

Nebenaltäre zugeschrieben. (Stuckmarmoraltäre und Scagliolen) 1942 sprach sich hierfür Linus Birchler aus (Dominicus Zimmermann in der Schweiz, in Das Bodenseebuch 1942, 29. Jg., Ulm, S. 67/68). Die beiden Verträge mit Zimmermann und Werkbeschreibungen legte Albert Knöpfli, Die KD des Kt. Thurgau Bd. II Bez. Münchswilen, Basel 1955 S. 82 ff., 134 f., vor.[4] Es handelt sich um den St. Josephsaltar an der Turmwand der Taufkapelle, um die zwei Pendantaltäre St. Nikolaus und Schutzengel (nicht Michael) in den Seitenarmen und um die zwei Pendantaltäre Todesangst Christi und Schmerzensmutter-Maria-Altar in den Diagonalkapellen. (Abb. 6–9)

D. Zimmermann muß schon bei diesem ersten uns bekannten Vertrag mit ihm sehr gut eingeführt und geschätzt gewesen sein, da ein anderer Hochaltar versprochen war, zu dem schon 6 Steinsäulen bereitlagen. (Knöpfli S. 134 Anm. 4) Eine anzunehmende Empfehlung vom Abt von Wessobrunn allein führte kaum zum Auftrag, aber vielleicht ein früher ausgeführtes Werk D. Zimmermanns, das uns unbekannt ist und in der Schweiz stehen könnte. Der Josephsaltar und der hervorragend ausgeführte Hochaltar (1708, um 200 fl.) führten zur Beauftragung von drei weiteren Altären. Alle fünf Altäre weisen völlig eigenständige Kompositionskraft, persönlichen Rhythmus, originelle und zugleich erlesene Farbenwelt im glänzend polierten Stuckmarmor und aparte Scagliolabilder auf. Zimmermann erscheint im ersten, urkundlich gesicherten Großauftrag als ausgebildeter, sich entfaltender Meister, der ebenso über Entwurfsvermögen wie über künstlerische Kraft, ausgezeichnetes Farbempfinden und hohes kunsthandwerkliches Können verfügt.

Als Mitarbeiter könnte der 1708 in Fischingen genannte Wessobrunner Stukkator Joseph Resch in Frage kommen, der am 24. XI. 1708 die Bildhauerstochter Catharina Stähelin in Fischingen geheiratet hatte (Ehezeugen aus Fischingen: Peregrin Stähelin und Jörg Schneller). Zimmermann hatte bereits damals auch andere Aufträge übernommen, da er sich verpflichten mußte, öfters selbst mitzuarbeiten und wenn »etwas ohngefälliges« gemacht würde, für alles einzustehen. Seine Hand

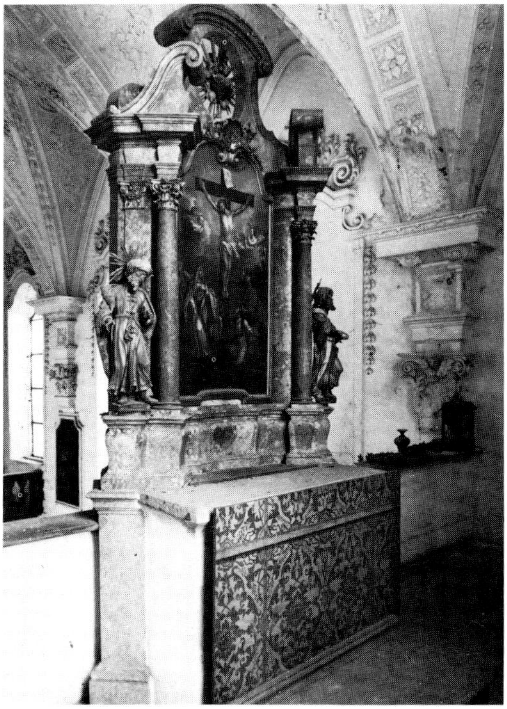

12 *Buxheim, Klosterkirche, Lettner-Altar*

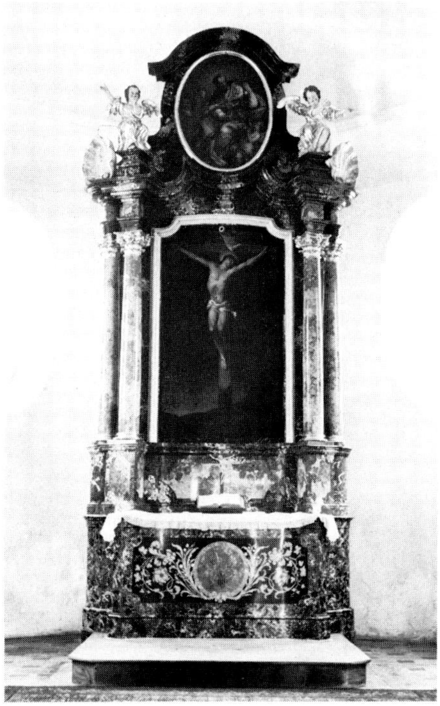

13 *Volkratshofen, Zimmermann-Altar sign. 1713*

ist deutlich erkennbar. So stellt sich der junge Meister als Altarbauer, »Marmolierer«, wie er sich selbst neben »Stukkator« nennt und Scagliolist von überraschender Meisterschaft vor. Fischingen liegt aber an einem der Wege, die von Italien kommen.

Zimmermanns eigenstarke Formenwelt ist auch in den beiden Sedilien oder Presbyterien im Hauptaltarraum erkennbar. Die ausbauchenden Säulenpodeste, die schlanken Säulen, ihre diffizil gemuldeten Übergänge zu den in der Mitte eingewölbten Deckplatten ergaben sich aus D. Zimmermanns Formenvorstellungen. Abschluß und Intarsien-Holzeinlagen hoher Qualität und viele Einzelheiten der reichen Gestaltung könnten von Jakob Bochner und Marx Fröhli stammen.

Dieses signierte, vielseitige Werk erlaubt die von der Forschung akzeptierte Annahme von H. Schnell, daß die zwei einfachen Stuckmarmoraltäre hl. Bernhard und hl. Kreuz im Langhaus in der ehem. Zisterzienserinnenklosterkirche *Niederschönenfeld* (Ldkr. Neuburg a.D.) um 1705/1707 von D. Zimmermann als Anfangsarbeiten gestaltet wurden. Vor allem das südliche Scagliola-Antependium mit der Büste des Hl. Bernhard v. Cl. und mit Blumenvasen weist eindeutig auf ihn.[5] Das zweite nördliche Antependium fehlt heute und ist durch eine neue Arbeit (von Binder) ersetzt.

1709 sollte Zimmermanns Tätigkeit für die reichsunmittelbare Kartause *Buxheim* bei Memmingen beginnen, die ihn oft beanspruchte: nach D. Zimmermanns Aussagen ab 2. Juni 1709 (bis ca. 1711/13) für die Kartause, 1726/27 für die Pfarrkirche und 1733 bis mindestens 1739 als »Baudirektor« des Klosters. Dazu kommen die Arbeiten für Kloster- und eigene Kirchen bzw. Pfarrkirchen Buxheims bis zum Tode. Dominikus Zimmermann stuckierte nach den Manualien Buxheims 1709 die Marienkapelle, ab 1709 die Klosterkirche, die Sakristei, (mit Dominikus Gebhart, Zimmermanns Schwager, und Benedikt Zöpf), und die Bibliothek.[6] Johann Baptist signierte seine Fresken in Kirche, Sakristei, Bibliothek und im abgerissenen Kapitelsaal. Schon mit 25 Jahren hat Dominikus (lt. Manualien) die Oberleitung im Stuckbereich inne, nicht sein älterer

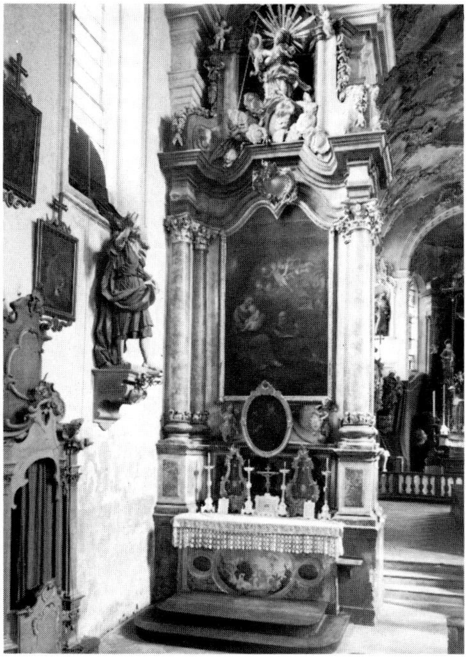

14 Biberbach, Marien-Altar um 1712

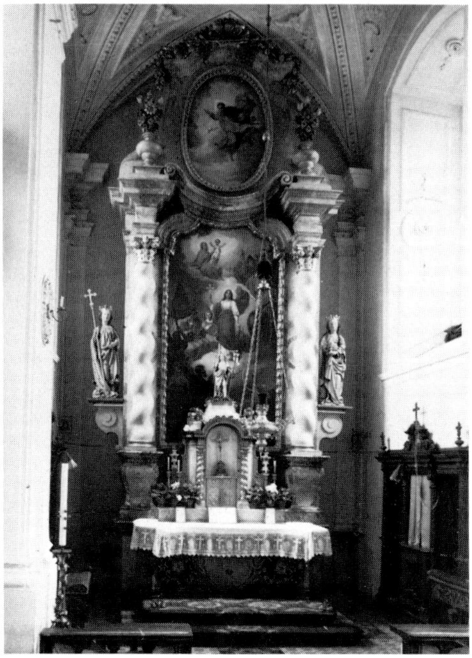

15 Laub, Hochalter 1712/13

Bruder. Dominikus Zimmermann fertigte außerdem für die Klosterkirche das in blau-grauen Farben träumende Stuckportal 1712/13 (Abb. Nr. 108), urkdl. 2 Stuckmarmoraltäre auf dem Lettner und zwei rot-blaue Stuckmarmoraltäre für die Westempore (heute Ottobeuren). In Buxheim tritt uns erstmals D. Zimmermann als formsicherer und eigenwilliger Stukkator mit urkundlich gesicherten Arbeiten gegenüber, so daß von hier aus seine Handschrift und seine Formvorstellung klar aufzunehmen ist. Jede Stuckgeschichte D. Zimmermanns findet hier ihren Anfang. Die Einzelformen, auf die hier nicht eingegangen werden kann, sind vielfältig, doch gefestigt und persönlich (Vgl. S. 26). Sie unterscheiden sich zum Teil vom Wessobrunner Formengut dieser Jahre. Beeinflussungen können nur teilweise nachgewiesen werden. D. Zimmermann war schon mit so jungen Jahren keinem Wessobrunner oder einem anderen Meister direkt verpflichtet. Noch unabhängiger und selbständiger ist er als Scagliolist. Er übernimmt neben anderen Einflüssen Wessobrunner Formen, setzt sich jedoch kritisch und mit persönlichem Engagement mit diesen auseinander. Leider ergibt sich eine Spanne von ca. 7–8 Jahren, bis wir das nächste größere Stuckprogramm von ihm in Maria Medingens Klosterkirche kennenlernen können: er legte einen weiten Entwicklungsweg zurück. (Abb. Nr. 10ff.)

Es bleibt noch zu untersuchen, ob D. Zimmermann nicht auch kleinere Barockisierungen in der Kirche vorgenommen hat, (z. B. Fenster) oder ob diese vom genannten Christian Wiedemann von Elchingen stammen und auf D. Zimmermann Einfluß hatten. 1817 wurde der Kapitelsaal abgerissen, den Johann Baptist Zimmermann freskiert und wahrscheinlich Dominikus Zimmermann stuckiert hatte. Er hatte für ihn auch einen Altar geschaffen, der auf Sockeln seinen Namen »DZ« und die Jahreszahl »1713« trägt, so daß für diese Periode Zimmermanns urkundlich gesicherter Boden vorhanden ist (neben Rechnungsbeträgen über 59 Gulden 15 Kr. für 10 Pfund »Berg Blau zu denen gyps Altären«). Dieser Altar steht heute in *Volkratshofen.* (T. Breuer, Ein Stuckmarmoraltar des D. Z. in Volkratshofen bei Memmingen. In 17. Jahresbericht Bayer. Landesamt für Denkmalpflege. Mchn. 1959 S. 81–82.) (S. Abb. 13)

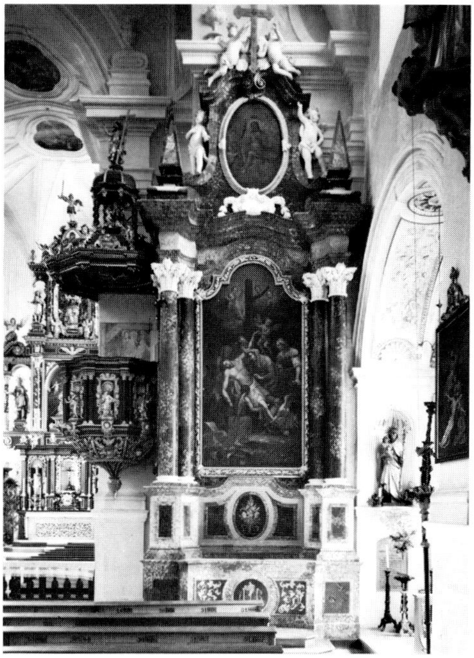

16 Wemding, Sebastiansaltar 1713

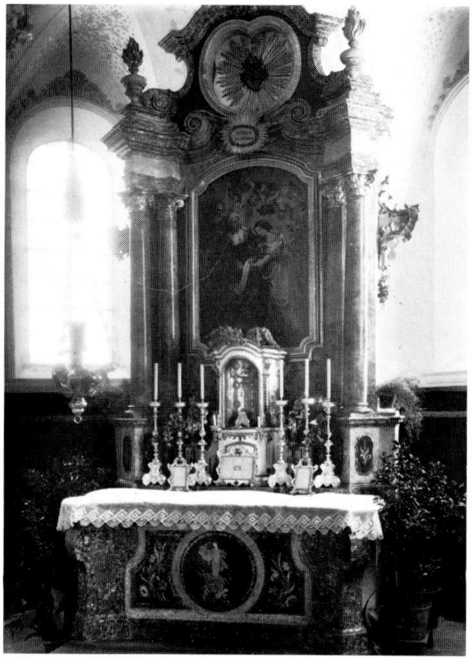

17 Birkland, Hochaltar, 1715

Zu gleicher Zeit stuckierte Matthias Stiller 1709 die *Kreuzherrenkirche in Memmingen.* Bei Ausgrabungen 1946 fand man viele blaugraue und rötlich-blaue Stuckmarmortrümmer und Scagliolateile (heute im Heimatmuseum), die H. Schnell unbestritten D. Zimmermann zuschrieb, da diese Reste von zwei Frührokokoaltären der Buxheimer Gestaltung ähnlich sind.[7] Bei der Hochzeit D. Zimmermanns am 9. I. 1708 mit Therese Zöpf war Georg Zöpf Trauzeuge; der gleiche Georg Zöpf war Trauzeuge bei Matthias Stillers Hochzeit vier Wochen später am 13. II. 1708 in Wessobrunn. Diese enge Zusammenarbeit und Zusammengehörigkeit der Wessobrunner ist stets anzutreffen.

An fünf Orten folgen Altarbauten D. Zimmermanns mit Scagliolen. Da Stukkatoren keine Altäre aufbauen durften, ist zunftrechtlich die Frage zu klären, ob Stuckmarmoraltäre vielleicht ausgenommen waren oder ob D. Zimmermann auch als Bildhauer (eventuell bei Lotter, der als Stukkator und Bildhauer Meister war, sich aber nur Stukkator nannte) ausgebildet war. Jedenfalls stammen die Entwürfe zu Zimmermanns Altarbauten von ihm, wenn auch die Holzaufbauarbeiten von Schreinern besorgt wurden (z. B. Bergmiller, Türkheim).

Zunächst fertigte D. Zimmermann 1712–1714 vier Nebenaltäre mit vier Scagliola-Antependien in der kath. Pfarrkirche St. Jakob in *Biberbach,* Ldkr. Wertingen. Auf dem rückwärtigen, nordwestlichen Skapulier-Altar stellte Verfasser auf einem gelben Blatt einer Ranken- und Blumenkomposition, auf dem ein Stieglitz steht, die Signatur fest: »Dominicus Zimerman A 1712 Stockhador vnd Marmolier.« (Stifter Pfarrer Anton Ginther). Auch der rechte, südwestliche Candida-Altar ist eine Stiftung (Benefiziat M. Prunner. Vgl. Anfangsbuchstaben im Scagliola). Für die beiden vorderen Altäre U. L. Frau und St. Anna fand Theo Neuhofer in der »Heiligenrechnung« 1712 im Fuggerarchiv Eintrag und Quittung D. Zimmermanns über 700 fl. und 38 fl. Zugabe. Die Scagliolen zeigen romantischen Hintergrund: Im Vordergrund David mit dem von ihm bezwungenen Löwen, (Südost) und der Versuchung Christi durch den Teufel (Nordost). D. Zimmermann arbeitete mit 24 Jahren selbständig für die Fugger.[8]

18 Biberbach, lk. Altar, Scagliola-Antependium

19 Biberbach, Scagliola-Antependium (vgl. sehr ähnlich in Volksratshofen) 1712

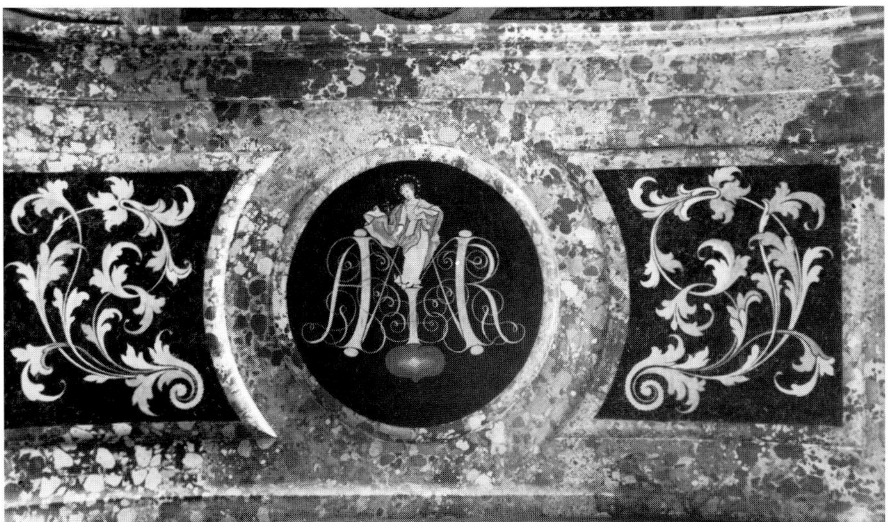

20 Wemding, rechter Seitenaltar, Scagliola-Antependium 1713

Gegenüber den Altären von 1707/9 in Fischingen sind die Biberbacher Altäre schlanker und wohl auch aus der Raumgegebenheit schmäler geworden, vor allem flüssiger im Gebälk. Auffallend sind in den westlichen Altären abrundende Viertelsäulen in den Ecken zur Altarwand und im Aufzug die typisch zimmermannsche Modellierung in der Umrahmung der Nischen mit den Figuren E. B. Bendels.

Zwei hervorragende Seitenältäre folgten 1713 in der kath. Stadtpfarrkirche St. Emmeran in *Wemding* im Ries, Ldkr. Donauwörth. An der rechten Säulenbase halbrechts versteckt fand Geistl. Rat Pütz am südlichen Sebastiansaltar an der Chorwand die Signatur: »Dominicus Zimerman Stockhador gebirdig v. Wesenbrun: Won(haft) in (D)iessen: A: 1713«. Da der nördliche Apostelaltar gleichgestaltet ist, stammt auch er von D. Zimmermann. Gegenüber Biberbach ist das Werk qualitätvoller in Aufbau, Marmorierung, Stuck und Scagliola-Arbeit. Der Höhenzug ist außerordentlich (S. Abb. 16, 20, 21, 112). Der Grundton ist um 1713 noch schwarz, mit rotem und grünem Stuckmarmor, aber die schlanken schwarzen Doppelsäulen erhielten weiße Basen und weiße Kapitäle und im Aufzug weiße, ein wenig fleischfarbene Englein. Das Imponierende ist der architektonische Höhenaufbau und die Verschmelzung aller Teile. In die vorgestellten, konkaven Mensen sind die prachtvollen Scagliolen eingearbeitet. In der Mitte erscheinen in Kreismedaillons die Namenszüge Christi und Mariens in feinst verschnörkelter Graphik mit kleinen Figürchen Christi und Mariens, seitlich ornamentales, in verschiedenen Farben changierendes Rankenwerk. Die Subtilität und Sensibilität D. Zimmermanns für Linie und Farben ist gesteigerter und ausgebildeter. Das Kreisrund wird in der Leuchterbank zum emporstrebenden Oval, das zum Oval im Aufzug in Verbindung steht und zusammenfaßt. Im Oval leuchten Blumen auf, so unmittelbar, als ob sie uns gereicht würden, im Gegensatz zu Fischingen lockerer und ohne Vasen. Die Wemdinger Altäre sind mit ihren zarten, fast fraulichen Scagliolen eines der Hauptwerke in der großen Zahl Zimmermannscher Altäre.[9]

In seinem Wohnort *Füssen* erbat sich den Meister mindestens gelegentlich der Abt von *St. Mang* OSB I. Im ehem. äbtlichen Schlafzimmer im 1. Stockwerk des Prälatenbaus ist ein Alkoven mit zwei Säulen auf Konsolen erhalten: Eine farbenschimmernde Stuckmarmorarbeit, zu der der Ofen mit einem Scagliola-Medaillon als Kaminbekrönung (um 1712/15?) hinzukommt.[10] Zu dieser Zuschreibung von mir machte mich Paul Mertin auf ein Steinpostament mit zwei Englein als Wappenhalter und mit einer Büste bei der Einmündung der Treppe in den Korridor des 1. Stockes aufmerksam, das ebenfalls von D. Zimmermann stammen dürfte.

Das konkave Hochaltar-Scagliola-Antependium in der kath. Pfarrkirche St. Margareth in *Laub* im *Ries,* Ldkr. Nördlingen, kann auf Grund der Komposition und vieler Einzelheiten (Kreismedaillon mit seitlichen Ranken) nur von D. Zimmermann stammen. Am Südportal der Kirche steht die Zahl 1711; im Jahre 1713 war die Kirche vollendet. 1713 weilte D. Zimmermann lt. Signatur im nahen Wemding. Die für Zimmermann sprechenden Formen und neuen gelben Farbgebungen und leicht violett-roten Mischungen melancholischer Stimmung wurden früher besprochen.[11] Am Tabernakel erinnert die zarte ornamentale Stuckmalerei in gelben und hellblauen Tönen wiederum an D. Zimmermann. (Abb. Nr. 15)

Von ihm dürfte auch der formgebundene Hochaltar entworfen und z. T. gefertigt worden sein. Die hier erstmals gewundenen, hellen Säulen stehen auf vorbauchenden Postamenten. Das (neue) Hochaltarbild hängt originellerweise an einem profiliertem Kreissegmentbogen, dessen Endvoluten auf dem Säulengebälk lagern. Der Aufbau mit Oval und Vasen fügt sich in Zimmermanns Werk. Die Seitenaltäre sind dem Hochaltar angepaßt, aber hart und vereinfacht. Gleich ihren Scagliola-Antependien von Kaspar Buchmüller, Ellwangen, dürften sie erst 1719 mit den in Rechnungen genannten Antependien von anderem Meister errichtet worden sein. Auftraggeber der Altäre war als Patronatsherr der Fürstpropst von Ellwangen.

Ein großer Auftrag ergab sich durch den Umbau der Stiftskirche in *Waldsee,* Württ.[12] Hoch und verhältnismäßig schmal ragt seit ca. 1714/18 der macht- und würdevolle Hochaltar ca. 11 m empor. Seine konvexe Anlage nimmt die Tiefenwirkung des Langhauses auf. Vier gewundene Säulen mit hervorragender Stuckmarmorierung in Graugrün mit schwarzen Flecken vermitteln lebhafte Dynamik. Gesamtanlage und viele für Zimmermann charakteristische Einzelheiten, wie der konkav geschwungene Altartisch, die konvexen und konkaven Gegenüberstellungen der Säulenpodeste, die Deckung und Einrollung des Gebälks im Aufzug und die fünf Scagliolastücke ließen den Verfasser das Werk dem ca. 30jährigen D. Zimmermann zuschreiben. Viele Details des Scagliola-Antependiums mit der Darstellung des Isaak durch Abraham, Blumengebinde mit Vögeln und Farbenwelt verweisen nur auf D. Zimmermann. Die feinst gezeichneten Szenen in der Leuchterbankzone zeigen die Flucht nach Ägypten und den Gang der hl. Familie nach Jerusalem (1. Wandel Jesu). Dieser monumentale und doch einladende Altar steht in der Nachfolge von Fischingen. Selten verbindet Zimmermann mächtigen Altaraufbau mit rauschender, gegenseitig sich in den Farben bestärkender Stuckmarmorierung mit sanft abgeschirmten Scagliolen so harmonisch wie in Waldsee. (Abb. Nr. 23, 24, 25, 26)

Die Zuschreibung des Gut-Beth-Altars ziehe ich zurück. Doch ist D. Zimmermanns beratende Hand bei verschiedenen Ausstattungsstücken erkenntlich (Chorgestühl, ehem. 7 Beichtstühle u. a.). 1710 hat sein Bruder Johann Baptist das Sakristeifresko signiert (lt. Signatur, die verbessert ist und wohl aber 1718 lauten müßte). D. Zimmermann kam wohl ab 1713/14 nach Waldsee, um am Umbau mitzuhelfen: vielleicht der erste architektonische Auftrag. Die mittelalterlichen Säulen erhielten Zart-rosa-Stuckierung, aber an den vier Ecken der Windrose sind kleine, schmale Pilaster in Weiß mit vergoldeten jonischen Kapitälen vorgeblendet, so daß das Thema der Säulen in der Wieskirche, die durch vier Vorkragungen in viereckige Pilaster moduliert wurden, schon hier überraschend und in meisterhafter Gestaltung anklingt.

Ein kleineres, anmutiges Werk wurde der Hochaltar in der Apfeldorfer Filialkirche, jetzt Pfarrkirche, in *Birkland* bei Schongau am rechten Lechufer.[13] Aus diesem Ort war die

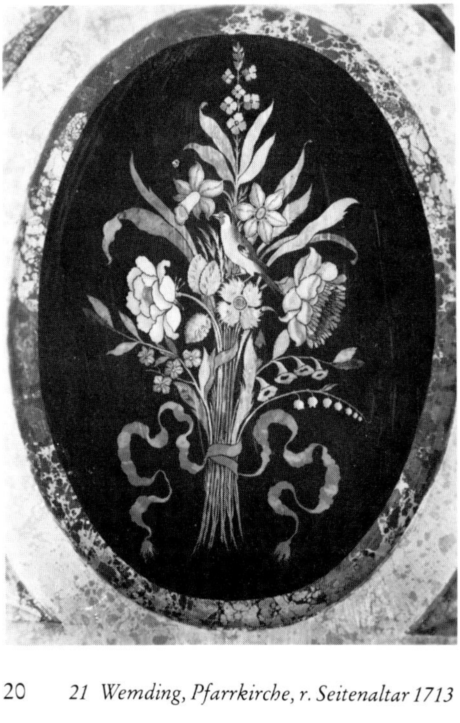

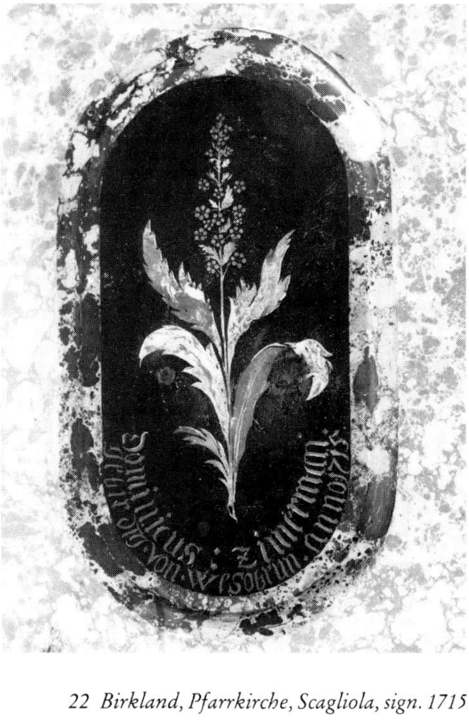

21 Wemding, Pfarrkirche, r. Seitenaltar 1713

22 Birkland, Pfarrkirche, Scagliola, sign. 1715

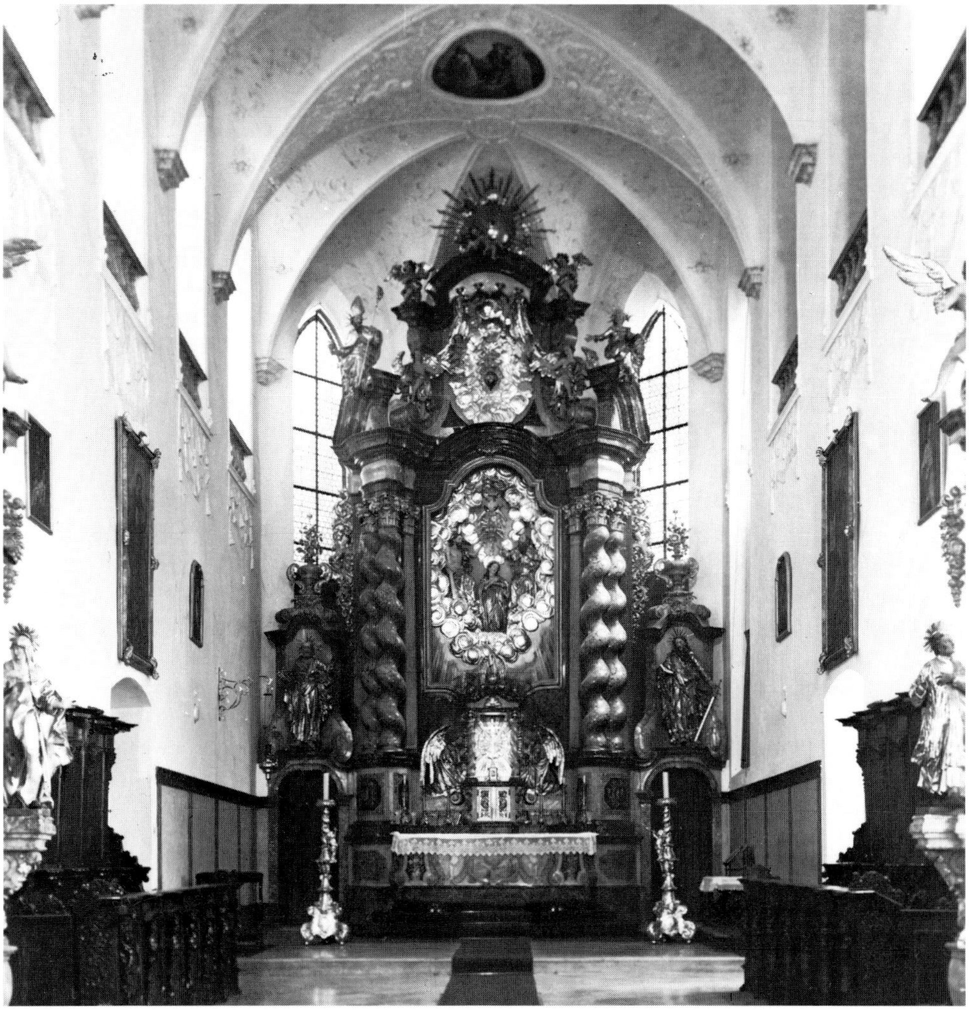

23 Waldsee, ehem. Stiftskirche, Hochaltar, um 1714ff.

Zimmermannfamilie 1641 nach Wessobrunn ausgewandert. Der Altar reiht sich den Altären in Buxheim an. Aufbau und Einzelformen sind schmiegsamer geworden. Die Mensa ist wiederum konkav und zeigt die typischen Eckvoluten. Die rückwärts aufsteigende Retabel umschließt mit vier fast überschlanken Säulen das kleinere Altarbild. Die Postamente sind schief gestellt und erhielten wiederum Scagliolen. Im Aufbau kehren D. Zimmermanns charakteristische Gebälkvoluten wieder. Das Kreismedaillon im Antependium korrespondiert mit der Herzöffnung im Aufzug. In einem Scagliolabild mit Blumen findet sich die Signatur: »Dominicus : Zimerman / gebirdig . von Wesobrun . Anno : 1715.« (Abb. 17, 22)

Die Scagliolen zeigen im Antependium die Liebsmutter von Wessobrunn, (vgl. Wemding) hier mit der Apokalypse verbunden. Seitlich Blumenfelder auf schwarzem Grund. Der Eindruck harten Marmors, der imitiert wird, wird von Altar zu Altar geringer. Die im Viertelkreis gedrehten Säulenpostamente (wie in Fischingen) erhielten sechs Scagliolastücke. Jetzt befindet sich in jedem nur mehr eine Blüte, während in Wemding noch lose Sträuße gezeichnet wurden. Die Konturen der Blätter zog schmaler Pinsel mit hellerer Farbe. Diese Liedhaftigkeit erreichte Zimmermann nur hier.

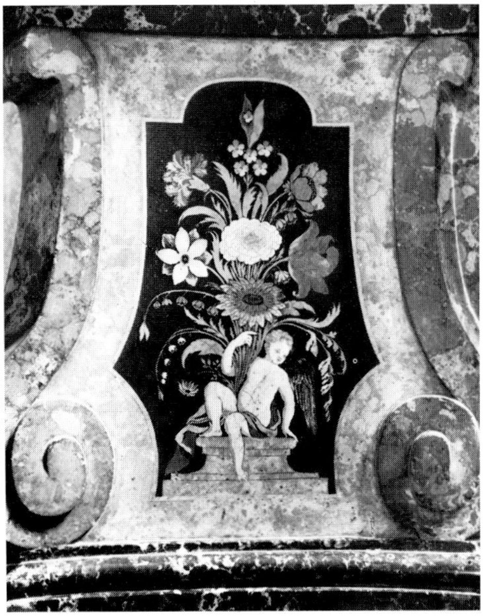

24 *Waldsee, Stiftskirche, Scagliola in Säulenpodest*

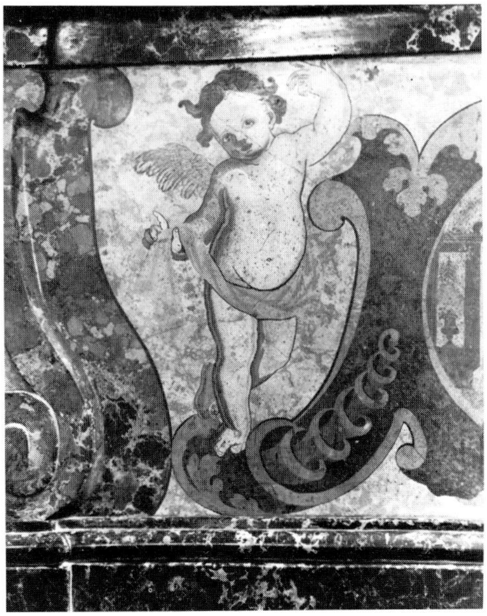

25 *Waldsee, Detail aus Scagliola-Antependium*

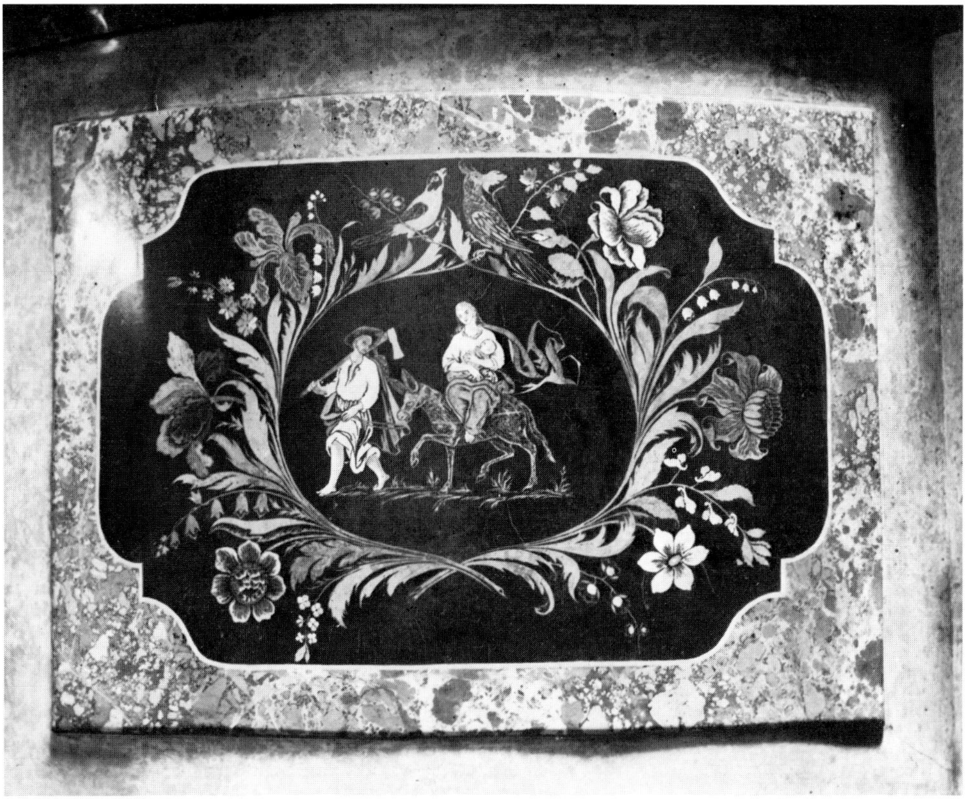

26 *Waldsee, ehem. Stiftskirche, Scagliola, »Flucht nach Ägypten« in Säulenpodest, ca. 1714/18*

So oft auch D. Zimmermann nach Württemberg kommen sollte, immer wieder riefen ihn Aufträge zurück. 1714 stuckierte Johann Baptist Zimmermann nachweisbar in der ehem. Stiftskirche in *Schliersee*, Obb. Chr. Thon veröffentlichte auch die urkundlichen Stellen, daß er für den Hoch- und Marienaltar bezahlt wurde.[14] Hier ergeben sich interessante stilistische Fragen. Des Hochaltars Formen verweisen auf Johann B. Zimmermann und den ausführenden Meister Blasius Zwink (1717). Der nördliche Seitenaltar St. Maria zeigt völlig andere Hand: diejenige von Dominikus.

Der korrespondierende Magdalenenaltar entstand in Nachbildung erst 1768 in Holz. Für Dominikus Zimmermann sprechen die prachtvollen Stuckmarmorsäulen und deren Podeste sowie der Auszug. Hier hat Dominikus Zimmermann seinem Bruder Johann Baptist geholfen, wie dieser jenem wohl bei manchem Stuckentwurf.[15] (Text und Abb. in Schnell, Kunstführer Nr. 544, Schliersee Mchn. ^{3}1970 S. 6/7.)

Es ist noch zu untersuchen, ob D. Zimmermann in einigen Kirchen Herkommers in *Augsburg* mitgearbeitet hat, wie z. B. in Katholisch *Heilig Kreuz*. Hier glaubte man, daß vier Nebenaltäre aus seinem Kreis entstanden wären. Das formedle Sakristeiportal um 1715/17 schreibt ihm Verfasser zu: innerhalb der Reihe gesicherter Portale im Rathaus zu Landsberg und vor allem im Refektorium des Klosters OP II in Siessen (um 1727. Foto Schnell). In der Stiftskirche *St. Moritz* glaubte N. Lieb vier Stuckmarmoraltäre (1717), die im letzten Weltkrieg zerstört wurden, D. Zimmermann zusprechen zu können. (Umbau J. J. Herkommer, Stuck Lotter. Vgl. Schnell, Kunstführer Nr. 482 S. 4. Fotos Archiv Schnell.) (Abb. 109)

Um 1715 schuf er den einfacheren, viersäuligen Stuckmarmor-Hochaltar mit Scagliola-Antependium in der Pfarrkirche St. Walburga in *Weißensee* bei Füssen. Die Zuschreibung von H. Schnell aus stilistischen Gründen und im Hinblick auf das Christusmonogramm in Scagliola, das dem von Wemding 1713 fast gleich ist, übernahmen A. Satzger, (im »Münster«), M. Petzet (Bayer. Kurzinventar Füssen) und Gg. Guggemoos (Geschichte der Gde. Weißensee 1976).

Im Reichskloster *Ottobeuren* OSB I., das durch Generationen baute, stuckierte Johann Baptist Zimmermann[16]. Der Stiefvater Christoph Schäffler und Dominikus halfen. Dominikus ist namentlich durch kleinere Beträge (z. B. 1715) bezeugt, soweit er nicht über seinen Bruder bezahlt wurde: 9. V. 1716 empfängt »Dominicus« 26 Gulden, am 15. XI. 1716 lt. Großkellereibuch im BSt.A. Neuburg a. D. 35 fl. Auffallend schöne Stuckmarmorarbeiten, wie z. B. im Portal zum Raum der Abteikapelle und andere Leistungen dürften ihm zugeschrieben werden.

*

Spätestens 1716 erscheint D. Zimmermann erstmals – mit 31 Jahren – urkundlich als selbständiger Baumeister in *Maria Medingen*, Ldkr. Dillingen a. D. (1716–1722), wenn sich nicht der Umbau in Waldsee (ab ca. 1710) und andere architektonische Arbeiten für ihn noch urkundlich beweisen lassen.[17] So einfach die Kirchenräumlichkeiten und die Gesamtanlage des Klosters OP II erscheint, sie zeigen in ihrer diffizilen Durchknetung nicht die Gestalt eines vorzeitigen Erstlings – doch eines Frühwerkes. Spätestens jetzt setzt der Eigenstil D. Zimmermanns in der Architektur ein. Er ist sofort erkennbar: nicht in der traditionellen Klosteranlage, aber an deren Durchgestaltung. Wie nüchtern sind Franz Beers Klostertrakte in Siessen und wie dekorativ und ästhetisch ansprechend ist D. Zimmermanns Hauptfassade in Maria Medingen. Er bezog als erster die bisher anspruchslosen Klostertrakte in seine ornamentierten Fassaden ein. (Abb. 102)

Mit sicherer Hand akzentuiert er das Querrechteck der Gesamtanlage, die durch einen Mitteltrakt zwei Höfe erhielt, durch erhöhte, mit hohen, durchgeführten Flachpilastern ausgezeichnete Eckpilaster. Ihnen schließt sich der vorspringende Mittelrisalit, das ehem. Priorat, an der Eingangsseite an. Eine abgewandelte Gliederung des Aufbaus vermittelt neue architektonische Elemente im Klosterbau: über rustiziertem Unterbau (1. Stock) mit abschließender Profilleiste stehen die Fenster des 2. Stockes in reich bemaltem Rahmen, die Fenster des 3. Stockes sind erstmals wie in Kirchen hochgeführt und schließen mit zunächst eingezogenem und dann ausbuchtendem Segmentbogen (in variiertem Dreipaß), so daß der Bau höher erscheint und als Kloster signifiziert ist.

D. Zimmermanns ausgebogene, kurvierte »Sakralfenster« treten schon hier erstmals auf. Die Pilasterkapitäle wurden eigenstarkes Flach-Ornament Dominikus Zimmermanns. Im Nordtrakt des Klosters ist die Kirche völlig eingebaut: in gleicher Fluchtlinie schließt im Westen die Heilige Stiege im Eckpavillon an, nur abgegrenzt durch einen schmalen, gegliederten, verhältnismäßig kleinen Zwiebelturm. Im Osten ist der Chor aus dem Klosterviereck heraus vorgerückt: im Hinblick auf seine liturgische Bedeutung und auf die einzuräumende Möglichkeit für erhöhten Lichtempfang im Altarbereich.

Der Kirchenraum überrascht noch nicht durch einen labilen und bewegten Grundriß, aber durch sein wohltemperiertes Maß, seine leicht ausschwingende Höhe, seine Lichtigkeit und seine schlanken Proportionen. Diese Kirche zeichnet sich der Höhe zu durch ein sanftes Schweben aus. Die Flachpilaster sind sehr schmal, hochgezogen im Gebälk, licht-rot marmoriert. Über den Seitenaltären an der Chorwand schwingen sich verbindende Segmentbogen, die aus Landkirchen übernommen sind. Schon die Konsolen, auf denen die Pilaster stehen, zeigen D. Zimmermanns Eigenprägung: sie bauchen sich oben seitlich und nach vorne – nach Herkommerschem Prinzip, aber nicht nach Herkommerscher Form – konvex aus, sind mit konturierenden Volutenbändern verziert und tragen ausladende Deckplatten. Das Dekorative hat sich der Architektur bemächtigt und greift in diese modulierend und mit sprießendem Bewegungszug ein. Die Vorliebe für sich treffende Volutenverkröpfungen zieht sich einheitlich durch Architektur und Stuck. Weit und sanft ist die Decke gebogen; die Stichkappen schneiden tief ein, um beweglicheren, milden Charakter zu erhalten. Das Harmonierende und Raumverknüpfende äußert sich vor allem im zentralisierenden

27 Grundriß von Kloster und Kirche Maria Medingen

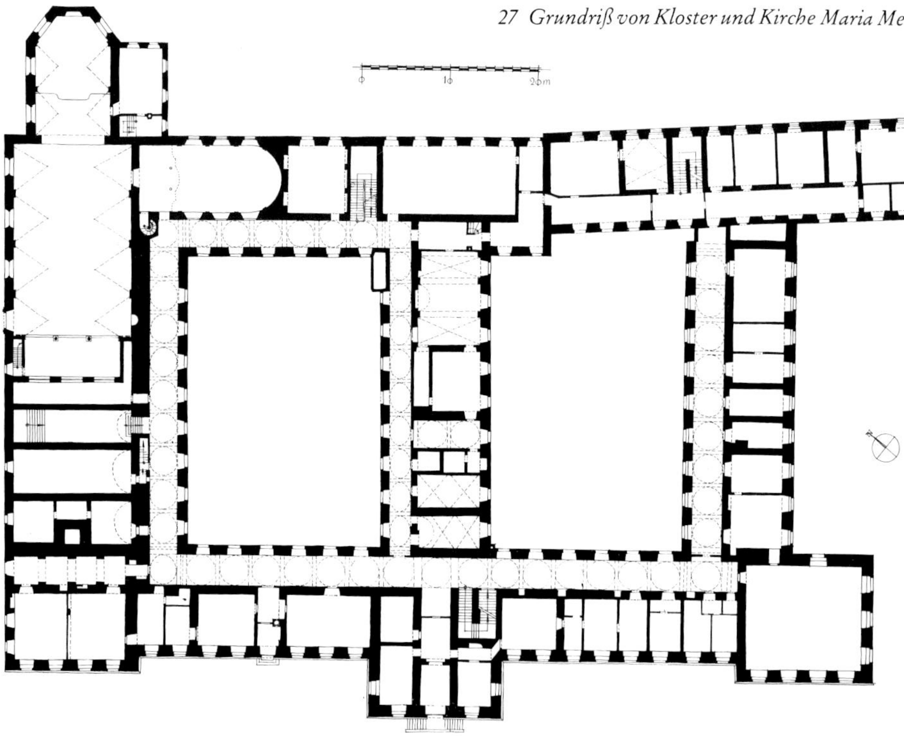

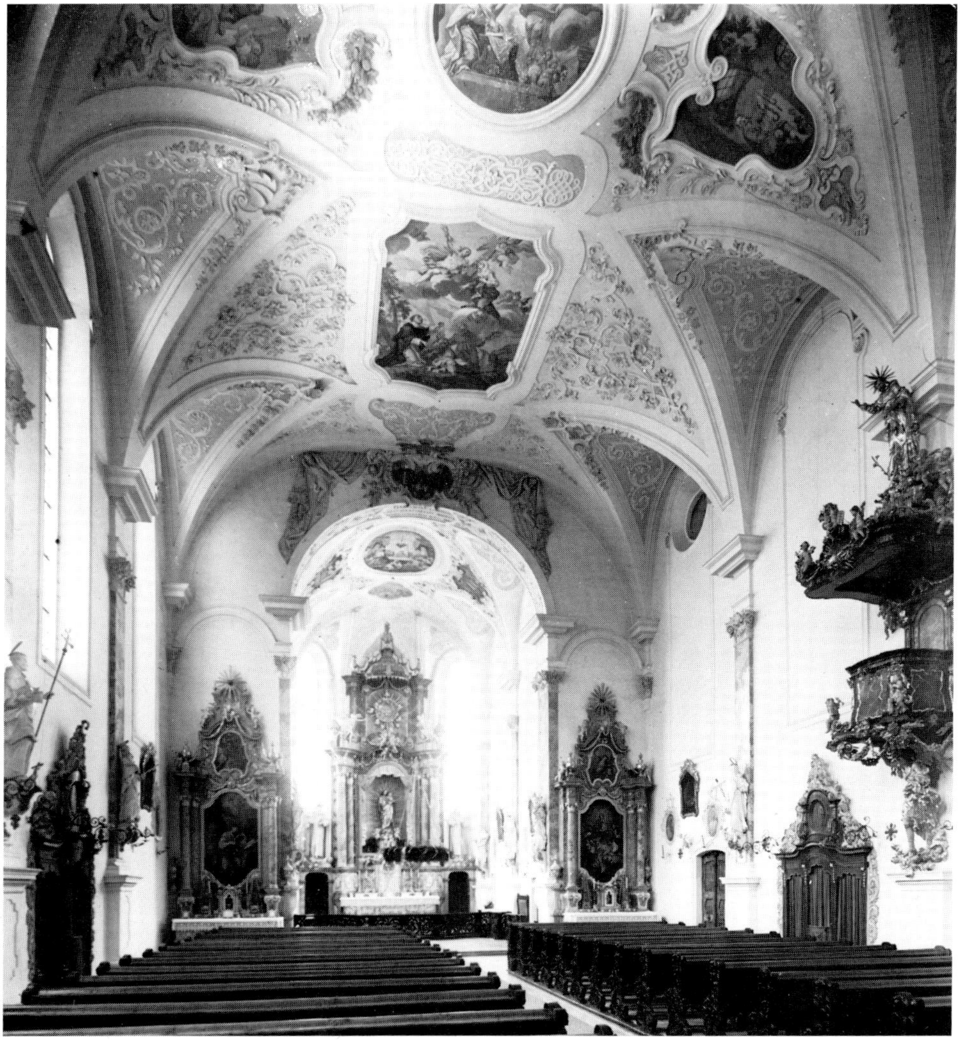

28 Die Klosterkirche Maria Medingen, Inneres, 1716ff.

Chorgewölbe und im Stuckprogramm. Es bringt sensible Führung in den Raum ein. D. Zimmermanns Hand ist spürbar bis zu Stuckgebilden, wie u. a. seine Englein am Chor- und Stuckvorhang aufzeigen. Diese ornamentale Stuckkomposition erhielt überraschenden Kompositionsreichtum und hochgradige Qualität. Johann Baptist Zimmermann malte nur die Fresken. Auch die einfachen, für ihn bemerkenswerten Stukkaturen im Kloster um 1718/22 stammen von D. Zimmermann. In den Stuckfeldern von Kloster und Kirche ist nur Dominikus Zimmermanns Führung und Hand erkennbar. Eigener Würdigung bedarf der Stuck in der Kirche. Es war die hohe, große Leistung der Wessobrunner Stukkatoren der Zeit Johann Schmuzers, an Stelle von einzelnen Stucküberkleidungen und auszufüllenden Gewölbezwickeln ein Gesamtprogramm zu entwerfen, das sich geistig der theologischen Ikonologie der Kirche anschloß und formal große, durchgehende Kompositionen schuf, die Langhaus und Chor erfaßten. (Vgl. u. a. Schnell, Kunstführer Nr. 1088 Klaus Wendler, Schloßkirche Friedrichshafen, 1976 S. 8f.). (Nr. 27–31, 102, 106, 113)

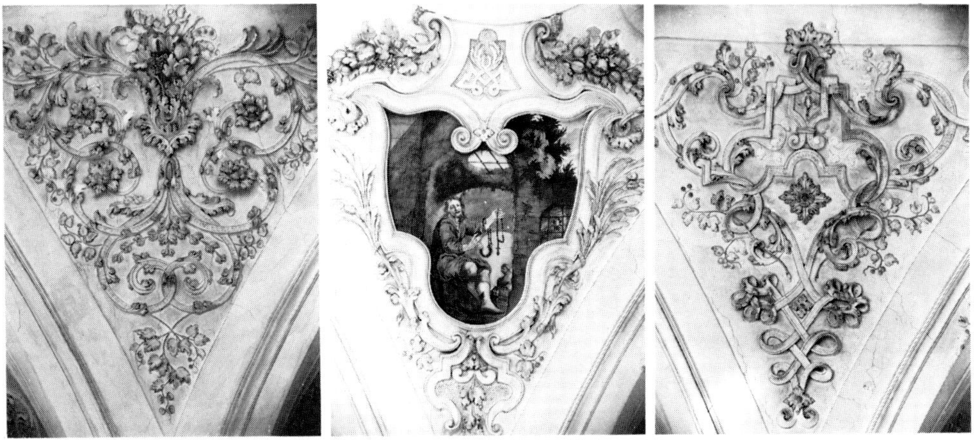

29/30/31 Maria Medingen, Klosterkirche, Stuckdetails aus Langhausgewölbe

D. Zimmermann hatte in der Kartausenkirche in Buxheim 1709ff. ausgewählte Stuckkompositionen (herabhängende Früchtegirlanden, durch Ranken aufgelöste oder fest gefügte Kartuschen, Blütenzweige, rahmentragende Engel usw.) aneinander und ineinander gereiht. Gurtbogen teilten alle Joche ab, ebenso Gewölberippen die Zwickel (s. Abb. Nr. 11).

1717/19 tritt in Maria Medingen an die Stelle querausgerichteter Fresken eine Zugbewegung von West nach Ost. Die Bilder am Gewölbe ziehen in Intervallen senkrecht im Wechsel von ausgebogenen Rechtecken und Längsovalen wie eine Straße zum Ziel, dem Chor. Auf Gurtbänder ist verzichtet. Linienklar sind die Zwickelkanten, die durch einen fortlaufenden Steg erstmals durch die ganze Kirche verbunden sind. Verzichtet wurde auf die schweren, begleitenden Fruchtgehänge in Buxheim. Breite, für D. Zimmermann typische Bänder durchdringen den Raum. Innerhalb ihrer wechselnden Felder (auch in Rosa- und Gelbgrundierung) spielen und verspielen sich flach gewordenes Bandlwerk mit zarten Tönungen. Kartuschen, in denen sechs kleine Medaillonfresken erscheinen, werden originell in neuer Komposition mit Bändern umrahmt; von besonderer Schönheit, von graphischer wie bauplastischer Kraft sind die Bandlwerkkompositionen, die in den Feldern wechseln. In selten organischer, süddeutscher Weise sind Bandlwerk und Blüten wie Blätter mit Blumen verbunden. Nun hat D. Zimmermann auf ansehnlicher Stufe seine Formenwelt geschlossen erreicht und in hoher Qualität vorgetragen. Der Stuck rhythmisiert den abtastbaren Raum. Die fein wechselnden Stufen der Stilistik jener Jahre ergibt ein eingehender Vergleich mit den Stukkaturen im Landsberger Rathaus und im Neresheimer Festsaal.

Als Zimmermann 1716 den Auftrag in Maria Medingen erhalten hatte, war er mit seiner Familie von Füssen nach *Landsberg a. L.* übergesiedelt. Von fünf Kindern waren zwei verstorben, so daß er mit seiner Frau, mit Johann Georg (get. 1710), Anna Justina (get. 1713) und Franz Dominikus (get. 5. VIII. 1714) nach Landsberg kam. Um 830 fl. hatte er am 4. XII. 1716 »die märdlspergerische Behausung« »am Platze« (wohl Nr. 13) erworben.

Fünf Kinder wurden ihm in ihr geschenkt, aber von seinen elf Kindern blieben nur vier am Leben, von denen Johann Georg Pater Judas Thaddäus im Prämonstratenserkloster Schussenried, Franz Dominikus Stukkator und Maurerpolier in der Wies und Maria Franziska (get. 1716) Äbtissin in der adeligen Zisterzienserinnenabtei Gutenzell b. Ochsenhausen, Württ., wurden. Joseph Nikolaus (get. 1718) starb vor der Weihe zum Weltpriester. Da Franz Dominikus in der Wies die viel ältere Witwe Maria Lory heiratete, erlosch diese Zimmermannlinie.

In Landsberg ließ sich auch Zimmermanns Stukkatorpalier Nikolaus Schütz nieder. Am 22. XI. 1717 heiratete er Helene Settele aus Landsberger Maurerfamilie. Als der Sohn Johann Michael zur Welt kam, übernahm D. Zimmermann am 16. IX. 1721 die Taufpatenstelle. Nikolaus Schütz war durch Jahrzehnte in der Werkschar D. Zimmermanns tätig. (Vgl. Anm. 67)

Wahrscheinlich war schon mit Herkommer, der 1717 starb, besprochen, daß D. Zimmermann den Hochaltar in der neu erbauten *Krippenkirche in Füssen* übernehmen sollte. Nach Zuschreibung Schnell (Urkunden über den Privatbau sind nicht erhalten) stammt der formenschöne, sich in den Herkommerschen Raum vorzüglich einfügende Stuckmarmor-Hochaltar aus der Zeit gegen 1720 mit seinen schmiegsamen Formen (Postamente in Vasenform) und mit seiner beispiellosen schwarz-grau-grünen Sprenkelung von D. Zimmermann. (Abb. 33, 34, 114) Die Verbundenheit mit Formelementen Herkommers sowie die persönliche Art Zimmermanns sind augenscheinlich.[18] Wie in Fischingen (Abb. Nr. 7) D. Zimmermann Nebenaltäre in Breitenausdehnung zwischen die Mauern der Raumkompartimente stellte, so erhält auch der Füssener Hochaltar stark betonten Wandcharakter. An den Seitenwänden wurden flache Säulenunterbauten fast eingezwängt, die schmale Halbsäulen tragen. Auf dem Gebälk sitzt je ein Englein: korrespondierend zum Altar. Zu diesen leiten über den Seiteneingängen marmorierte Stucknischen über. Einzelformen, wie die sich nach unten verjüngenden Säulenpodeste, die durchmodulierte Mensaform und Leuchterbank und die dunkel rauschenden, einmaligen Farbmarmorierungen, aus denen weiße Kapitäle (wie in Wemding) und lichte Engel hervorschimmern, sind apart. Unmittelbar zieht man Vergleiche zu der später erfolgten Apsisgestaltung in Würzburg Neumünster.

1717 hatten sich D. Zimmermann und M. Lotter, der viele Jahre in Füssen arbeitete (nachweisbar ab 11. XII. 1702), um Stuckaufträge im Benediktinerkloster *Fultenbach* über den Abt von Füssen vergeblich beworben. (Bayer. Hauptstaatsarchiv München, Abtei Fultenbach Lt. Nr. 32 fasc. 4).

Die wichtige, kurz berührte Frage über das Verhältnis J. J. Herkommers zu D. Zimmermann ist noch ungeklärt und bedarf urkundlicher Funde. D. Zimmermann wird damals Marmolier und Stuckhator, nicht Maurermeister, genannt. Wäre Zimmermann von J. J. Herkommer zum Meister freigesprochen worden, hätte er ihn wohl öfters beigezogen. Weder Johanna Trautwein oder P. Dußler[2] noch Paul Mertin[19] fanden den Namen D. Zimmermanns in Füssener Akten, außer in den von mir erstmals um 1937 benutzten Matrikeln, daß Zimmermann 1708/16 in Füssen weilte. Der Abt empfahl ihn als »guett Marmolierer«[20]. Er dürfte bei ihm den oben genannten Alkoven im Schlafzimmer der Prälatur bestellt haben. Verständlich, daß Paul Mertin D. Zimmermann die schönen grauen Stuckmarmorpilaster und die zwei Stuckmarmorsäulen in *St. Mang in Füssen* zuschreibt. Die Altäre und Scagliolen D. Zimmermanns in den Pfarrkirchen in Weißensee und Rückholz waren P. Mertin unbekannt.

P. Hildebrand Dußler, Ettal, machte mich auf eine Notiz im Maurerakt 8 im Augsburger Stadtarchiv (fol. 318–321) aufmerksam, in der von einem den Bau führenden Maurer »aus dem Oberland« (Wessobrunn?) in Maria Medingen gesprochen wird, »der vom berühmten verstorbenen Herkomer viel gelernt hat«. Dußler nahm für diesen Maurer D. Zimmermann an. (Brief 21. XII. 1956)

Ob Zimmermann vielleicht nicht auch von Lotter, der diese Jahre über in Füssen gearbeitet hat, bestärkt wurde, nach Füssen zu ziehen?

Die Stadt *Landsberg* beauftragte (lt. Ratsprotokoll) D. Zimmermann 1718ff. – während seines Auftrags in Maria Medingen – im *Rathaus* den Festsaal und dessen Vorplatz sowie 1720 dessen *Fassade* zu stuckieren.[21] Die Stuckarbeiten im Rathaus sind für D. Zimmermanns Entwicklung und die allgemeine stilistische Wandlung im Vergleich zu Buxheims Kartause bedeutsam. Der Durchbruch zum Bandlwerk, den vor allem Berain und die ihm folgenden deutschen Stecher in Augsburg und Nürnberg veranlaßten, ist erfolgt. Trotz Vorbilder schlägt D. Zimmermann eigene Wege und Formulierung ein. Das graphisch und dekorativ erfaßte, verschlungene Bandwerk bildet

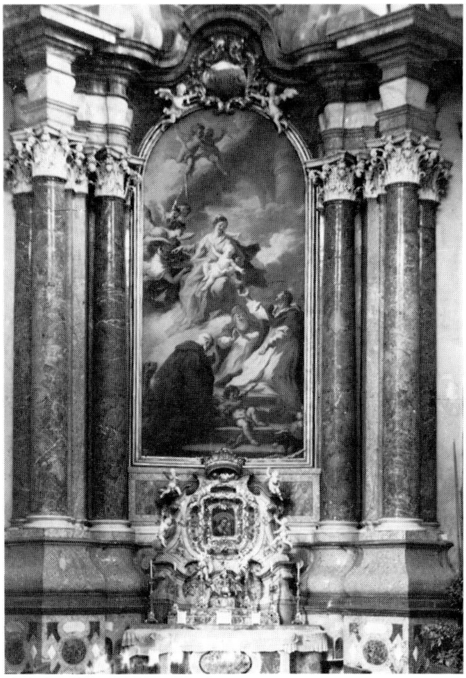

32 Füssen St. Mang, rechter Seitenaltar von J. J. Herkommer

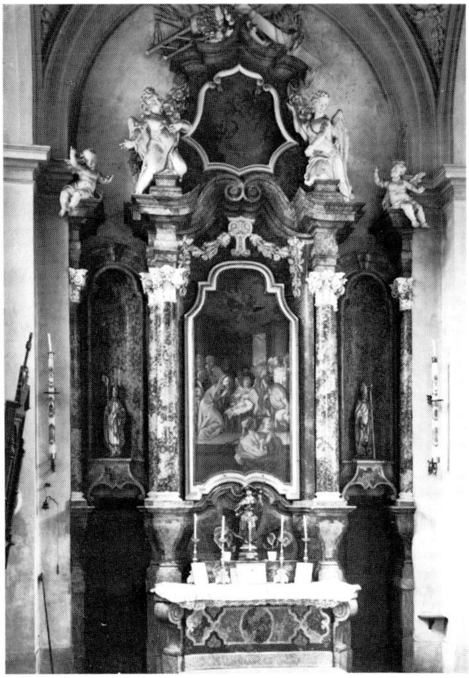

33 Füssen, Christkindlkirche, Hochaltar von D. Zimmermann, um 1720

die Grundstruktur. Bereits an der Saaldecke wird es mit feinen Randleisten durch innere Linienführung versehen und da und dort wird es gestrichelt und punktiert. An Verschlingungen quellen fransenartig Akantusblätter hervor, deren Mittelpunkt innerhalb der Bandverschlingungen liegt. Zarte Zweige, die Weinlaub sein könnten, schlingen sich zwischen die Bänder. Außer der Komposition und der Verbindung von Anorganischem und Organischem ist das hohe Tastgefühl der Stukkatoren das Fesselndste. Zimmermann hebt Teile der Blätter von der Wand empor (Abb. 35, 36), andere verstreicht er in Kräuselung mit der Wand. Dazwischen erscheinen ganz kleine, punktartige Früchte. Hier herrscht ebenso große technische Begabung wie Empfindsamkeit vor. Zimmermann entwickelte diese Formauffassung über Maria Medingen, Neresheim bis zu Schwäbisch Gmünd (1724/25), bis er in der Pfarrkirche in Buxheim neue Formen anwendet.

Bester Hauptvertreter dieser Bandlstuck-Phase ist die prachtvolle *Rathaus-Fassade,* die zwei Jahre später als der Festsaal entstand. Diese ist als eine der bedeutendsten Rathausfassaden eigener Würdigung wert: die einheitliche Komposition mit linienstarken Zügen, die Vorkragung der Pilaster, (vgl. Säulen in der Wies), deren aufgelockerte Konsolen mit bewegten Putten, der ausgezeichnete, sich verschlingende Dekor in Verbindung mit Fläche und Architektur und dazwischen Reliefbüsten. Sie behauptet sich als eigenes Werk im Oeuvre Zimmermanns und steht gleichwertig neben den Fassaden des Preysingpalais von Effner und J. B. Zimmermann gegenüber der Residenz in München. (Vgl. Nr. 37, 38)

Um 1720 dürfte D. Zimmermann in der ehem. *Dominikanerkirche Obermedlingen,* Ldkr. Dillingen a. D., stuckiert haben. Schnell schrieb ihm 1939 den schönen Stuck in der Sakristei zu. Und da einige Stuckreste in der Kirche auf seine Art verweisen, könnte vielleicht ebenso von ihm der nicht mehr erhaltene Stuck in der Klosterkirche geschaffen worden sein. Es ergibt sich auch eine archivalische Stütze, da der Prior des Klosters in einem Brief an den Prior des Dominikanerklosters in Schwäbisch Gmünd die Arbeiten von D. Zimmermann lobt (ohne sie zu nennen) und ihn für Gmünd (mit Erfolg) empfiehlt. Es ist anzunehmen, daß D. Zimmermann vom nahen Dominikanerkloster Maria Medingen hierher kam. Die Vorarlberger Baumeister der Kirche, Valerian Brenner und Jakob Albrecht,[22] verfügten über keinen landsmännischen Stukkator. Zimmermann hätte dann hier erstmals mit den Vorarlbergern zusammengearbeitet. Vielleicht gab er auch architektonische Ratschläge. (Bei der geschweiften Fassade?)

Inmitten umfassender Arbeiten ergaben sich auch kleine Aufgaben wie 1719 in der katholischen Pfarrkirche St. Georg im nahen *Rückholz,* Ldkr. Füssen. Der bei späteren Renovationen ergänzte Stuckmarmoraltar mit farbig eingelegtem Antependium kann nach Petzet und Schnell D. Zimmermann zugeschrieben werden.[23]

Einen bemerkenswerten Stilvergleich im Stuck ermöglichen die Stuckfelder in Maria Medingen und im Fest- und Theatersaal des Klosters *Neresheim* OSB I, OA Aalen.[24] Der 1702f. gebaute Festsaal (Länge 23,7 m Breite 9,5 m, Höhe nur 6 m) sollte zunächst von Melchior Paulus (1713) stuckiert werden. Ob er bereits mit Arbeiten begonnen hatte (Portale?), ist ungewiß. Am 18. IX. 1718 besuchte D. Zimmermann Neresheim. Am 24. II. 1719 brachte er von Maria Medingen einen Riß ins Kloster. Bereits am 1. V. begann die Arbeit. Palier und Stellvertreter war Nikolaus Schütz. Am 10. XI. war die Stuckierung vollendet. Zimmermann hatte 41 Tage selbst mitstukkiert. Der Saal nimmt in D. Zimmermanns Werken eine eigene Stellung ein. Es ist sicher, daß der Raum früher flach war (s. Weißenberger) und wahrscheinlich stuckiert. Zimmermann war auch hier so geschätzt, daß er die architektonische Gestaltung mitübernahm. Er zog zur Erhöhung und Abmuldung eine Korbbogendecke großen Formats ein. Die Wände gliederte er mit den sechs Fenstern an der West- und drei Fenstern an der Südwand. Er stellte diese in seicht überwölbte

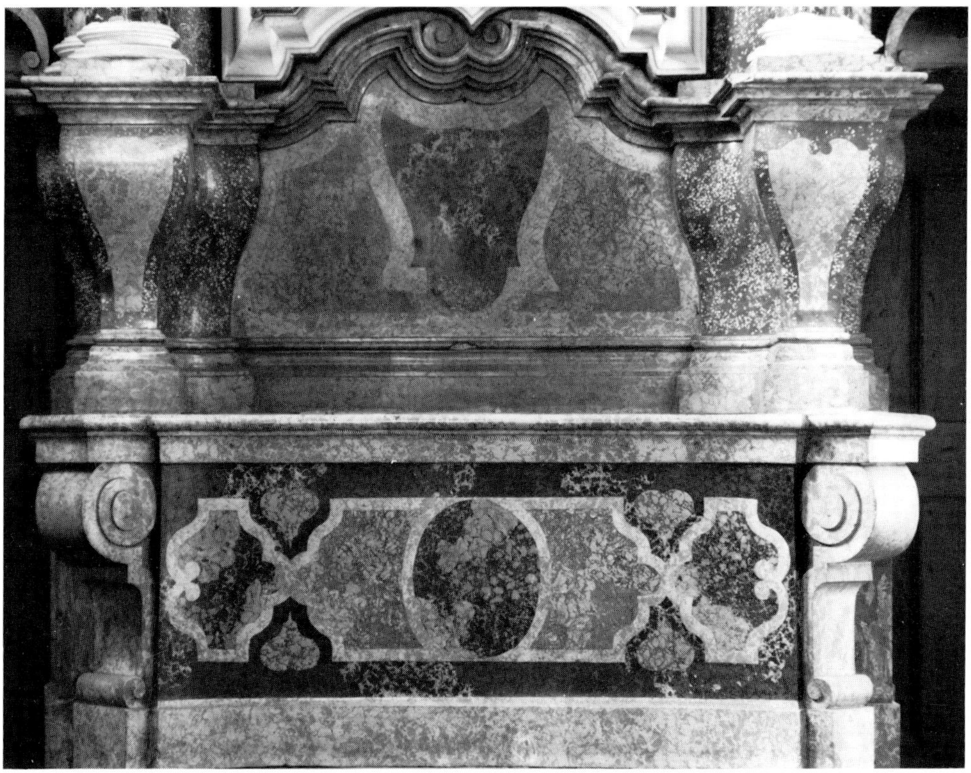

34 Füssen, Christkindlkirche, Mensa und Leuchterbank des Hochaltars

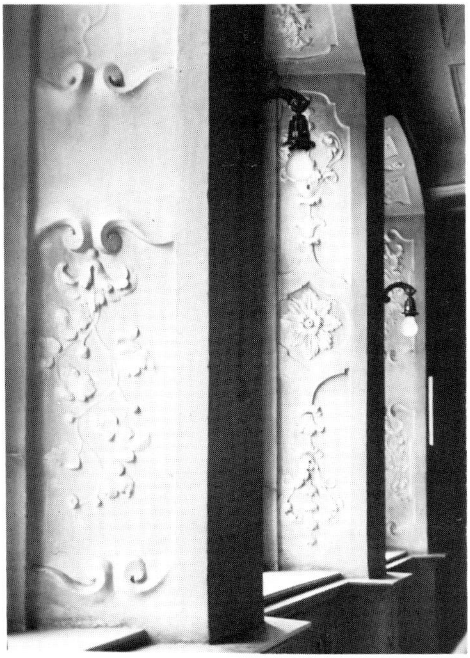

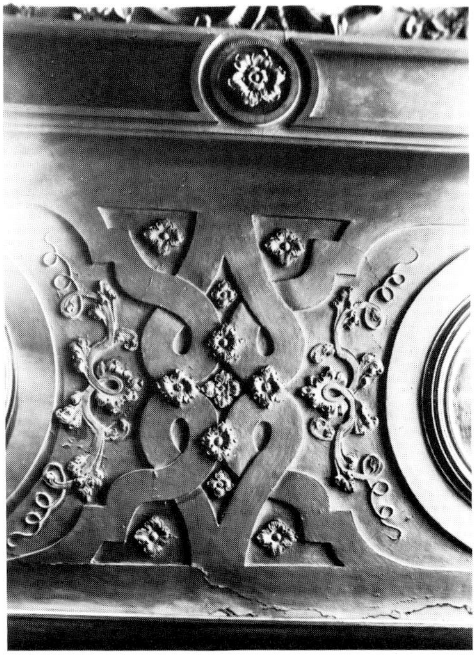

35/36 Landsberg, Rathaus, Herkommer-Saal, Fensterlaibung und breiter Bandstuck an der Decke, 1718

Nischen. Diesen gegenüber gestaltete er in ähnlichen Bogen sechs große Reliefs, die acht bezeichnete Benediktinerklöster der niederschwäbischen Kongregation wie in Ausblicken zeigen. Mit ihnen wechseln Ovalreliefs, getragen von je zwei Englein, innerhalb Bänder-Rahmen mit Voluten. Die Männer- und Frauenbrustbilder zeigen wahrscheinlich Persönlichkeiten aus dem Alten Testament, die zum marianischen Saalprogramm in Verbindung stehen dürften. Ähnliche Büsten kehren an der Rathausfassade in Landsberg bald darnach wieder. Vom Stuckprogramm interessiert der Bewegungszug im Rhythmus der Wände und in lockerer Form an der Decke. Um das große Fresko der Mitte von M. Zink scharen sich 14 kleinere Medaillonfresken, die trotz ihrer Dichte etwas Schwebendes erreichen. Nie wiederholt hat D. Zimmermann den Bandlrahmen in der Mitte, der ausschwingt und in Verknotungen oftmals in das Fresko eingreift. Der Bandlstuck steigt zunächst über der Gesimslinie in Kurven nach oben und um den Saal herum. Für die Decke, die nicht hoch ist, wählte D. Zimmermann leichte Kompositionen, so daß die Decke höher gerückt erscheint. Überall verspürt man, auch in der fortrollenden Bandlkurvierung, das erreichte Prinzip des Erleichterns, Auflockerns und Rhythmisierens. Als Pendant zu den Fresken sind da und dort zarte Landschaftsreliefs aus Stuck in verschlungenes Bandlwerk eingefügt, die zum Teil von Scagliolen bekannt sind (z. B. Wald mit Wasserfall in Biberbach).(Vgl. Abb. 39, 40/41, 42)

Nach dem Tagebuch des Klosterkanzlei-Sekretärs Johann Heyser ritt D. Zimmermann am 24. III. 1719 von Neresheim auch nach Schloß *Baldern* (Grafen Öttingen-Baldern, die Frau geb. Schönborn), um einen Stuckauftrag zu erhalten, ebenso vergeblich nach *Zöbingen,* wo der Rundbau der Wallfahrtskapelle von Gabriel de Gabrieli entstand (Graf Wedel, Schloß Baldern, Schnell, Kl. Kunstführer Nr. 613, Mchn. 1954, S. 22).

Für die Neresheim unterstehende Pfarrkirche im nahen *Kösingen* entwarf 1720 D. Zimmermann einen originellen Dreikonchenaltar, Stuckzier und Kanzel. In wohl vereinfachter Form wurde der

Altar vom Maurer- und Gipser Palier Michael Köpf, einem ständigen Mitarbeiter D. Zimmermanns, erstellt. Köpf erhielt »wegen ständigen Aussprung des Gewölbs in der Kirchen, dann vor verförttigung des altars und der Cantzel« 252 fl. Der Altar mit dem geschnitzten Gnadenbild der »Mutter der schönen Liebe« von Wessobrunn wurde leider mehrmals verändert.[25] (Abb. 43)

Für D. Zimmermann ergaben sich von Maria Medingen aus eine Reihe von Aufträgen. Der zarte Stuck in zwei ehem. Klosterräumen in *Mönchsdeggingen* OSB I (Deggingen, Ldkr. Nördlingen), vor allem im ehem. Noviziat (?), weist auf D. Zimmermanns Hand (Zuschreibung Schnell). Das Kloster wurde ab 1716/20 neu gebaut, der Stuck entstand um 1718/19. Die Empfehlung konnte zunächst von Maria Medingen, von Wessobrunn und von Buxheim ausgehen, mit dem Mönchsdeggingen in engem Zusammenhang stand. Der Baumeister Hans Balthes Zimmermann, Klostermüller, verfügte kaum über weite Beziehungen. Weder Guth, noch Steichele, Gröber und A. Horn (KD) oder Weißenberger konnten bisher Namen von Stukkatoren in Archiven finden.

In diesen Jahren 1719/24 führte »Paumeister« D. Zimmermann nach vier Urkunden im Landsberger Stadtarchiv ein schlichtes Kloster für die *Ursulinen* (seit 1845 Dominikanerinnen) in *Landsberg* auf. Bis 1966 glaubte man, die Weihe im Oktober 1725 hätte sich auf das bestehende Kloster und die Kirche bezogen. D. Zimmermann hat damals aus Geldmangel nur ein kleines Klösterl und ein »Oratorium« (Kapelle) mit einem gerühmten Stuckaltar gebaut, der später (in das Bodenseegebiet?) verkauft wurde. Erst 1764 wurde während des Klosterumbaus der Grundstein zur Kirche gelegt, die neu nach Zimmermanns Plänen gebaut (örtlicher Baumeister Ignaz Resler) und als sein letztes Bauwerk kurz vor seinem Tode 1766 eingeweiht wurde. Das Treppenhaus im Kloster ist der Treppenanlage im Priestergebäude der Wies sehr ähnlich.[26] Beim Klosterbau handelte es sich um wesentliche Vergrößerungen, bzw. um die Zusammenschließung der alten und neuen Teile, die vorzüglich gelang.

In *Landsberg* a. L. schuf D. Zimmermann zum einhundertjährigen Jubiläum der Rosenkranzbruderschaft 1721 den erwähnten *Marienaltar* mit signiertem, farbenkühnem Scagliolaantependium, der sich in der Stadtpfarrkirche im Chor erhalten hat.[27] Auch das Sedile gegenüber kam aus seiner Werkstatt. (Abb. 87)

Im Schloß *Tettnang*, das Christoph Gessinger ab 1712 aufführte, hat D. Zimmermann mindestens einen Saal ausgeziert. In einer nicht mit Tettnang in Beziehung stehenden Urkunde wird klar mitgeteilt, daß er im Schloß stuckierte, doch ohne Jahrzahl. Zumindest dürfte es sich um den oberen Saal handeln, dessen Stuck abgeschlagen ist, doch sind kleine Reste (1938) vorhanden, die auf D. Zimmermann hinweisen. In den nur z. T. erhaltenen Bau-Urkunden konnte weder der Name eines Stukkators, noch der von D. Zimmermann gefunden werden.

Ein größerer Auftrag, der uns D. Zimmermann in seiner vollen Schaffensfreude zeigt, ergab sich 1721/22 in der *Neumünsterkirche* in *Würzburg*. Der Architekt, der Altarbauer, der Stukkator und der Scagliolist wurde eingesetzt. D. Zimmermann schuf in den Nischen des Langhauskuppelraumes die beiden Stuckmarmoraltäre St. Bonifatius und St. Burkard, für die er völlig neu komponierte Retabelaufbauten gestaltete. Das Altarbild wird mit Verzicht auf tragende Architektur jeweils von zwei Engeln gestützt: ein Motiv von L. Bernini. (Vgl. J. Sandrart, Teutsche Academie ... I, 2. Bd. 3. Abt. Fig. XXXVIII Lucina, Altar in Kapelle von L. Bernini. Fischer v. Erlachs Altar folgte in der Dreifaltigkeitskirche in Salzburg erst 1726.) Das Bewegungsmotiv siegte: über fliegende Engel wird aus himmlischem Bereich eine Szene gezeigt. Eine Weiterführung dieses Motivs erfolgte 1738/39 in der Annakapelle in Buxheim.

In den meisterhaft gestalteten Scagliolenantependien signierte D. Zimmermann namentlich und mit den Jahreszahlen »1721« und »1722«. Die beiden Altäre fielen 1945 dem Bombardement zum Opfer. (Fotoaufnahmen im Archiv Hg. Schnell). Aus den Stiftsprotokollen von 1722 (fol. 390) geht hervor, daß D. Zimmermann 1721/22 mit drei Stuckmarmoraltären beschäftigt war. Er schuf außer den zwei auch in farbiger Hinsicht bemerkenswerten Nebenaltären auch den Hochaltar, der 1778

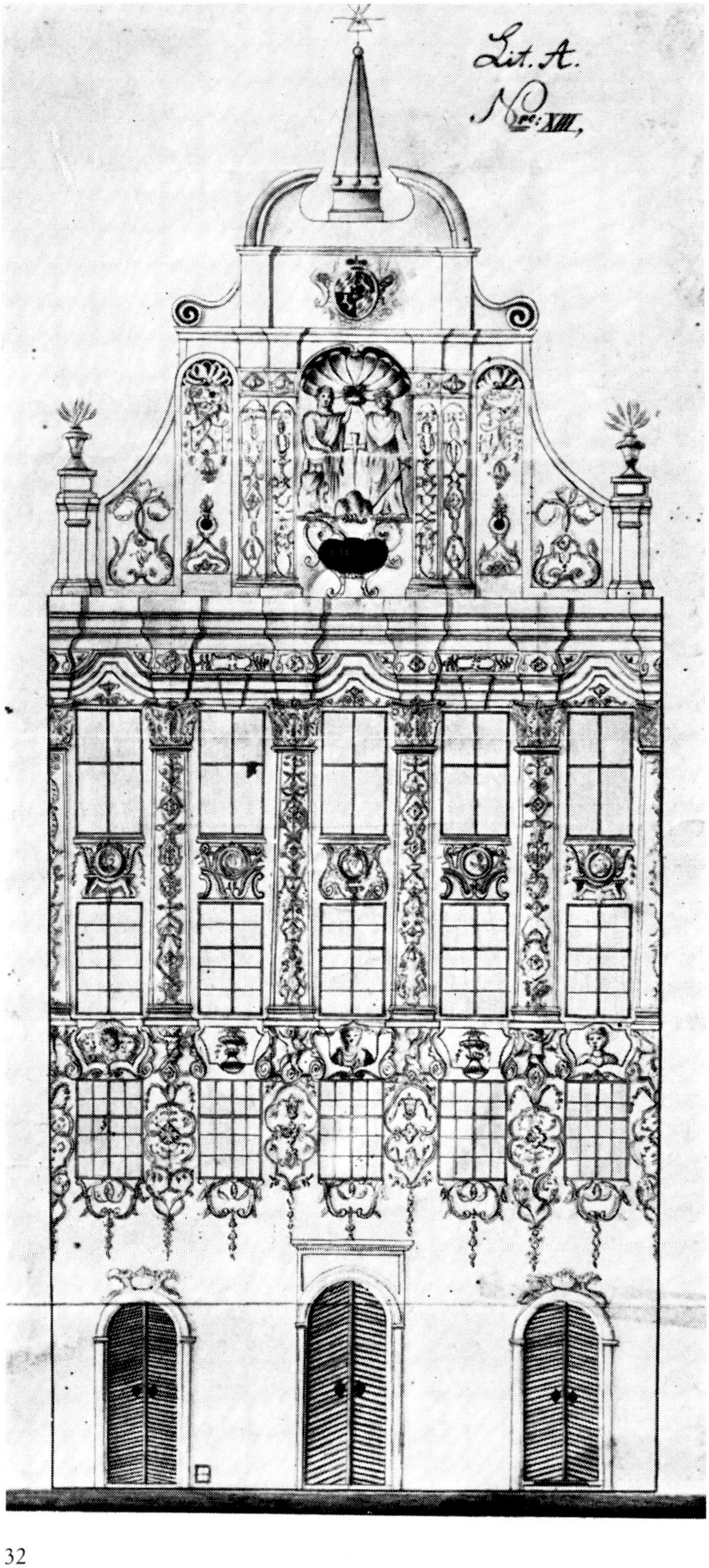

37 Landsberg, Rathaus, Riß in Heimatmuseum, wahrscheinlich von D. Zimmermann für einzureichenden Riß laut Jahreszahl »1719« gezeichnet.
Der Riß zeigt einige Veränderungen gegenüber der Durchführung, so daß der Riß vor der Werkausführung entstanden ist

▷
38 Landsberg, Rathaus, die ausgeführte, mehrmals renovierte Fassade

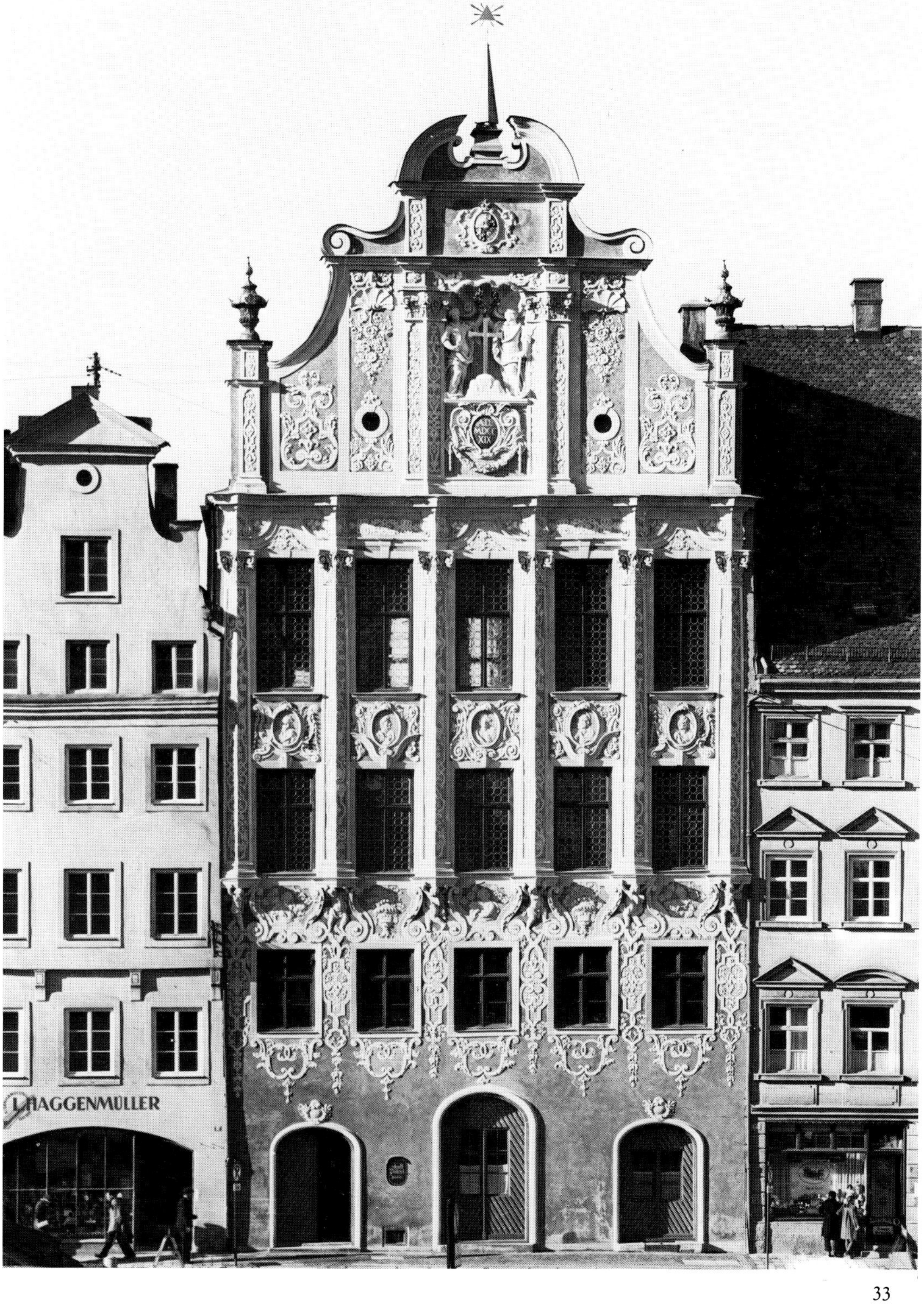
HAGGENMÜLLER

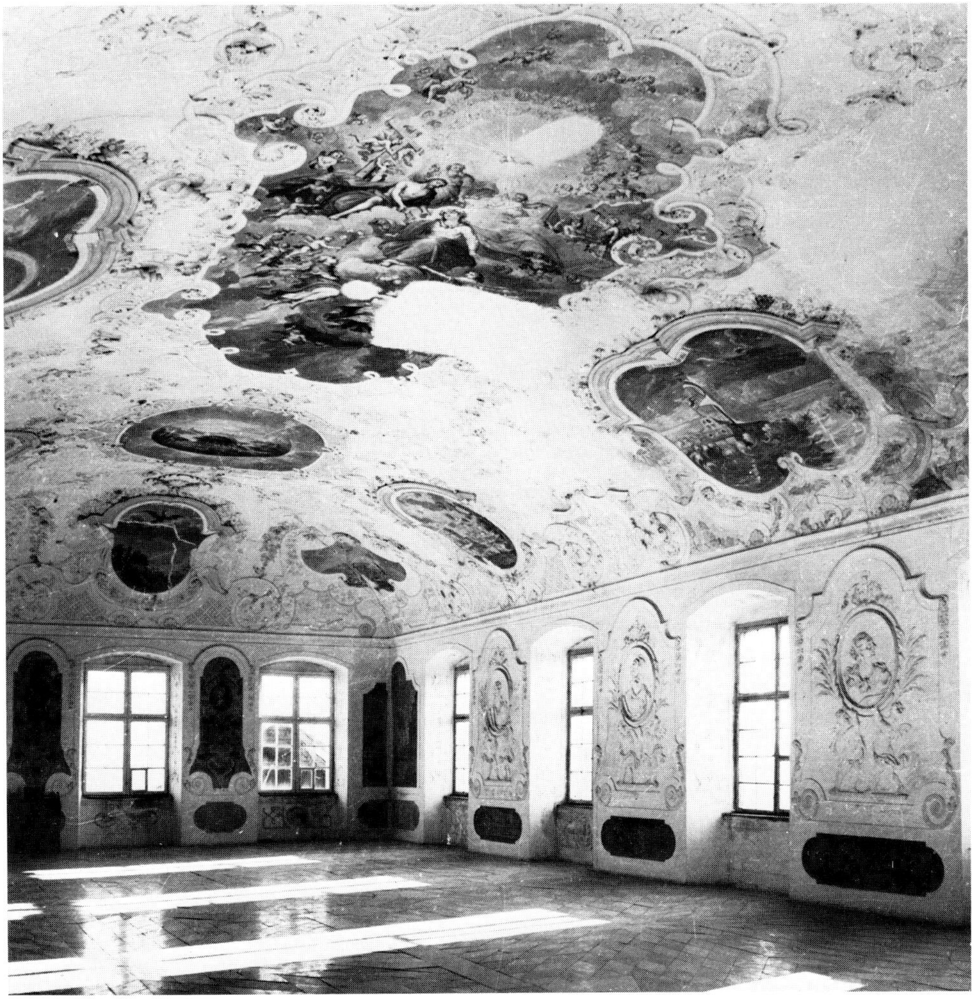

39 Neresheim, Benediktinerabtei, Festsaal, 1719

durch einen Ziborienaltar ersetzt wurde. Von ihm stammt lt. überzeugend stilistischen Ausweises die gesamte Gestaltung der Chorapsis. Zimmermann verlieh ihr mit architektonischen Elementen, (ehemals) gelbem Fenster, Stukkaturen, Plastiken und sonoren Farben einen erstaunlich malerischen und imponierenden Bildcharakter mit plastischen Werten. In seinen Scagliolen-Blumenstücken in der Fensterlaibung kehrt sein Vasenmotiv wieder.[28] (Abb. 44–47)

Felix Mader, Kunstdenkmäler, und Dehio schrieben D. Zimmermann auch den Stuck der Kirche um 1715/20 zu (zerstört). Doch der Stuck im basilikalen Langhausteil und im Chor gehört anderen Entwürfen und Händen an. Der Stuck im Concordia-Haus in Bamberg ist sicher nicht von D. Zimmermann.

D. Zimmermann wurde wieder in das Voralpenland gebeten. 1722/23 ergab sich für ihn ein mit viel Sorgfalt durchgeführter Auftrag: er sollte die *Dominikanerinnenkirche* in *Wörishofen,* Maria Königin der Engel, Ldkr. Mindelheim, die ab 1719 durch Franz Beer von Blaichten mit der Kirche gebaut worden war, stuckieren, ebenso um 1100 fl. viele Klosterräume und Gänge.

Die Kirchweihe erfolgte am 12. IX. 1723. Wiederum verbinden Zimmermanns zusammenfassende, breite Bänder, welche tieferliegende Felder für ausgezeichnete Ornamentstreifen ergeben, die auffallend kleinen Fresken seines Bruders Johann Baptist Zimmermann, so daß für Dominikus weite Flächen für sein märchenhaft versponnenes Stuckspiel verbleiben. Es entstand schon in Maria Medingen der Eindruck, daß Zimmermann in Frauenklöstern zartere Formmotive wählte.[29] Für den Gesamteindruck sind die mild abgestimmten Grundflächen in Taubengrau-Rosa, Hellgrün und Mattgelb bestimmend, auf denen sich der aparte, gegenüber früher bewegtere und geschmeidigere Stuck aufblühend abhebt. Er verwendet verschiedene neue Stuckmotive, wie z. B. nur hier gebrauchte Segmentbogenstreifen. Wohl erstmals setzte D. Zimmermann hier mit behutsamer Hand verzärtelnde Goldränder ein. Für seine stilistische Entwicklung (seit 1718/20) bildet die Wörishofener Kirche eine wichtige Stufe. Kaum jemals dürfte wessobrunnischer Stuck die Struktur einer vorarlbergerischen Kirche so musisch umgestaltet haben wie hier. Der Einfluß seines Bruders, den wieder Dominikus erbat, ist ferne. In den Klostereintragungen von P. Andreas Roth steht Dominikus Zimmermann an erster, leitender Stelle. Für die Stukkatur in der Kirche erhielt er 832 fl. 50 Kr., sein Bruder für die Freskenfolge 500 fl.[30] (Abb. Nr. 49, 115)

Bei den Dominikanern war Dominikus Zimmermann reihum empfohlen. Nach Maria Medingen (ab 1716) errichtete er gegen 1720 die zierliche Nonnenempore im Dominikanerinnenkloster *St. Katharina* in *Augsburg,* die heute nicht mehr besteht, aber durch D. Zimmermanns fein gezeichneten, signierten Riß bekannt ist. (Abb. 48) N. Lieb hat ihn im »Münster« 1966 (S. 469ff.) veröffentlicht. Das Kloster OP II in Wörishofen war mit St. Katharina eng verbunden. Es ist zu untersuchen, ob D. Zimmermann nicht auch den Kirchenraum in St. Katharina barockisierte, da die Säulen Zimmermannsche Kapitäle zeigen.

D. Zimmermann versuchte sich gelegentlich als Maler. 172(4?) signierte er die Deckenfresken in der Pfarrkirche *St. Leonhard* in *Baiershofen,* ehem. Ldkr. Wertingen,[31] das zu Fultenbach gehörte. Aus dieser Zeit stammen auch 12 Tafeln, die die Apostel abbilden und je ein Gesetz des zwölfteiligen Credo, eine Anordnung, die gelegentlich quer durch Süddeutschland auftritt.[32] Neu ist hier, daß im unteren Teil auch je eine Kreuzwegstation vertreten ist. Die 13. Tafel zeigt Franz Xaver, bei einer Tafel, Station XI, sind zwei Apostel dargestellt. Die 1. Station ist signiert: »Dominic Zimmermañ: pinx. Wess...«, ebenso das Orgelfresko 1724. Hier tritt erstmals bei Zimmermann selbst die Namensschreibung mit zwei n-Buchstaben auf: mit einem deutlichen Strich über dem n. Fresken und Gewölbe sind einfache Arbeiten. Die Fresken in der Schloßkirche Pöring (um 1740) weisen bessere Qualität auf. Bei beiden ist der Einfluß J. J. Herkommers aus dessen Fresken in Füssen deutlich erkennbar. (Abb. 78)

In den Jahren 1724 und 1725 errichtete D. Zimmermann nach den Kriegseinwirkungen 1704f. das *Dominikanerkloster* in *Schwäbisch Gmünd.* Ein Dominikanerbruder berichtet, daß Zimmermann ein Modell für das Kloster eingereicht hat und daß es angenommen wurde. (Cod. hist. 747 und Cod. hist. 237 [für 1738f.] Landesbibl. Stuttgart.) Der Grundstein zum »hinteren Bau« wurde am 2. VII. 1724 gelegt. Es war am 18. XI. 1725 im Rohbau vollendet. Es konnte aus Geldmangel nur langsam bis 1738 weitergebaut werden (3 Stockwerke). Eindeutig erkennbar ist an diesem schlichten Bau D. Zimmermann an der Treppengestaltung, am Stuck in Gängen (meist um 1725) und an der Fassadenform. Zimmermann hatte eine Fassadenseite mit Flachpilastern gegliedert und leicht ornamentiert. (Bauaufnahme und Stuckfotos Archiv Schnell). Einfacher, aber variationsreicher Bandlstuck von seiner Werkschar, da reichzierender Stuck dem Bettelorden untersagt war, hat sich in verschiedenen Räumen (vor allem in Gängen, im Kreuzgang 1. und 2. Stock und in Räumen) erhalten. Den Bau der Kirche übernahm nach langsamer Überwindung der Notzeit 1762/64 der Gmünder Baumeister J. M. Keller.[33] (Abb. 50, 51, 118)

Anschließend beriefen 1725, wie Akten im Kloster bekunden[34], die *Dominikanerinnen* in *Siessen* bei Saulgau, Württ., D. Zimmermann. Ihr Kloster hatte Franz Beer 1716/23 aufgeführt. Die Kirche wünschten sie jedoch von D. Zimmermann, der anmutiger und gefälliger baute als Beer (1726/29). Dieser arbeitete vorher im Kloster OP II in Wörishofen. Siessen und Wörishofen standen in Verbindung. Im Bauakkord 1725 wird D. Zimmermann »Baumeister und Stuccador« genannt. Der Meister setzte seine Werkschar ein, deren Palier Pontian Steinhauser aus Wessobrunn war. Dieser blieb bei Zimmermann und schuf ca. 1753/54 die Kanzel in der Wies nach Zimmermanns Entwurf. Maurerpalier Kaspar Finsterwalder, Wessobrunn, erbat 1730 das Saulgauer Bürgerrecht.

Der Kirchenbau in Siessen wächst aus dem Südflügel des Klosters heraus, so daß der rückwärtige Teil der Kirche mit dem Nonnenchor und seinem kleinen Turm noch im Kloster verbleibt. Der Sakralbau behauptet sich gegenüber dem Klostergeviert um so mehr, da das kurze, doch betonte Querschiff eine Parallele zum Kloster ergibt und die malerischen Fenstergruppen sich wirkungsvoll von den nüchternen Klostertrakten abheben. (S. Abb. 52–54, 58, 117, 119)

Das Äußere zeigt den nachhaltigen Einfluß der Vorarlberger Bauschule auf D. Zimmermann. Die Wessobrunner gipsten deren Räume aus, erlebten, studierten sie und betasteten bei ihrer Handarbeit die architektonischen Elemente. Das vor dem Chor aus der Fluchtlinie herausragende Querschiff mit eigenen Dreicksgiebeln im Dach in Siessen, die früher mit geschwungenen Zierleisten – vgl. Steinhausen – geschmückt waren (s. Stich S. 52, 56), ist Urelement der Vorarlberger, wie z. B. in Obermarchtal, Irsee, Münsterlingen und noch in Birnau, ebenso die Wandpfeiler mit vorgeblendeten Pilastern. Die Kirche in Weingarten ließ die Mauerstärke betonen, gab aber auch Anregung zur gewellten Gesimsplatte. Nur hier verwendete D. Zimmermann im vierjochigen Langhaus, von dem eineinhalb Joche dem Nonnenchor dienen, runde, dominierende Flachkuppeln auf Hängezwickeln, die sein Bruder bemalte, während D. Zimmermann seinen sehr zurückgedrängten, in der Régence weiterentwickelten, zart aufkeimenden Stuck fast einzwängt. Das Verhältnis von Raum und Stuck hat sich geändert. D. Zimmermann wählte, wohl unter dem Einfluß von Weingarten, starke Mauern, so daß ein festgefügter Raum entstand, der überrascht.

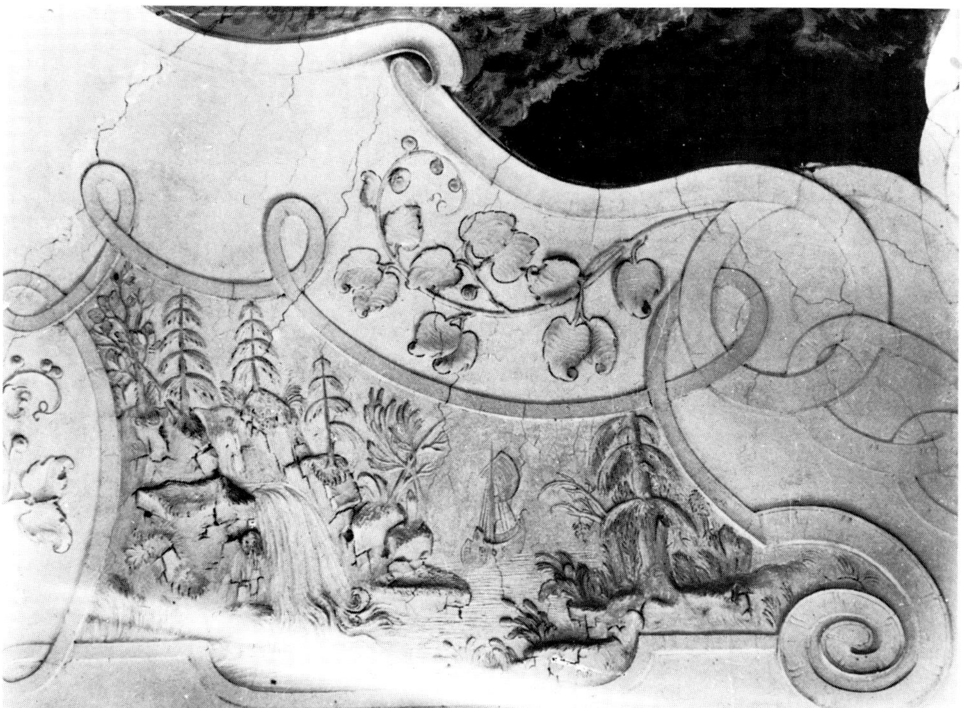

40/41 Neresheim, Benediktinerabtei, Festsaal, Detail aus Bandstuck und Reliefdarstellungen an der Decke, 1719

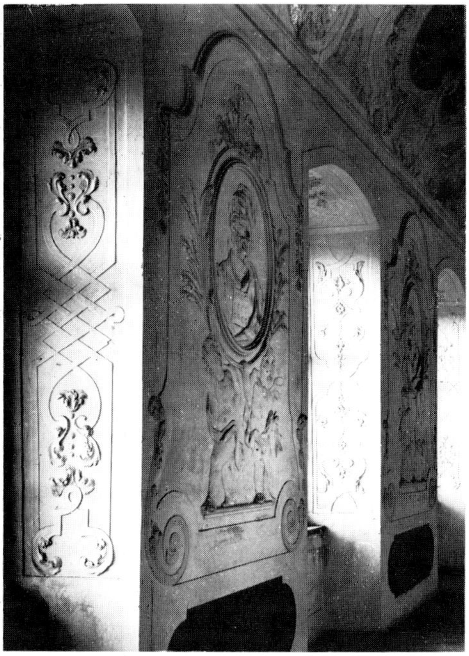

42 Neresheim, Festsaal, Stuckdetails an Saalwand und in Fensterlaibungen, 1719

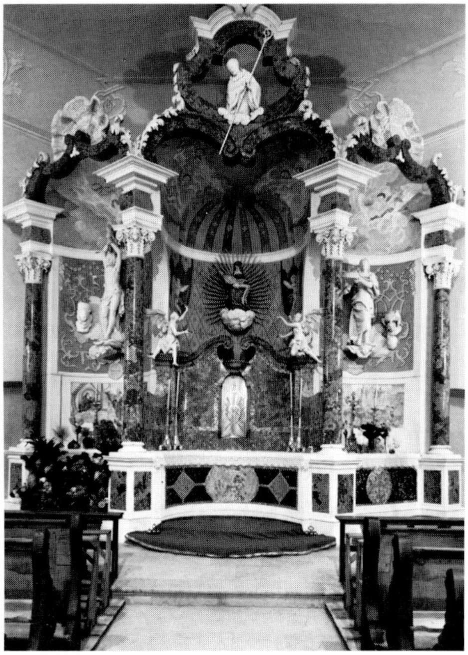

43 Kösingen, Pfarrkirche, Hochaltar, mehrmals verändert, von D. Zimmermann und M. Köpf, 1720

Um so bemerkenswerter sind die Variationen und Eigenständigkeiten. Anstatt einspringender, vorarlbergisch orientierter Wandpfeiler, die tiefe Kapellennischen ergeben, drückt er die Pfeiler in Doppelung breit an die Wand, so daß in den einzelnen Jochen nur flache Wandnischen entstehen, die er nicht, wie die Vorarlberger, einzwängt, sondern in Freiheit öffnet. Die schmalen Quertonnen, in denen die Außenmauern stehen, werden überraschend hochgezogen. Die Rundbogen der tief ausgesparten Fenster liegen höher wie der Architrav über den gedoppelten Kapitälen und über ihnen ist das dreigeteilte Fenster fester, breit umrandeter Anlage bereits in das Gewölbe hinaufgeschoben. Der Raum wird festlich gehoben und Stuck und Fresken erhalten eigenes Beleuchtungslicht. Breit changieren dazu die Quergurten zwischen den Jochen. Man muß zu den hochgestellten Fenstergruppen eigens hinaufschauen.

Diese Fenstergruppen sind architektonische Anlage und Gliederung geworden. Zu ihnen und deren großen Maßen gesellen sich die großen fest umspannten kreisrunden Fresken. Durch die Koordinierung weitgezogener Raumelemente ergibt sich die majestätische Würde dieses Raumes. Schon im ungefähr gleichzeitigen Buxheim (Pfarrkirche) ist die Architektur nicht mehr so machtvoll.

An den Tonnenbogen über den Fenstern und an den Gurtbogen ziert der Stuck mit einzelnen Feldern. In den Pilastergebälken greift er in das Architektonische über. Die Strenge löst sich von der Außenwand zum Rauminneren. Herrschend tritt der Stuck erst in den Feldern der Hängezwickel auf. Nur in dieser gestrafften Architektur D. Zimmermanns sind seine Stuckfelder so gefüllt. Die Freskenrahmen sind nirgends so abgeschlossen und unberührt wie hier. Das Rahmenmuster mit Lambrequins und einzelne Formungen könnten auf Johann Baptist Zimmermanns Einfluß zurückgehen, aber in den anderen Einzelformen, auch in den Kartuschen der Gittermuster ist Dominikus Zimmermanns Hand und Bandlwerk erkennbar. Erwähnenswert sind die jeweils vier Bildkartuschen in den Diagonalecken, deren Randbänder konturiert und wie die Fenster gekurvt

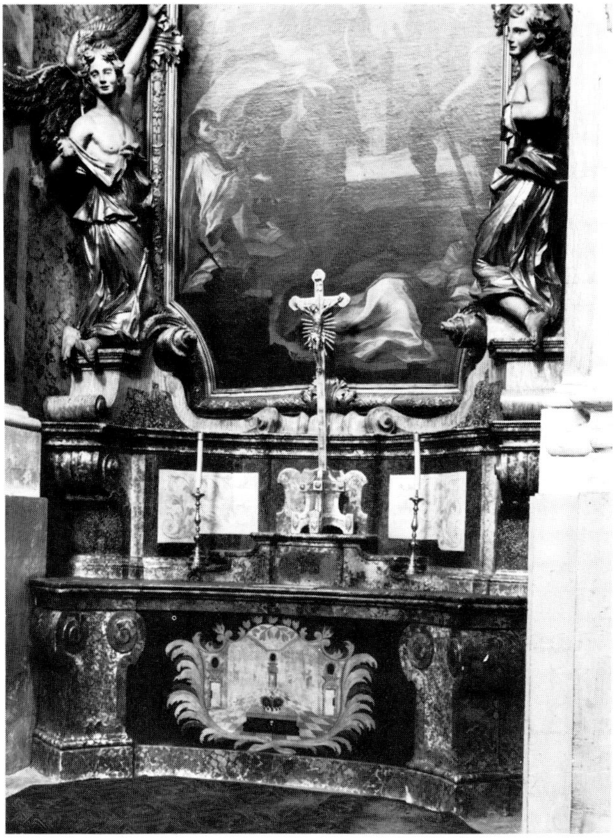

44 Würzburg, Neumünster, Burkard-Altar, 1721

sind. Die kleinen Muscheln verströmen wie Wellen. Hier ist eine bisher unbeachtete Auseinandersetzung mit Weingarten und Weingartens Stuck erfolgt, der dort in seiner Reizbarkeit fast fremd erscheint. Hier ist die einheitliche Stilistik, da der Architekt auch Stukkator ist. Diese Régence fügt sich dem Bau restlos ein. Einen ihrer Höhepunkte erreicht sie in den in den Stuck eingegliederten und mit ihm verbundenen, echt zimmermannschen Kapitälen. Leider fehlt hier der Raum, um die sich weiterentwickelnden Kapitäle und Kartuschen D. Zimmermanns nebeneinandergestellt im Bild zu zeigen. (Abb. 117, 119)

Th. Muchall-Viebrook machte darauf aufmerksam, daß verschiedene Stukkaturen D. Zimmermanns im Kloster Siessen älter sind und erwägt die Frage, ob Zimmermann nicht zuerst im Kloster einige Räume stuckiert hat und dann den Kirchenbau-Auftrag erhielt.

Gleichzeitig – oder wahrscheinlich um einige Monate eher? – entstand der Riß für die *Pfarrkirche* der *Kartäuser* in *Buxheim,* die früher mit einem Trakt mit dem Kloster verbunden war. (Urkundlich für D. Zimmermann gesichert) 1725 war die alte Kirche abgerissen worden. Nach den Berichten im Manuale Prioris erfolgte die Grundsteinlegung am 31. Mai 1726 in Anwesenheit D. Zimmermanns (13 fl. 20 kr. discretion). Erhielt die Siessener Kirche verschiedene elastische Formen in ihrer Außenerscheinung, so wirkt die Buxheimer Pfarrkirche an einigen Stellen etwas strenger. Gegenüber den meist anspruchslosen und sachlichen Außengestaltungen spätbarocker Kirchen zeigt Buxheim eine neue Einstellung. In Siessen und Buxheim entsprechen die Pilaster innen in Konformität den Außenpilastern. Inneres und Äußeres wird verschmolzen. Dieses System ist auch hier angewendet. Die Kirche bildet ein geschlossenes dreijochiges Rechteck mit halbrund schließendem, verengtem und niederem Chor: Ein stark betontes Gesims verläuft unter dem knapp gezogenen Dach. 45 cm starke Flachpilaster um alle Seiten und an den Ecken akzentuieren den Kubus; ein fließendes, gewelltes Lisenenband schließt über den dreigeteilten Ohrenfenstern ab. Fester Takt und leise Rhythmik sind verbunden. (Abb. Nr. 55, 57)

Im Inneren werden die Strukturen härter, Mauern und Pfeiler sind kräftig; diese Stärke, auch in Altaraufzügen, wird bei D. Zimmermann übersehen. Die Tonne liegt ohne Stichkappen auf straff gezogenen Quertonnen vor der Außenwand. Doch der Mauerzug über den unteren Fenstern wird mit Segmenten gebogen, zu beiden Seiten mit einer liegenden Volute in einmaliger Weise höhlenartig verschnörkelt, (Abb. 59, 116, 122) die Gesimse der Pilaster werden konvex gebogen, die Deckenplatten mit gewellten Volutenbögen bekrönt. Über zierenden Schmuck inmitten architektonischer Spannungen wird bereits hier verfügt. Schon das 19. Jahrhundert bezeichnete die Kapitäle als eine der edelsten Schöpfungen der aufbrechenden Régence-Epoche. Der Prozeß setzte sich fruchtbar fort: das Dekorative und Schwellende in die Architektur selbst einzufügen und dekorative Formen als architektonische Elemente einzusetzen. Ebenso erstaunlich bleibt jedoch die Verschiedenartigkeit der reich strukturierten Architektonik der beiden Kirchen Buxheim und Siessen in den gleichen Jahren 1725–1727. Übernahm D. Zimmermann in Siessen wohl die gesamte Innenausstattung bis zum Chorgestühl, gehen die Entwürfe der Altäre in der Buxheimer Pfarrkirche auf Gabriel Weiss zurück.[35]

Der Stuck ist freier und gelöster als in Siessen, vor allem im Chor um das Kreismedaillon, um das hier Wolken spielen. Das Bandlwerk wird zu Gehängen und ist wiederum in den Kapitälen ebenfalls vertreten. Die Kartuschen erscheinen in ihrer Auflockerung als Weiterbildung von Siessen.

Die Priorin des Dominikanerinnenklosters Siessen war mit Abt Didakus vom Prämonstratenserkloster Schussenried befreundet und hatte ihm für den Neubau der Wallfahrtskirche *Steinhausen* a. Rott D. Zimmermann empfohlen. Abt Didakus Ströbele notierte in sein Tagebuch: »Den 30. März 1727 ist H. Dominicus Zimmermann von Landtsperg gebürthig, ser gueter baumeister, von Siessen anhero kommen, hat mir ein feines Rißel gebracht wegen zuekünftigen neuen Kirchen zue Steinhausen, so mir Gott das Leben laßet«. Der Prälat hatte den hohen Rang dieses Entwurfes erkannt, in dem erstmals ein Oval mit eingestellten Freisäulen für einen Umgang verwendet wird. 1730 ist der Rohbau fertig; 1733 wird die Kirche geweiht.

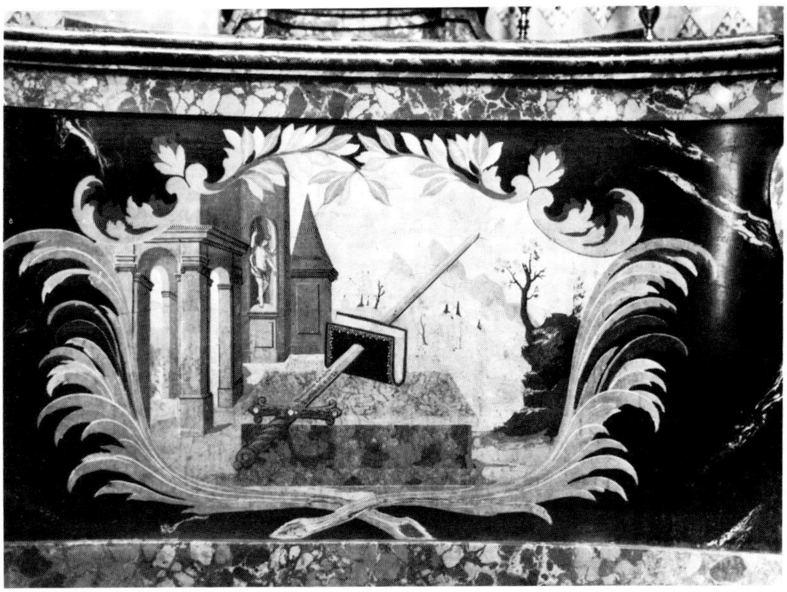

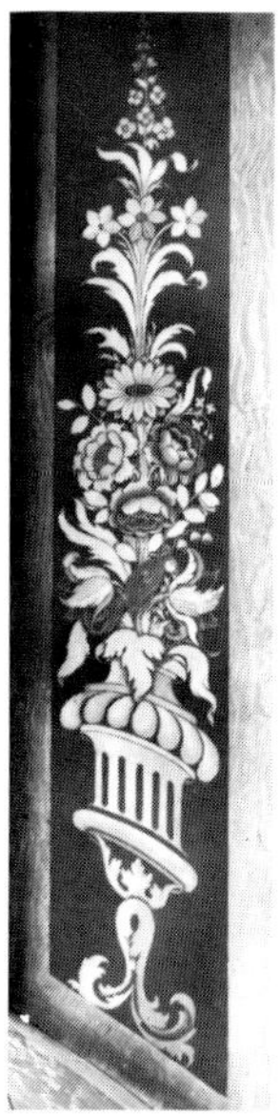

45/46 Neumünster, Scagliola-Antependium Bonifatius-Altar – Detail aus Fensterlaibung im Chor

Der Riß (Abb. 156) zeichnet sich durch eminente Klarheit der Maßstäbe und der Harmonie aus. An das Oval mit zehn eingestellten Freipfeilern, die durch Quertonnen einen Umgang bilden, schließt im Westen ein Rechteckraum mit Hauptportal und Emporentreppen an, das sich in gleicher Größe im Osten mit einem querliegenden Oval als Chorraum wiederholt. Da die Seiten des Langbaus, in dem der Gemeinderaum den Schwer- und Mittelpunkt bildet, in den mittleren zwei Jochen mit geraden vorspringenden Mauerabschlüssen kaschiert sind, ergeben sich an vier Seiten der Windrose gerade Linien, die den Ovalbau in ein Rechteck einfügen, das nur im Außenbau in Erscheinung tritt. Diese straffe Linienführung wird in der Außenerscheinung durch die hohen Quergiebel in der Mitte der Kirche gesteigert, die eine Kreuzform zur Erinnerung an das Leidensmotiv des Gnadenbildes zur Schmerzhaften Muttergottes (Vesperbild) ergaben. Im Gegensatz zu Siessen sind hier an den Giebeln die abrieselnden Verschnörkelungen erhalten. Die Ellipse ist dem Gesamtgefüge der Außenerscheinung einbeschlossen. Unter dem Dachgesims verläuft ähnlich wie in Buxheims Pfarrkirche ein verkröpftes Gesims, das in den abgerundeten Diagonalecken in Volutenpaaren hochschwingt. Immer noch baut D. Zimmermann mit breiten, kräftigen Mauern, aber ihre Auflösung nimmt von Bau zu Bau zu. In der gedrungenen Mauerführung fallen die hohen, schmalen Fenster mit Dreipaßausbuchtungen (wie an der Klosterfassade in Maria Medingen) und die darüberliegenden, breiteren Ohrenfenster auf, die wie in Siessen und Buxheim gerade, senkrechte Stäbe und hier auch sanfte Bedachungen erhielten: wieder ist der dekorative Körper als aufbauendes Element in die Architektur selbst eingezogen. Elegant entsteigt der ziselierte, bis zur dreifachen Kuppel sich verjüngende Turm der Westfassade.

Im Inneren empfängt der geschmeidige und doch sehnige, sonnenhell durchlichtete Raum mit seinen sich öffnenden Doppelschalen. Das uns bergende Oval siegt als einziger Raum, der Hochaltar ist ganz nahe herangerückt. Mit genau so vielen Punkten man die Kirchen in Steinhausen und Wies vergleichen will und muß, mit genau so vielen erfolgt Unrecht bei unmittelbarer, undifferenzierter Gegenüberstellung dieser beiden unvergleichlichen Höchstleistungen mitteleuropäischen Rokokos. (Zum Ovalbau u. a. vgl. Wies) Mit diesem selten geschlossenen Werk wurde Dominikus Zimmermann unter die großen und maßgebenden Baumeister des 18. Jahrhunderts aufgenommen. (Abb. 60–63, 120, 121, 123, 146)

Hier ergreift Zimmermann alle Instrumente zu gestraffter Symphonie; er setzt außerdem alle Koloraturen ein. Er spielt und musiziert aus unübersehbarer Schöpferkraft. Die mit vier Flachpilastern bekleideten Pfeiler, in deren Ecken Lichtstrahlen und Schattenmodulationen liegen, erhielten Kapitäle mit blühenden Blumen und hohe, wuchernde Gesimse, Architrave und Deckplatten. Die Arkaden sind energisch gestrafft, aber hochgezogen, um den Raum zu erhöhen und zu erleichtern und um neue Lichtschwaden einzuführen. Johann Baptist Zimmermanns hier nicht zu besprechende, dichten, linienverspannten Fresken fügen sich dem brüderlichen Werk ein.

Zimmermann offenbart wie ein sich entfaltender Komponist jüngeren Alters seinen fließenden Melodienreichtum. Jede Fensterlaibung und Bekrönung wird gewellt und mit Stuckbildern versehen. Der Schmuck zieht überall ein und doch verbleibt er in seinen Taktbereichen. Keine Kirche Zimmermanns erhielt ähnliche Zier. Er erfreut sich nicht nur an der Natur, an den Vögeln, Blumen und Käfern, die im Maria Medinger Prioratszimmer erstmals, im Neresheimer Festsaal vereinzelt, hier überall in Stuck erscheinen, der bemalt ist; er läßt Gnomen und Zwerge musizieren und dazwischen Englein flattern. Das beruhigende, vornehme Weiß hält die Kompositionen zusammen. Und überall ziehen leichte Licht- und Schattenfelder, weiten den Raum, ergeben abgestufte Differenzen, Nuancierungen, Einblicke, lassen Freude ahnen. Die Altäre anderer Hand sind hier zu schwer, doch der grandiose, geniale Raum nimmt sie auf.

Steinhausen ist nicht das erste bedeutendste Werk D. Zimmermanns. Die Kirchen in Siessen und Buxheim sind bis heute unterschätzt. Aber das Oval mit Freistützen, das wir in der Wieskirche erwägen werden, prägt diesen Raum und läßt Zimmermanns Architektur- und Dekorationskraft auf neuer, bis jetzt nicht erreichter Stufe erkennen.[36]

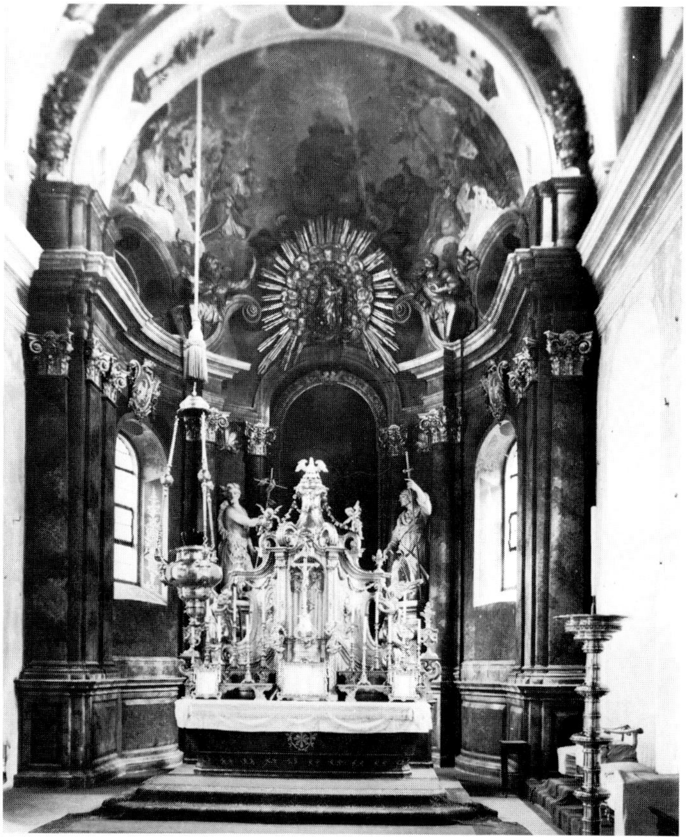

47 Würzburg, Neumünster, Chorapside, 1721/22

Die Kirche in Steinhausen war noch nicht vollendet, da gab D. Zimmermann am 29. Juni 1732 eine erste Rechnung »für die quadratur arbeith auf weyseste arth, wie solche vorhin durch H. (Giov. B.) Clerice verfertigt worden«, in der Benediktinerabtei *St. Blasien* im Schwarzwald ab.[37] Er hatte also dem Tessiner, der auch u. a. die Aula der Universität in Heidelberg stuckierte, den Rang abgelaufen. Für den siebenundvierzigjährigen Stukkator Zimmermann ist zu betonen, daß er in St. Blasien – trotz des viel besprochenen Kirchenbaus in Steinhausen – als Stukkator eingesetzt wurde, da er im Westflügel des Konvents zwei Stockwerke (Gänge und Zimmer für 420 fl.), zwei weitere im Nordflügel (310 fl.), die beiden Treppenhäuser an den Enden des Westflügels (für 50 und 60 fl.) und die Marienkapelle samt Stuckmarmorsäulen und Kapitälen (für 200 fl.) stuckiert hatte: also einen Großauftrag im Bereich des Stuckierens durchführte. (Leider ist seit dem Brand 1768 nichts erhalten.) 1742 und 1743 arbeiteten wieder Wessobrunner unter Hans Gg. Gigel in St. Blasien.

Im gleichen Jahr reichte D. Zimmermann im Dezember zwei Entwürfe für die Benediktinerabteikirche in *Ottobeuren,* (Ldkr. Memmingen) ein. Dem Tagebuch von Abt Rupert im Klosterarchiv Ottobeuren entnehmen wir den Eintrag vom 6. XII. 1732: »H. Dominicus Zimmermann (!) Architectus Landtsperg hat 2 Kirchenriß proiectiert, welche mir wohlgefallen, wunderbar der eine mit dem Ovalgewölb, welcher per gratiam dei suo tempore könnte gebraucht und aufgeführt werden. Der andere in einer völligen Rundung ist zwar schön, aber zu hoch und lang auf unserem Platz, mithin pretioser auszuführen als der erste und vielleicht nit so annehmlicher und commod. Es zeigt sich zwar in diesem anderen Riß eine Große Magnificenz und Majestät, wann man aber consideriert und unsrige Landsart, so vielen Winden, Witterungen ... unterworfen, so ist nit ratsam

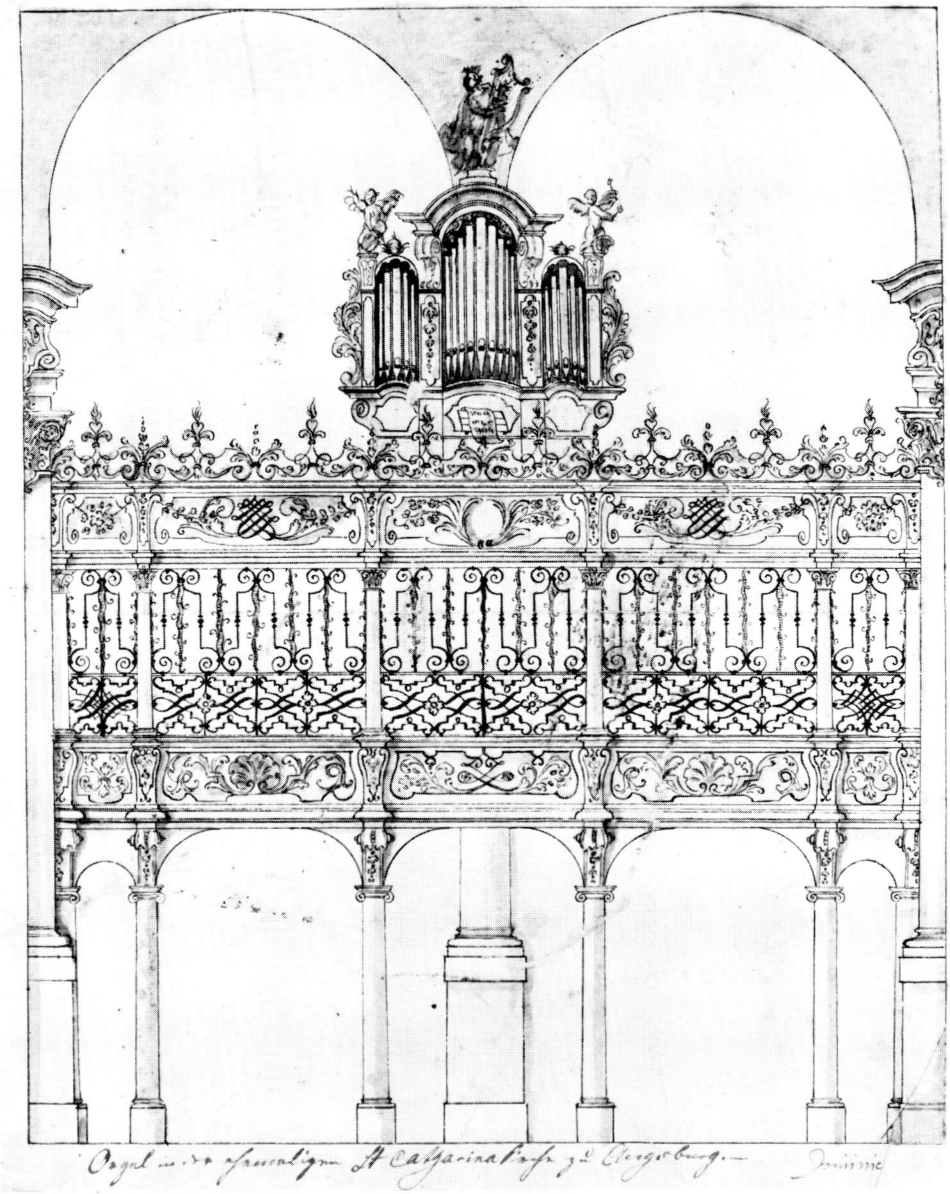

48 Augsburg, St. Katharina, Riß für Orgelprospekt, sign. D. Zimmermann. Wohl von ihm gezeichnet. Feder in Braun, Grau, Gelb, Rosa laviert. 31,8:25,5 cm. Städt. Kunstsammlungen Augsburg. Inv. Nr. G 3645–62

dergleichen zu bauen, weilen die Conservation ein ewiges Kapital wäre. Wäre also der Meinung, der ersten meritierte vor anderen in Consideration gezogen zu werden (260 Schuh)... Gäbe gleichwohlen Ansehen, Magnificenz und Majestät, so viele als in hoc loco gebührt templo domini sancto und die vires monasterii ertragen möchten. Es würde auch dieses Projekt alle anderen Gebäu im Kloster übertreffen und sich zeigen, daß man verlange, Gott allein die größte Ehre in domo sua zu erweisen und nach allen Kräften zu promovieren«. D. Zimmermann stand in engster Auswahl, demungeachtet liegen nur die Pläne, die ihm zugeschrieben wurden, (wieder) in Ottobeuren. Viele Baumeister reichten ebenfalls Risse ein; doch der Bau entstand dann als Gemeinschaftsarbeit.

Trotz des außerordentlichen Lobes des Abtes dünkt der großangelegte Riß mit drei aufeinanderfolgenden Raumkompartimenten, verbunden durch einen Umgang, nicht so eminent einhellig und frei wie Steinhausen und Wies. (Vgl. N. Liebs Ausführungen in seiner Dissertation »Ottobeuren und die Barockarchitektur Ostschwabens« München 1931, Memmingen 1934 Nr. LVII.) Für den Werdegang D. Zimmermanns war dieser Riß ebenso bedeutsam wie für die Würdigung als Architekt. Der Plan wird demnächst mit den übrigen Ottobeurer Rissen von Klaus Schwaiger (Hsg.) eigens behandelt. Für die enge Beziehung D. Zimmermanns zur Abbtei Ottobeuren zeugt wohl der Eintrag im Buxheimer Pfarrarchiv 1738, daß Franz Dominikus Zimmermann, der Sohn, am 25. July in Ottenbeyren confirmiert« wurde. (Nr. 64)

Aus jenen Jahren hoher Produktivität D. Zimmermanns 1727–1732 stammt wahrscheinlich das mit viel Geschmack wohlgestaltete Antependiums-Scagliola aus der Kirche in *Sölb,* Filiale von Raisting, Obb., das sich heute im Bayerischen Nationalmuseum befindet. Die beiden Seitenaltarantependien liegen im Städt. Museum in Weilheim Obb. Wie D. Zimmermann für Birkland, aus dem seine großväterliche Linie stammte, ein Scagliola fertigte, so dürfte er auch für die Kirche des Dorfes, aus dem seine Mutter nach Wessobrunn heiratete, Scagliolaarbeiten geschaffen haben. Da die letzten Aufträge dieser Art 1721/22 in Würzburg (Neumünster) durchgeführt wurden, fehlt der stilistische Anschluß. Die wohlüberlegten Tafeln zeigen die bemerkenswerte Weiterentwicklung Zimmermanns, u. a. in den Eckvoluten, aus denen sich Zweige, Bandwerk und Blumen entfalten. In der Mitte erscheint das Christusmonogramm. Auch die Farben haben sich z. T. verändert, vor allem die Nuancen des Rot. Viele Teile, vor allem die Blumen, die aber nicht die verläßlichen Stilkritiken bilden, sprechen für D. Zimmermann. (Zuschreibung Schnell)[38] Das Scagliola-Altar-Antependium in der Kapelle des Zeiler Schlosses zu *Kißlegg* (heute Krankenhaus) um 1730 ist interessant zum Vergleich, aber nicht D. Zimmermann zuzuschreiben.

Ab 1733 findet sich der Name D. Zimmermanns wiederum in dem Manuale Prioris pro Annis 1732 et 1733 von der Kartause *Buxheim:*[39] »Dem Herrn Dominico Zimmermann (!), Bau Directori, geben 100.– fl.« Ebenso 1734 »geben 150 fl.« Die Arbeiten sind nicht genannt. Der wiederkehrende Titel »Baudirektor« läßt darauf schließen, daß D. Zimmermann der Baumeister der Kartause war und ihm alle Bauaufgaben unterstanden. Erst nach drei Jahren wiederholt sich 1737 die Notiz: »Im Monat November dem Dominico Zimmermann, Bau Directori, geben 100 fl.« Am 30. VII. 1738 erhält D. Zimmermann 100.– fl. für das St.-Anna-Blatt der Anna-Kapelle zur Weiterleitung an seinen Bruder Johannes. »den 21. Juny (1739) Herrn D. Zimmermann angeliehen 400.– fl.« »den 20. Juny Herrn D. Z. für Deservit pro Anno 1738 50 fl.« Dem Sohn »Frantz Dominico Zimmermann, Stockadour« werden 1738 und 1739 Beträge ausgezahlt. 1740ff. erscheinen die Namen Zimmermann nicht mehr.

D. Zimmermann hat verschiedenes in der Kartause gebaut, vor allem ab 1737 den Kreuzgang und 1738/39 die Priorenkapelle St. Anna im Kreuzgangeck. Sein Sohn hat mitstuckiert. Johann Baptist Zimmermann wird nur für das Altarbild St. Anna bezahlt, weder für den generos erfundenen Altar noch für den pretiosen formenreichen Stuck erhielt er einen Betrag. (Abb. 65–69, 124)

Die *Annakapelle* in *Buxheim* ist ein Kabinettstück bayerischen Rokokos. D. Zimmermann hat nur hier einem Quadrat, dessen Grundmauern von der früheren Kreuzgangkapelle übernommen worden sein dürften, ein vierpaßähnliches Raumelement mit spitzen Ecken im weit vorkragenden Gesims eingeführt, so daß sich komplizierte arrondierende Kompartimente ergeben. Der Raum umschließt den Eintretenden völlig: zwischen den abgerundeten vier Raumecken erscheinen die Fenster des Kreuzgangs wie in einem Privatgemach; zwischen den Fenstern sind Figurennischen auf grün-goldenen Rokokopodesten (aus Holz) eingebaut, jeweils von zwei buntmarmorierten Säulen mit goldenen Basen und Kapitälen umrahmt. Diese Säulen runden den Raum nochmals ab.

(Vgl. Pöring) Vertiefungen, Vorsprünge, Abschleifungen, fast lose erscheinende Architekturteile und Plastiken, mannigfache Farbflächen und reizvollste Stuckfelder, beabsichtigte Licht- und Schattenzüge wechseln. Von besonderer Bedeutung wurde das von der Kuppel (mit Laterne) sanft von oben nach unten über den Dämmerraum der Kuppel einströmende Licht, das sich mit den Sonnenschwaden aus den kreisrunden kleineren Oberfenstern trifft. Unten ist die gleichmäßig klare Lichtflut wie in freundlich erhelltem Zimmer. Nach oben wechseln Licht und Dämmerung, bis in der Altarecke vor zwei Fenstern in strahlendem Licht die Gestalt des Christkindes erscheint. In dieser Übergangszone der Kuppelwölbung ereignet sich vor einst (vor der Renovation) himmelblauem Grund zartestes Stuckspiel.

Wiederum ist die Entwicklung in den einzelnen Formen festzuhalten: in den gebogenen Konsolstücken, auf denen heilige Frauen lagern, während in den Nischen heilige Männer stehen, in den ausgeweiteten Flachkartuschen, die zum Teil teigig und anschmiegsam verebben, in sensibelst gestalteten Zweigen, Blüten und Ornamenten, die wie ferne Töne verfließen. Vergleiche zwischen Siessen, Steinhausen und Annakapelle offenbaren eine außergewöhnlich subtile Formenentfaltung, die kaum bei einem Wessobrunner auftritt. Der Fortschritt Dominikus Zimmermanns als Stukkator ist in Stufen von ca. drei Jahren sowohl im Ornament wie in der Behandlung des Verhältnisses der Stukkatur zur Wand und Architektur erkennbar. Hier schuf D. Zimmermann seinen empfindsamsten hauchdünnen Stuck. Johann Baptist Zimmermann, der vielleicht einige Anregungen im einzelnen gab, entfaltete sich am Münchner Hof in engerer, vom Stilaufbau aus gesehen strengerer Linie. Der Hof, vor allem der französische, war auf bestimmte Zurückhaltung bedacht. In besonderem Maße äußert sich hier D. Zimmermann persönlich. Seine Hand ist in Figuren der kleinen Engel und in einzelnen Motiven deutlich faßbar. Von hier aus ergeben sich manche Verbindungen zum Stuck der Kirche in Günzburg und viele Verflechtungen zur Stukkatur in Landsberg St. Johannes und in der Wies: nicht nur als Form an sich, sondern auch als genetische und angewandte Form.[40]

Niemals mehr ist es D. Zimmermann gelungen, gelenkt belichtete und farbenüberschüttete Dekorations- und Stuckarchitektur in ein so einhelliges, bezauberndes Ensemble zu bannen. Sein Rokoko-Zeitausdruck ist hier in reinen, singbaren Klängen ausgedrückt. Einen ähnlichen Akkord erreichte Süddeutschland nie mehr. Für die Wies sind einzelne Formelemente, wie z. B. die zerzausten Muscheln über den Köpfen der männlichen Heiligen und das sich aufbauende Arrangement, Vorspiel.

D. Zimmermann arbeitete in Buxheim, während eines seiner Hauptwerke entstand: die *Frauenkirche* in *Günzburg a. D.* Bei dem wütenden Stadtbrand am 8. Mai 1735 war die Kirche von 1433 bis auf den Turmstumpf völlig verkohlt. Nachdem der Auftrag des Stadtpfarrers, die Kirche wieder gotisch aufzubauen, allgemein abgelehnt worden war, sollte D. Zimmermann eine neue Kirche errichten. Für den Plan (wohl mit Modell) bezahlte die Stadt 168 fl. Schon 1736 wurde Turm und Chor aufgeführt. 1739 kam die Kirche unter Dach; 1740 wurde sie benediziert, 1741 der Dachstuhl aufgesetzt. Die Beträge für die Innenausstattung konnte die arme Stadt noch viel schwerer aufbringen. 1754 fehlen noch Chor- und Nebenaltäre und die Kanzel. (Akten u. a. im Prädikaturbenefizium Günzburg a. D.)[41]

Diese Umstände lassen die etwas verwickelte, durch Jahre verzögerte Baugeschichte verstehen. Julius Schöttl berichtete in der Nordschwäbischen Chronik, Beilage der Donaupost, III. Jg. Nr. 11 Nov. 1950, daß Zimmermann wie in der Steinhausener Kirche freistehende »Ziersäulen« vorgesehen hatte. Aus Geldmangel wurden sie abgelehnt. Da schob Zimmermann in schöpferischer Produktivität die geplanten Säulen an die Wand und richtete den Langhausbau auf ein großes, raumweites und doch raumzusammenfassendes Ovalgewölbe aus. Die Schiffswände artikulierte er aber durch leichte Ausbuchtungen für zwei Seitenaltäre (vgl. Wies); die Ecken des rechteckigen Langhauses bildete er zu sanften Nischen und die Wandsäulen stellte er auf schief verlaufende,

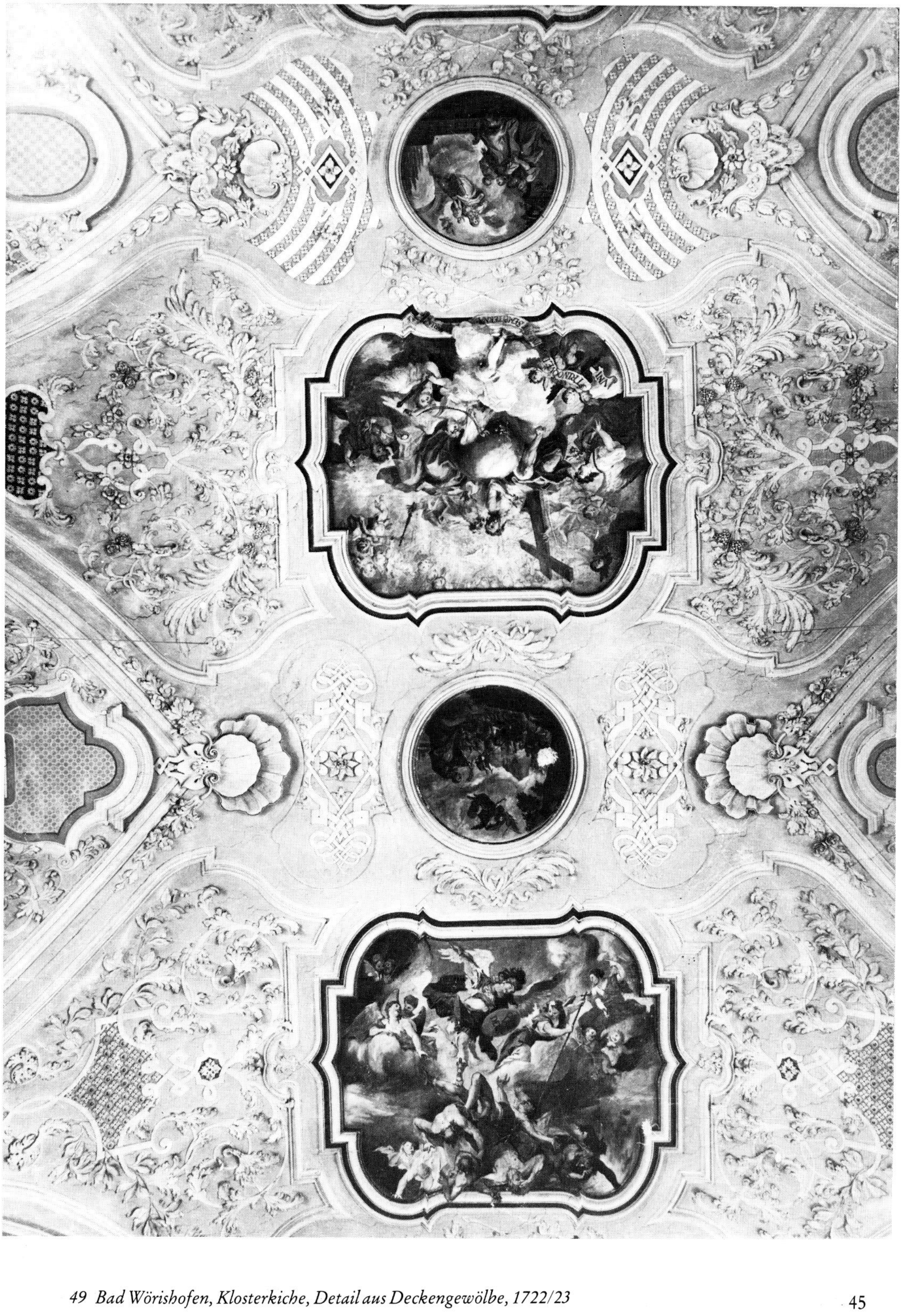

49 Bad Wörishofen, Klosterkiche, Detail aus Deckengewölbe, 1722/23

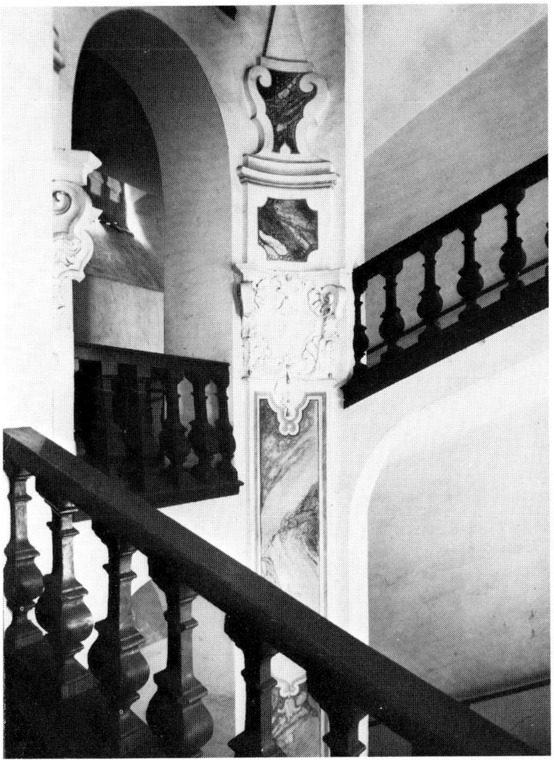

50 Schwäbisch Gmünd, ehem. Dominikanerkloster, Treppe 1724/1725f.

abgemuldete Podeste. So ergibt sich neben der Akzentuierung der Wände durch abrundende Säulen eine bewegte Rhythmik im Wechsel von konkav und konvex und schwingende Linien, die das hochgeführte Gebälk, das die übergroße Flachkuppel trägt, aufnimmt und wiederholt. Diese Wellen verebben erst in verkräuselten Voluten am Freskorand. Eine bisher unerreichte Rhythmik und atembefreiende, einheitliche Höhenentwicklung zeichnet diesen genial gestalteten Raum aus.

Doppelte, schmale Gurtbogen eilen empor zur Gewölbemitte und verebben am Freskorand. Auch das Prinzip der offenen Schale ist neu gelöst. In der Mitte des etwas verbreiterten Langhauses erheben sich – wie in Siessen – sehr hoch geführte Fensterkompositionen. Das mittlere Rundbogenfenster wird seitlich von zwei kurvierten, kleineren Fenstern, die oben und unten Rundbögen erhielten, begleitet und übergeleitet zum breiten, dreigeteilten Ohrenfenster über dem Gebälk. Das Licht bricht mit aller Macht in gelenkten Bahnen ein. Ovalfenster über dem Gesims erhellen – wie in der Wies im Chor – Decke, Fresko und Stuck. (Abb. 70, 72–77, 104, 126–129, 142, 147, 157)

Die nicht zu unterschätzende Stuckierung plante D. Zimmermann, wie Kompositionsanordnung und Einzelheit zeigt (vgl. die phantastischen Kapitäle mit Krönchen), aber manches Stück wurde aus Geldmangel nicht von seiner Werkschar ausgeführt. Wohl aus Geldmangel beschränkte sich Zimmermann auf wenig Stuck, den er aber nicht nur zur Zierde einsetzt. Gleich wie Architekturmalerei den Raum über der Kämpferlinie im Gewölbe weiterführt, umrandet er die kleinen Rundfenster über dem Gesims mit großen Stuckfeldern; ebenso läßt er ein ornamentales Stuckfeld mit ausschwingenden Segmentlinien als Bauplastik über dem Chorbogen aufsteigen: der Stuck eroberte sich bei D. Zimmermann fast alle Gebiete der Malerei in seiner Weise. Gleich schöpferisch war D. Zimmermann im besonderen in Günzburg als Altarbauer, der in den Nischenaltären neue Aufzugsmöglichkeiten mit gestreckten, sich ausdehnenden, oben geöffneten Aufzugsbildern und vor den Fenster-Altären neue Durchbrechungen in den Aufzügen für die

Lichtdurchdringung schuf. Die Entwürfe zur Innenausstattung (Altäre, Emporengitter, Gestühlwangen, Portaltüren) stammen von D. Zimmermann. Das ein wenig schwerfällige Fresko malte der Günzburger Anton Enderle.

Im Gegensatz zu Steinhausens Queroval im Chor verlängerte Zimmermann in Günzburg den abgerundeten Gemeinderaum durch einen langen Chor mit durchlaufender Empore. Auf dieser streben gedoppelte Pilaster empor. Das Motiv einzelner Freipfeiler im Chor sah Zimmermann in Vilgertshofen und Biberbach b. Augsburg, wo er vier Altäre schuf und damals ein Doppelaltar stand. Da die Empore eine verhältnismäßig niedere Höhe erhielt, kann um so mehr strahlendes Licht einfallen und die weißen Pfeiler, die hier ungebunden und frei aufsteigen, verjüngen. Hier schichtete D. Zimmermann seine höchsten Gebälkformationen über den Kapitälen auf: ein niemals wiederkehrendes Spiel mit aufgetürmten, profilierten Architraven, Simsen und Gebälken.

Den Keim zu dieser im Licht aufstrahlenden Choranlage hatte Johann Schmuzer in Vilgertshofen gelegt. Dominikus Zimmermann entfaltete ihn in Günzburg in Weiterführung als eigenen Raum und verknüpfte ihn meisterhaft mit dem Ovalraum der Gemeinde. In der Wies verband Zimmermann beide Raumkompartimente mit neuen Mitteln zu einer vollkommenen Einheit.

Auch während des Kirchenbaus in Günzburg a. D. war Dominikus Zimmermann mit anderen Projekten beschäftigt. 1739/41 wurde die St. Christophoruskirche im (ehem.) Frauenkloster von der 3. Regel des hl. Franz v. Assisi in *München* »im Bittrich« *Püttrich-Regelhaus* oder Kloster, genannt, an der Ecke Residenz-Perusastraße, umgebaut und neu ausgestattet. Stukkaturen und Freskomalerei wurden Johann Baptist Zimmermann übertragen. »An den Altar vor Stuccator das Zerbrochene repariert und paliert, davon Dominikus gearbeitet 1½ Wochen, jede 4 fl. 30 kr., tut 6 fl. 45 kr.« Notiz im Kreisarchiv München Kl. Lit. 424/9 (Mitteilung Norbert Lieb v. 16. V. 1952). Dominikus Zimmermann hat also auch in München gearbeitet, auch dort Fühlung mit seinem Bruder aufgenommen und wohl die neuesten Arbeiten am Hof besichtigt.

Während die Frauenkirche in Günzburg aufgeführt wurde, arbeitete Zimmermann auch an den Plänen für die *Kapelle* des Schlößchens *Pöring*, südlich von Landsberg.[42] Da das marianische Gnadenbild nach einer Teufelsaustreibung am 6. III. 1731 neuen Zulauf erhielt, wünschte der Besitzer Joseph Marquard von Berndorf eine kleinere Kirche. Eine Vergrößerung der erweiterten Schloßkapelle genügte 1733 nicht mehr. Der neue, rechteckige Gemeinderaum erhielt 15 m Länge und 10 m Breite, der eingezogene Chor 7 m Länge und 8 m Breite. Lt. Inschrift am Chorbogen wurde die Kirche am 17. IX. 1739 begonnen, die Benedizierung erfolgte durch Weihbischof Adelmann von Augsburg, die Weihe nach größerer Reparatur 1755. Die Pöringer Schloßkirche

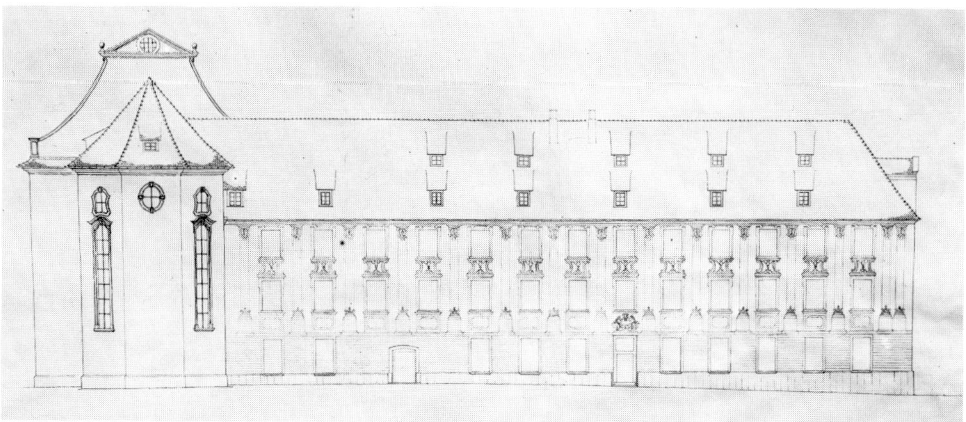

51 Schw. Gmünd, ehem. Kloster OP I, ehem. Kaserne, Bauzeichnung mit Fassadendekoration von D. Zimmermann

wurde noch nie eingehender gewürdigt, so daß ein bemerkenswerter Bau Zimmermanns in seinem Gesamtwerk bisher nicht offenkundig vertreten ist. (Abb. 79–82)

An Stelle des bei den Vorarlbergern beliebten Themas, ein Querschiff vor dem Chor (wie z. B. in Siessen) oder in der Langhausmitte (Günzburg) einzufügen, das Zimmermann bisher frei abgewandelt hat, werden in Pöring statt eines rechteckigen Ausbaues vor dem Chor zwei, die Fluchtmauer übergreifende Rund-Kapellen mit 3.80 m Tiefe und 3.80 m Breite in den Gelenken vor dem Chor eingefügt: es ergibt sich mit dem im Halbkreis schließenden Chor ein dreiteiliges Kleeblatt bzw. ein ungleicher Dreipaß. An Stelle von seitlichen rechteckigen Erweiterungen traten zentralisierende Raumteile, die vorne etwas in das Langhaus eingreifen und die mit dem Chor durch Säulen und vorschwingende baldachinartige Bögen verbunden sind. Jede der zwei Kapellen wird von zwei Säulen flankiert und ebenso der Chor. Dadurch wird das Rundungsmotiv gesteigert. Die Flachkuppeln der zwei Kapellen schneiden in die Langhausflachdecke ein, so daß sich Mauerbögen ergeben. (S. Abb. 79–82) Diese kurvierten Mauerbogen und Chorbogen liegen auf den Gesimsen dieser Säulen auf. Hier verwertet Zimmermann ein neues Raummotiv und eine neue sphärische Bogenführung, die unmittelbar an Dientzenhofer und Balthasar Neumann erinnert. Die Komposition ist völlig selbständig. So einfach diese Zentralisierung durch Kleeblattform erscheint, um so meisterhafter ist sie im Hinblick auf die knappen Finanzmittel.

In der dreigeteilten Ohrenfensterform, die in den im Chor und im Langhaus gleichen Fenstern auftritt, ist der mittlere Fensterteil stark nach unten gezogen. Die konturierenden Bänder der Randzone sind wie die darüber schließende freie Kartuschenform gemalt und mit wenig Stuck versehen: eine bei Zimmermann noch nicht auftretende Verbindung von Stuck und Malerei an Fenstern.

Im Chor hat D. Zimmermann eine kleine Kuppel eingefügt, die er – wie in der Wies – mit Englein bemalte und in die hinein der Aufbau des von ihm geplanten, doch Jahrzehnte später erbauten

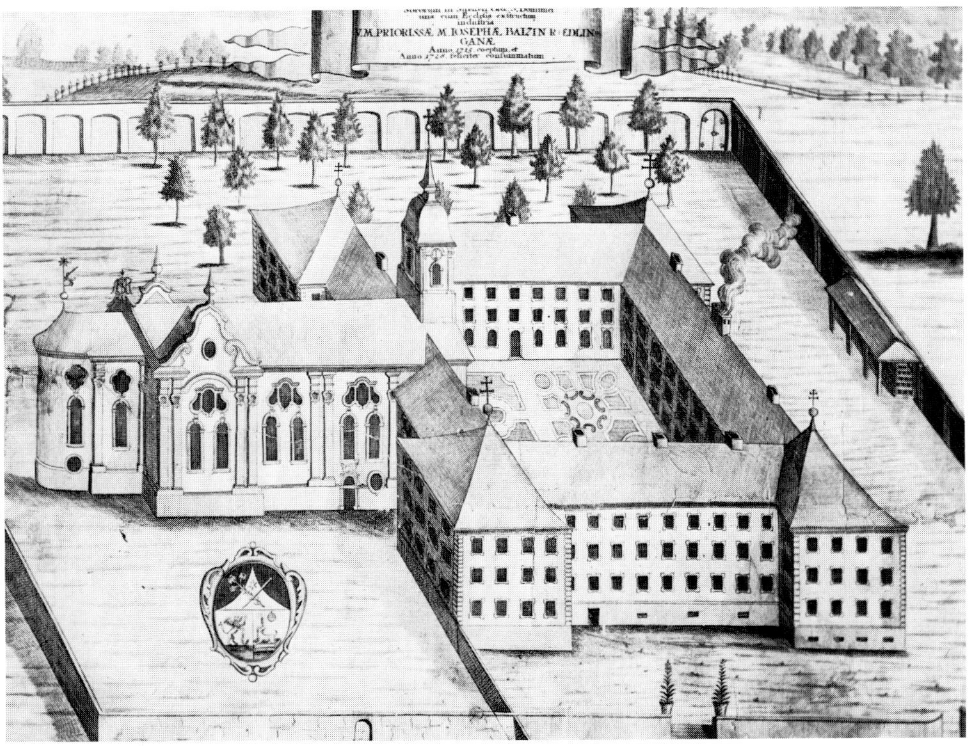

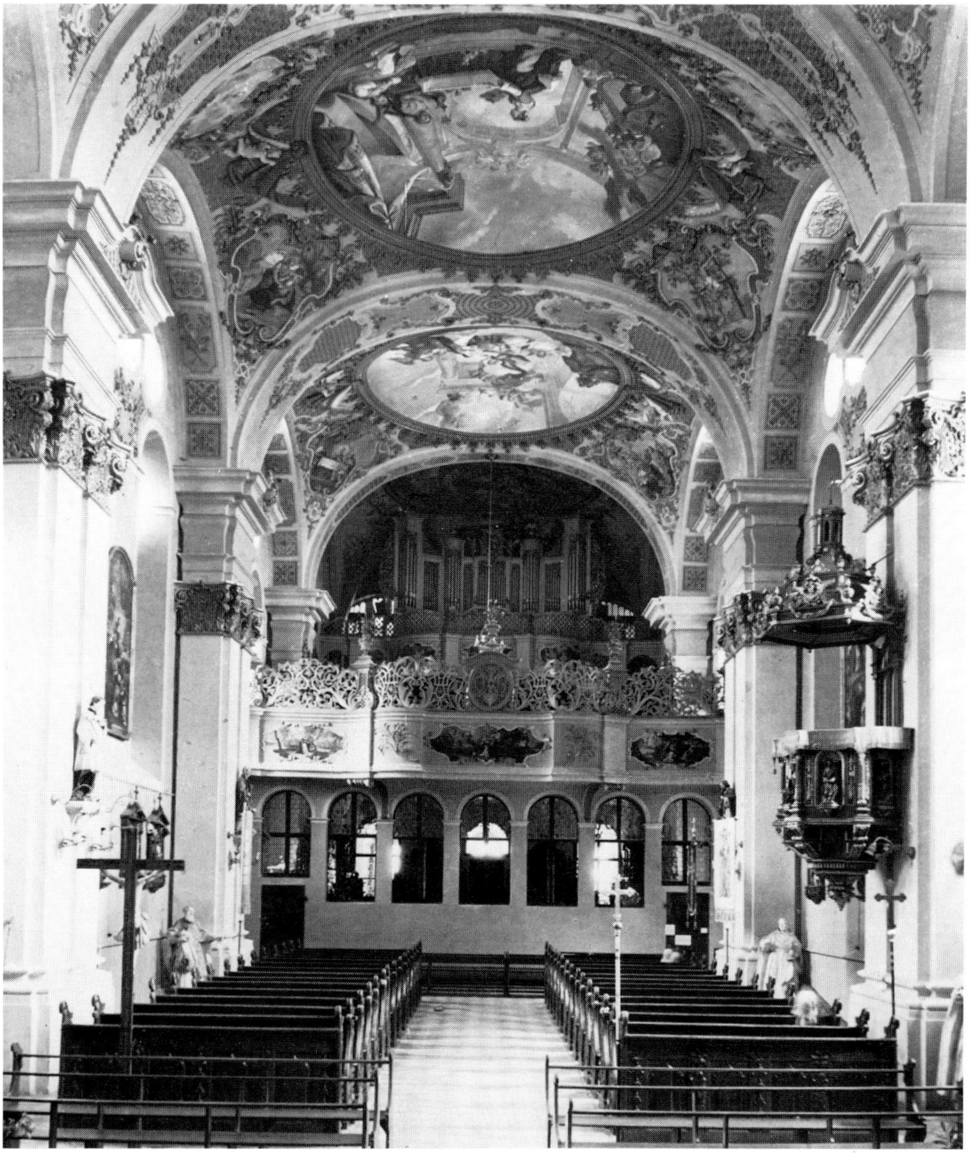

53 Siessen, heute Franziskanerinnenkirche, Blick gegen Westen 1726/29

◁
52 Siessen, ehem. Dominikanerinnenkirche, Stich, der Kloster (von Beer) und Kirche (D. Zimmermann) zeigt

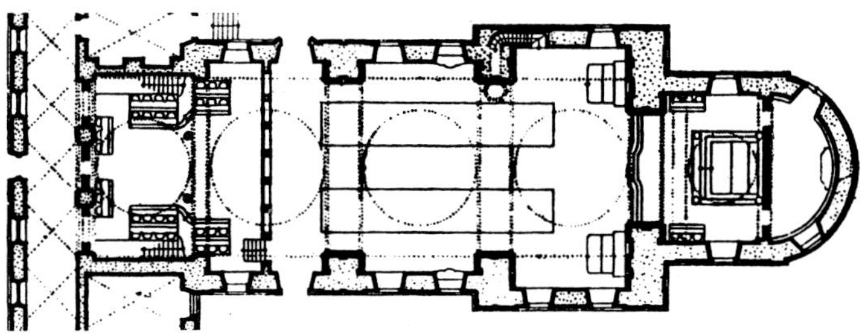

54 Grundriß der Kirche

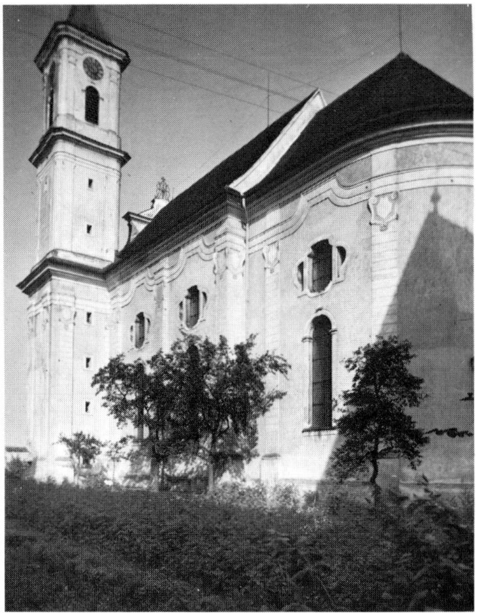

55 *Buxheim, Pfarrkirche, außen, ab 1725/26*

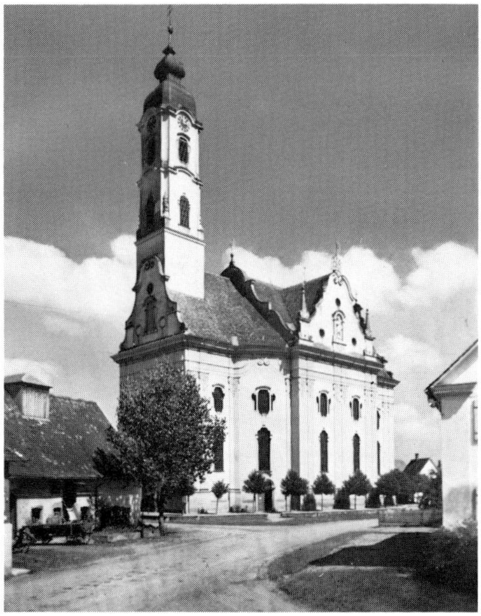

56 *Steinhausen, Wallfahrtskirche, außen, ab 1727*

Altares ragt. Auch die gegen das Licht empfindsam abgesetzte Kanzel mit dem belichteten Lamm auf dem Schalldeckel ist – wie die Betstuhlwangen – von Zimmermann entworfen. Innerhalb der Kanzeln Zimmermanns ist – neben der großen Wies-Kanzel – die Pöringer die köstlichste. Das eindringliche göttliche Symbol des apokalyptischen Lammes ist Summe der theologischen Ikonologie.

D. Zimmermann hat das Langhaus mit einem Fresko des Kirchenpatroziniums der Krönung Mariens ausgemalt, (s. Abb. 79 und vgl. Baiershofen), ebenso die zwei Kapellenkuppeln mit weiblichen Heiligen. Er signierte (ohne Jahr): aber seine Malerei erhebt sich nicht über den Durchschnitt. Doch dürfte sie ihm Freude bereitet haben. Entscheidende Anregung hat die Schloßkirche Põring für die hübsche, fürstäbtliche Kapelle St. Michael gegeben, die der Abt von Kempten Honorius Roth von Schreckenstein gegen 1780 in Unterkürnach, Gde. Wiggensbach, erbauen ließ.

Zu dieser Zeit war D. Zimmermann wieder in *Landsberg* beschäftigt. Die alte *Johannes-Friedhofs-Kirche* am vorderen Anger war wegen Baufälligkeit 1740 abgebrochen worden. Infolge »leidiger Kriegszeiten« des österreichischen Erbfolgekrieges war der Neubau durch D. Zimmer-

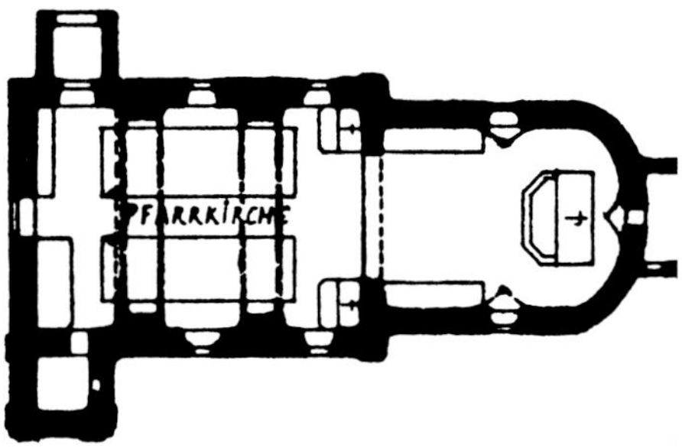

57 *Buxheim, Pfarrkirche, Grundriß*

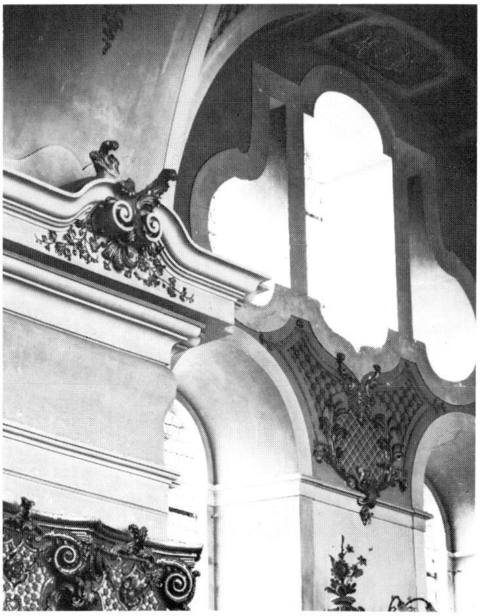

58 Siessen, Fensterformation

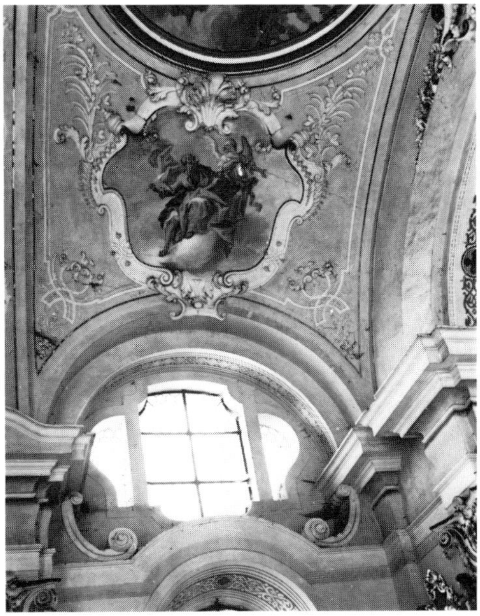

59 Buxheim, Pfarrkirche, Kämpfergebälk. Langhausfenster und Gewölbeansatz

mann 1742 erst knapp zur Hälfte gediehen. Die Unterbrechung zog sich bis 1750 hin. Der Bau war 1750/52 vollendet. Benediktion 1752, Weihe 11. XI. 1754 mit dem Hochaltar. Die übrige Ausstattung der Seitenaltäre, des Pflasters und des Gestühls benötigte noch ein Jahrzehnt. Die wenigen Archivalien, in denen D. Zimmermann einmal genannt wird, sind verstreut.[43]

Der Grundriß der nach Westen ausgerichteten Kirche orientiert uns, wie sehr sich D. Zimmermann mit dem Langhaus der Günzburger Frauenkirche beschäftigt hat. (Siehe Abb. 85, 157) Wieder greift Zimmermann zum Oval in der Decke, zu segmentförmigen Abrundungen in den vier Langhausecken und zu schief gestellten Podesten mit Säulen, um – wie an der Fassade – kurvierte und konkav verlaufende Mauerlinien zu erhalten. Der Raum ist durchknetet. Wie in der Schloßkirche in Pöring stehen vor dem Chor zwei Säulen und Doppelsäulenpaare markieren die Querlinie durch das Langhaus, in der Altäre aufgestellt sind. Der Chor wird hier aus einem ganz durchgezogenen Kreis gebildet, der von beiden Seiten belichtet wird. Zwischen dem Langhaus- und dem Chorbau erhebt sich an der Nordseite ein Türmchen mit Haube. Die Kirchengrundrisse von Steinhausen und Wies, Günzburg, Pöring und Landsberg St. Johannes greifen ineinander und zeigen eine harmonische Weiterentwicklung an, auf die im einzelnen hier nicht eingegangen werden kann. (83–86, 88, 130, 131)

In der sanften Geschlossenheit dieses Raumes steht Zimmermanns berühmtester Stuckaltar im Bereich des Ornamentalen. In einem Aufbau von vier Freistützen, die oben und unten gebogen sind und nur aus ornamentalem Schaumwerk aufstreben, steht über der Predella in einer offenen Nische eine plastische Gruppe der Taufe Jesu durch den Kirchenpatron Johannes den Täufer (von Joh. Luidl). Rückwärts erscheint auf der Chormauer gobelinhaft die Jordanlandschaft von Karl Thalheimer, der auch das Deckenfresko gemalt hat. Die phantastische Komposition gleicht einem großen Triumphbogen mit Blumengirlanden um die Szene der Taufe, bei der Gott Vater Christus als seinen Sohn bezeugt. Durch die Ornamentaufbauten kann man überall auf den Hintergrund durchsehen, eine Kommunikation, die kein anderer Altar zeigt. Weder in einem Schloß noch in einer Kirche hat ein Wessobrunner so viel Ornamente aufgetürmt, die sich organisch bedingen und

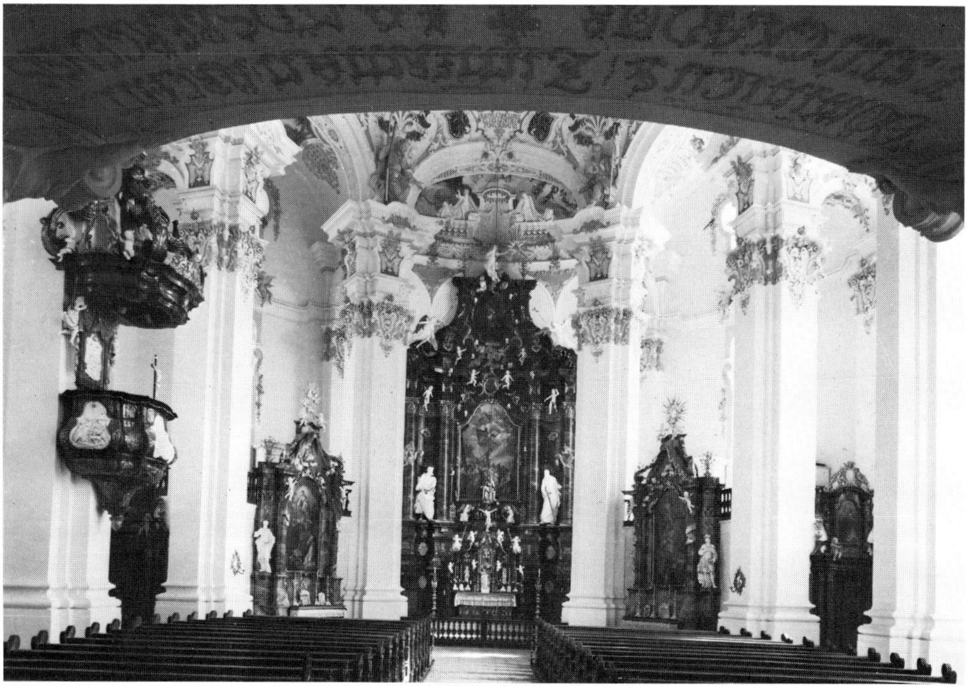

60 Steinhausen, Württ., Wallfahrtskirche, Blick zum Chor, ab 1727

die zum Thema des Sprudelnden und Fließenden des Taufwassers aus dem Jordan gehören. An einigen Stellen ist noch die alte Farbgebung erkennbar, die abgestuft reich ist.[44] Zur Dekoration der Wies ergeben sich viele Parallelen: sowohl zum Chorstuck wie zur Kanzel. In diese fließende Bewegung ist auch die Fassade miteinbezogen. (Abb. 83) Von besonderer, eigenwilliger Komposition zeugen die Seitenaltäre.

Gleichzeitig mit der Wieskirche arbeitete D. Zimmermann an der Pfarrkirche in *Ingenried* bei *Schongau,* 1745/46, stuckierte 1748 den Chor der *Schongauer* Stadtpfarrkirche und lieferte 1750 einen Riß für deren umzubauendes Langhaus; er fertigte 1748/49 Riß und Modell für die *Prämonstratenserabtei Schussenried* und den Hochaltar der Franziskanerkirche *St. Ludwig* in *Schwäbisch Gmünd.*

Ingenried, südlich von Schongau, das Welf VI. seiner Gründung, dem Prämonstratenserkloster Steingaden, 1147 geschenkt hatte, war 1745 Steingaden untertan. Die Pfarrkirche von Zimmermann, eine der elf Steingadischen Pfarrkirchen, ist schlicht, da der Ort klein und das Kloster mit der Abtei- und der Wieskirche sowie 600-Jahr-Feierlichkeiten belastet war. 1878 wurde die Kirche fast völlig entbarockisiert, aber ähnlich wie in der Wies steigt der Turm am Ostchor mit fein durchfühlter Kappe empor, so daß der über die Wälder grüßende Oberbau der Kirche der Wies ein wenig ähnlich ist. Der einfache Innenraum ist im Westen unter Verzicht einer Fassade vorgebaucht, die beiden Begleitfenster sind gekürzt. Den flachgedeckten Innenraum mit Stichkappen begleiten Doppelpilaster. Zimmermanns abrundende Hand ist in den Ost- und Westabschlüssen, am Gebälk und an der überraschend hoch aufgeführten Deckenvolute und am Entwurf der Betstuhlwangen erkennbar. (Abb. 89, 141)

Im Jahr 1748 stuckierte D. Zimmermann den Chor der *Stadtpfarrkirche Zu Unserer Lieben Frau* in *Schongau* am Lech. Sigfrid Hofmann hatte 1951 die Bescheinigung des »Akkords, welcher die

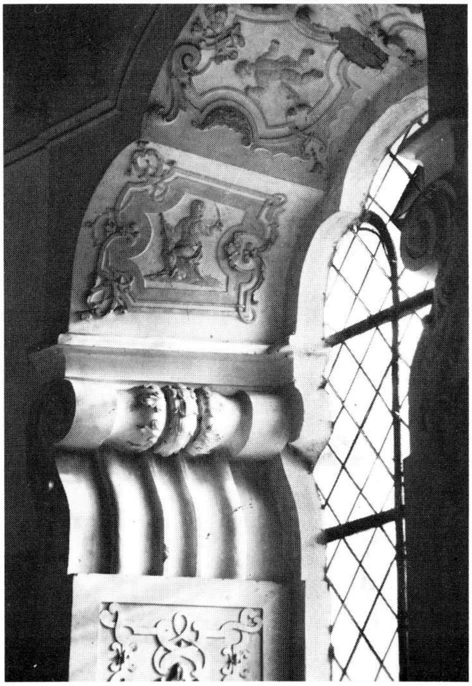

61 Steinhausen, Fensterlaibung mit Gnomen

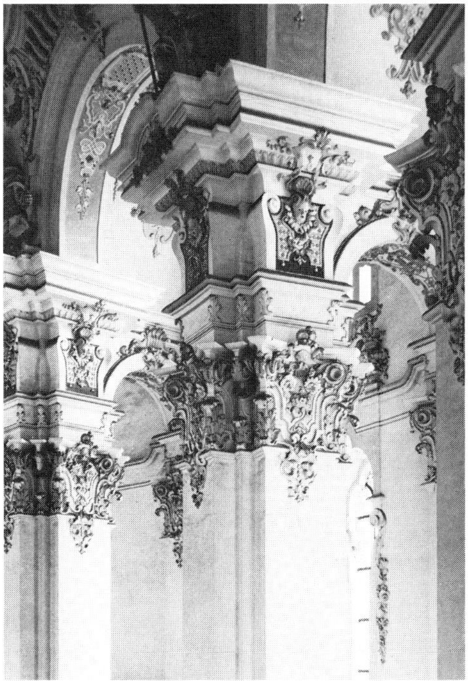

62 Freipfeiler mit Kapitälen und Gebälk

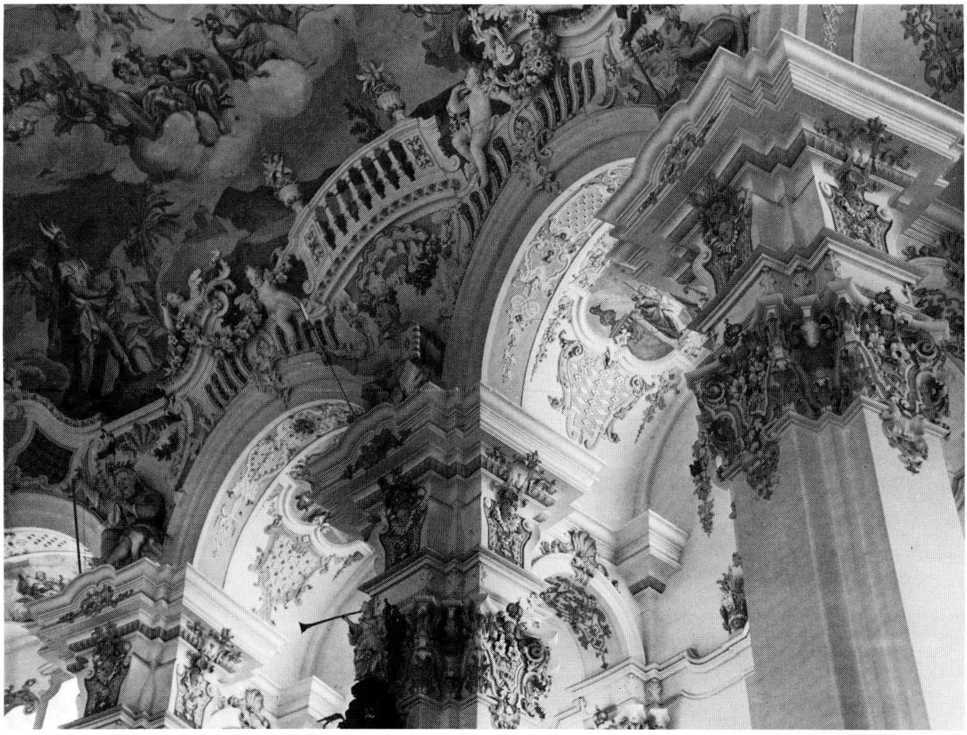

63 Steinhausen, Wallfahrtskirche, Arkadenbogen, Kämpfergebälk und Stuck am Gewölbeansatz

verfertigte Stukkaturarbeit im allhiesigen Chor der Stadtpfarrkirchen betrifft«, durch D. Zimmermann im Pfarrarchiv Schongau gefunden.[45] Der Riß ist nicht signiert, aber durch Rechnung und Stilistik für D. Zimmermann ausgewiesen. Wie in Maria Medingen und noch in Eresing sind die Postamente für die gedoppelten Flachpilaster konvex kurviert; die Kapitäle wie die Voluten an den Beichtstühlen zeigen Zimmermanns Hand. Auffallend sind viele vereinfachende Maßnahmen an Fenstern und Nischen, die auf erhaltene Mauern und Sparsamkeit zurückgehen.

Um Risse für den Um- bzw. Neubau des Langhauses hatte 1750 Stadtpfarrer J. Gg. Jänker Josef Schmuzer, D. Zimmermann, Simon Pürkhofer, Stadtzimmermeister Joh. Mang und die Münchner Johann Bauer und Lorenz Säppl gebeten. Zimmermanns »Yberschlag« mit 9430 fl. 8 kr. liegt ebenfalls im Pfarrarchiv (60 Zeilen) mit einem Riß, den S. Hofmann überzeugend D. Zimmermann zuschrieb. (Vgl. Abb. 91, 92)[46] Da D. Zimmermann ein Stück der Straße miteinbeziehen wollte, unterlag er.

Der am 20. III. 1748 von D. Zimmermann dem Convent von *Schussenried* vorgelegte Riß zu einem neuen Kloster mit Kirche wurde angenommen und das erbetene, noch erhaltene Holzmodell nach Ostern abgeliefert. Schon Michael Beer hatte 1656 einen Riß verfertigt; um 1700 folgte der Plan einer symmetrischen Anlage von Christian Thumb, den man wohl als Vorbild D. Zimmermann gezeigt hatte. Die Kirche bildete die Zentralachse im Geviert von vier Höfen. Adolf Reinle fand im Luzerner Album zwei Risse, die den 1. und 2. Entwurf von Zimmermann darstellen dürften.[47] Da das Modell mit zwei Kirchtürmen am Choreingang (wie im Riß 1) erhalten ist, sind Zimmermanns erstaunliche Höhendifferenzierungen der einzelnen Klosterblöcke, die an Raumweite Ottobeuren nacheifern (115,50:144 m) und seine Kirchbaupläne (82 m lang:22.20 m breit) eingehender stilistisch zu erfassen als es bisher geschah. Auf Treppenhäuser wird großer Wert gelegt. D. Zimmermann wollte den Bau übernehmen und den Rest seines Lebens im Kloster Schussenried verbringen, aber man hatte die Kostenüberschreitung Zimmermanns in Steinhausen in lebhaftem Gedächtnis und wollte Baumeister Jakob Emele, wie der genau berichtende Chronist P. Pankraz Nothelfer O. Praem. schreibt, nicht übergehen. Kaum war Zimmermanns Sohn P. Thaddäus gestorben, erhielt ein Pater des Klosters, Conrad Kaspar, die Bauaufsicht. Am 4. VIII. 1751 war das Fundament gelegt. 1754 entstand der weiträumige Bibliotheksaal Zimmermannscher Prägung. Seine Pläne wurden weitgehend durchgeführt. Emele hatte unter D. Zimmermann in

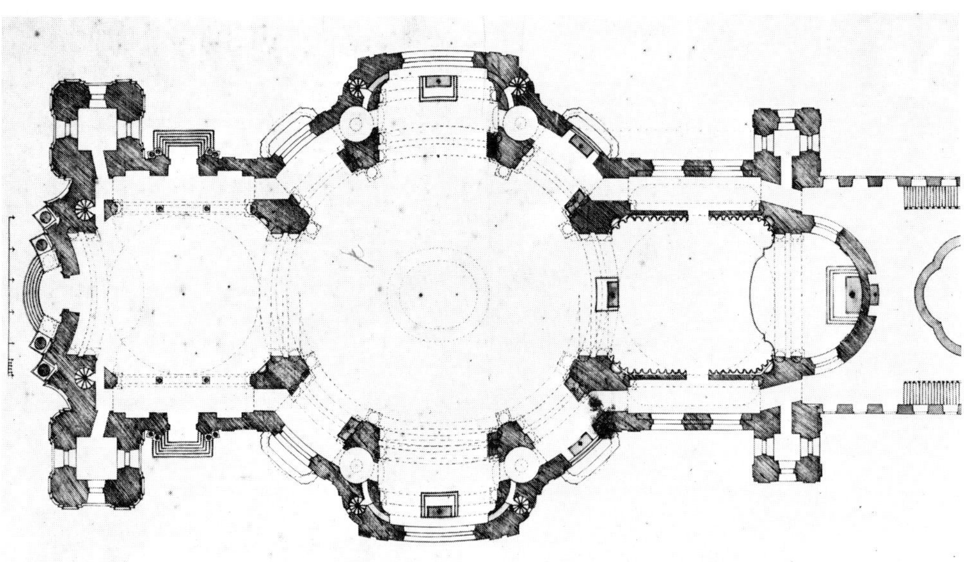

64 Ottobeuren, Grundriß, D. Zimmermann zugeschrieben (Lieb, Nr. LVII)

Steinhausen mitgearbeitet und Zimmermannsche Formen aufgenommen. Vieles, vor allem die Kirche, wurde wegen Geldmangels nicht durchgeführt. (Abb. 93, 94, 95)

Die Jahreszahl »1751« stand nach der Mitteilung von zwei Pfarrern früher auf dem *Hochaltar* in der *Franziskaner-Minoriten-Kirche St. Franziskus* in *Schwäbisch Gmünd.* Dieser überragende Altar wurde unbestritten von H. Schnell D. Zimmermann zugesprochen.[48] Wiederum bewährte sich Zimmermann als Architekt, Altarbauer und Marmorierer. Der Altar steht frei im Chor (s. Grundriß), aber er ist, von zwei Freisäulen abgesehen, von vier Säulen festlich umstanden, die durch eigene, konkave Rücklagen, ohne die gotischen Dienste abzuschlagen, mit der Wand verbunden sind. Zimmermann hatte schon – damals in harter Weise – bei Seitenaltären in Fischingen und Buxheim seitlich der Altäre Seitenwände eingeschoben, um den Altar einzubergen und mit der umliegenden Architektur zu verbinden. Hier ist dieses Anliegen – wie in Würzburg Neumünster – vollkommen gelöst: in einer Verschmelzung, die andere Spätbarockarchitekten nicht anstrebten oder erreichten. (Abb. 96, 97, 107)

Die reich kurvierten Podeste und die selten feierliche, farblich subtilst abgestimmte Marmorierung (besonders in Blau) verweist auf Zimmermann und seine Schule (Br. Anton Pfister). Neu erscheint in Zimmermanns Formenschatz der hohe querovale, dreifache, mehrmals durchbrochene Ringaufbau in Baldachinform mit Krönung, der eine majestätische Gestaltung erreicht. Da rückwärts und seitlich Fensteröffnungen eingebaut sind, erstrahlen die differenzierten Farben um so prächtiger. Dieser Aufbau ist mit dem Aufbau des Hochaltars in der Wies, der kurz vorher vollendet wurde, verzahnt. Bekannte Ornamente treten neben Formgebungen auf, wie z. B. in den eigenwillig geformten Vasen, die an die Welt des Altars von St. Johannis in Landsberg erinnern. Dieser Altar hält die Waage mit den großen Altarbauten von Egid Asam oder Balth. Neumann. Die enge Verbindung mit der Chorarchitektur läßt die Frage aufwerfen, ob D. Zimmermann nicht auch den Raum barockisierte (nicht stuckierte). Zwei Seitenaltäre, Gestühl und Portaltüre dürften von ihm entworfen sein.

Ein D. Zimmermann besonders nahestehendes Objekt war die *Zisterzienserkirche Gutenzell* bei Ochsenhausen. Seine einzige noch lebende Tochter Maria Franziska, get. 25. X. 1716, war mit ihrer Freundin M. Friedrich in dem adeligen Zisterzienserinnenkloster Gutenzell 1737 eingetreten. Zimmermann hatte am 7. Juli als Mitgift versprochen, »als renomierter Bau-Verständiger« mit seinem Sohn Franz Dominikus als Palier die Reichs-Stifts-Kirche nur gegen Materialièn und Kost zu »gibsen«. Da die Kriegszeiten die Barockisierung nicht ermöglichten, entrichtete Zimmermann bei der Profess der Tochter im Juni 1739 einen Betrag von 1000 fl. »Heyradsguth«. Im Sommer 1752, als Zimmermann das Langhaus der Wies aufführte, wünschte Gutenzell Riß und Überschlag für bauliche Umgestaltung und Stuckzier, den Zimmermann persönlich übergab. Das Kloster dachte nur an 1000 fl. für die Stukkatur, für die Zimmermann 2000 fl. verlangt hatte und trat zurück. Zimmermann beschwerte sich beim zuständigen Abt von Kaisheim, daß Gutenzell von anderen Kräften Risse erbitte. Sein Neffe Franz Xaver Feichtmayer verlangte nur 1300 fl. für den Stuckdekor, der der Äbtissin auch moderner erschien. Zimmermann war verbittert, aber da seine Tochter Schw. Maria Alexandra inzwischen zur Priorin gewählt worden war, nahm man den Umbau-Riß von D. Zimmermann um 52 fl. 30 kr. an,[49] führte ihn aus, aber durch den ortsansässigen, aus Vorarlberg zugezogenen Klosterbaumeister Nikolaus Rief (Rueff)[50]. Die Stukkatur fertigte Frz. X. Feichtmayer und dessen Schwiegersohn Jakob Rauch (lt. Akkord bezahlt 1300 fl.).

Da die Äbtissin M. Franziska von Gall gestorben und die »gaistl. Jungfer Tochter« am 27. VIII. 1759 zur Äbtissin gewählt worden war (ihr Wappen: Die Arche Noah, die ein Zimmermann gefertigt hatte und eine Friedenstaube), kam Zimmermann wieder nach Gutenzell. Mindestens der Hochaltar, der mit Waldsee zu vergleichen ist, und das Wappen der Tochter trägt, darf D. Zimmermann zugeschrieben werden, die Scagliolaplatte mit Rosenkranz in der Äbtissinnenempore

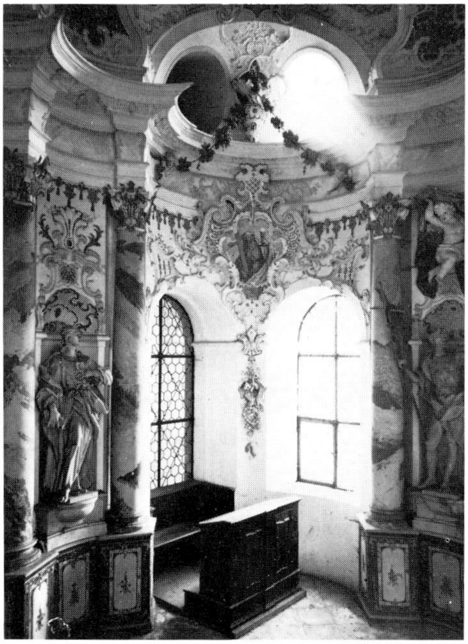

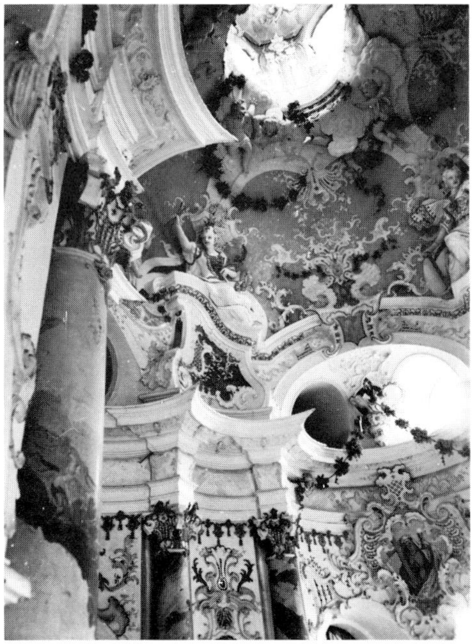

65/66 Buxheim, St. Anna-Kapelle, um 1738/39: Teil des Raumes – Blick zur Kuppel

und andere Objekte. 1760 übernimmt Zimmermann lt. Pfarrarchiv eine Taufpatenstelle in Gutenzell. (Die Akten liegen heute im Archiv Biberach/Riß, aus denen hervorgeht, daß D. Zimmermann auch für inkorporierte Kirchen der Abtei arbeitete.)

Die Barockisierung der Kirche – wohl die Hauptsache nach Zimmermanns Angaben – ist bemerkenswert. Die Säulen ummantelte er zu Pfeilern, um 30 cm wurde der Boden aufgeschüttet, an die Stelle der gotischen Fenster traten Baßgeigenfenster in sehr beruhigender Linienführung; die Joche des Langhauses werden unregelmäßig, doch rhythmisch zusammengefaßt (mit Fresken von Gg. Dieffenbrunner, Augsburg). Der Chor schließt gotisch und mit Queroval ab. Die anmutige Haube des Westtürmchens ähnelt der Wies. Ebenso unmittelbar ist Zimmermanns Hand an der Profilierung des Vorzeichens, bei der er auf Kapitäle verzichtet und am Hochaltar (untere Retabelarchitektur, Seitentüren, Tabernakelbau) erkennbar. Zimmermann führte bei Beibehaltung

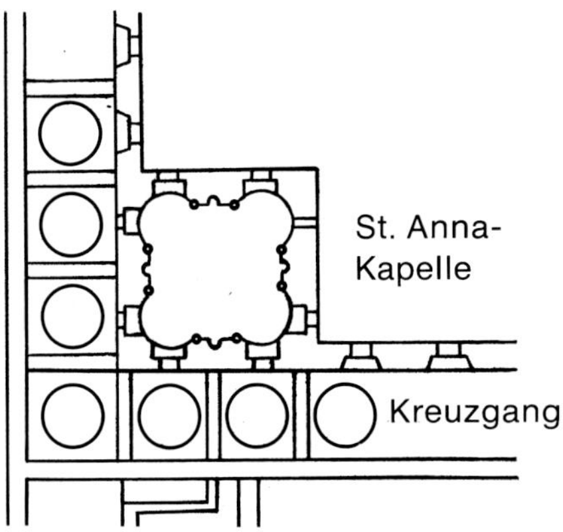

69 Grundriß der St. Anna-Kapelle

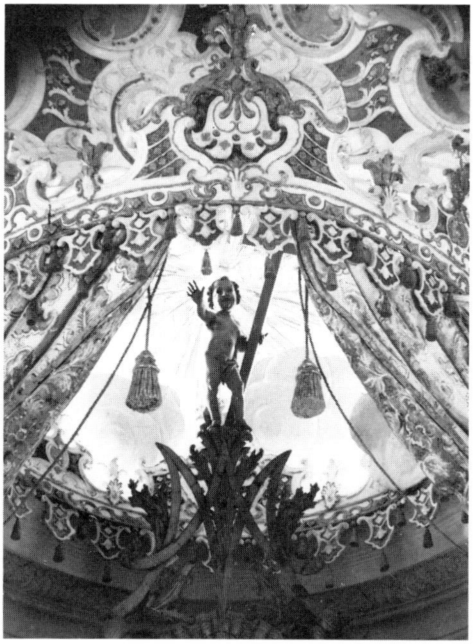

67 Buxheim, St. Annakapelle, Christkind im Lichteinfall über dem Hochaltar

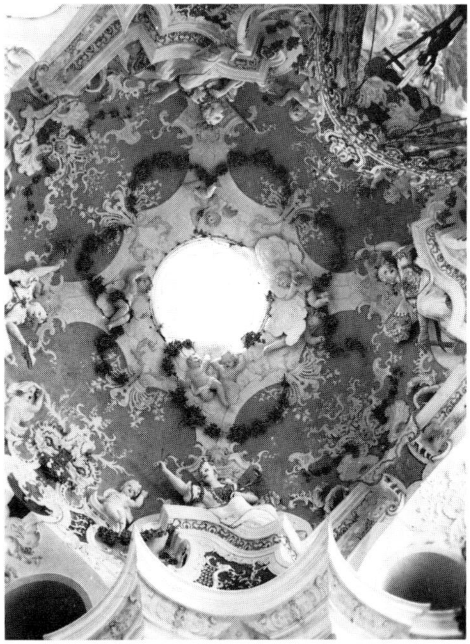

68 Buxheim, Blick auf Decke und Kuppel. Plastiken und graziöser Stuck im Widerspiel

der gotischen Bauteile eine der sparsamsten, aber wirkungssichersten Barockisierungen durch: 1752/55. (Abb. 98, 144)

Dominikus Zimmermann hatte am 4. VI. 1752 seine Frau verloren: »perhonesta ac virtuosa Domina« (Sterbebuch Landsberg). Ihr Tod bedrückte ihn sehr, ebenso der rasche Hingang seines Sohnes P. Thaddäus im Kloster Schussenried 1753.

Nach dem Tod seiner Frau war D. Zimmermann nicht mehr geneigt, in Landsberg zu leben, obwohl er dort 1716 ein Haus um 830 fl. gekauft hatte, seit 1724 (lt. Pfarrarchiv) einen Stuhl in der Pfarrkirche besaß und am 7. III. 1732 gegen 200 fl. ein Tagwerk Anger »auf den oberen Ängern« von Landsberg (Kreisarchiv München) erworben hatte. Seine Frau ruhte im Pfarrfriedhof Nr. 4 in Sektion 35 in nächster Nähe des südöstlichen Eingangs (jetzt aufgehoben). Vor ihr wurde hier Ende September 1733 seine älteste Tochter Anna Justina, die mit 20 Jahren am »hektischen Fieber« am 26. IX. 1733 gestorben war, in die Erde gebettet.

Die Landsberger Mitbürger schätzten den hochgeachteten Baumeister sehr. Spätestens 1734 wurde er in den Inneren Rat der Stadt gewählt, in dem er bis 1748 verblieb, obwohl er oftmals bei den Sitzungen entschuldigt fehlte. Das Ratsprotokoll von 1745 meldet: »Dom Zimmermann qui nondum reversus, sed exstru(m)endis aedificiis occupatus« (noch nicht zurückgekehrt, da mit Neubauten überlastet). Im Jahre 1749 wurde er zu einen der vier Bürgermeister der Stadtviertel gewählt, die abwechselnd das Amt verwalteten. Auf dem signierten Votivbild in der Wies 1757 stellt sich Zimmermann in der Bürgermeistertracht mit Spitzhut dar. Schon am 23. XI. 1750 bat er den Kurfürsten in einem aufschlußreichen Schreiben an den Hofrat Herrn v. Frenau aus Offenstetten um Entbindung vom Amt. Der Schlußsatz vermittelt persönliche Einblicke: »Da meine gantze natur sich in den jetzigen Weld-Läufft und Weis gahr nicht mehr zu richten weiß, also Lieber meiner Profession wie sonsten wiederumb nach zu Reissen, wobei ich mich in meinem Gewissen noch ruhiger befinde.« In diesem Brief gibt er kund, daß er mit seiner Gewerbschaft in Landsberg nicht fortmachen könne und daß seine eigenen Mittel nicht so »erklöckhlich« seien, daß er sich in

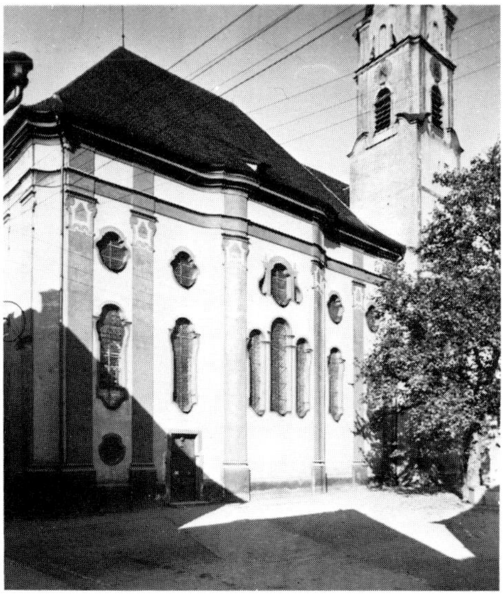

70 Günzburg a. D., Frauenkirche, Südseite

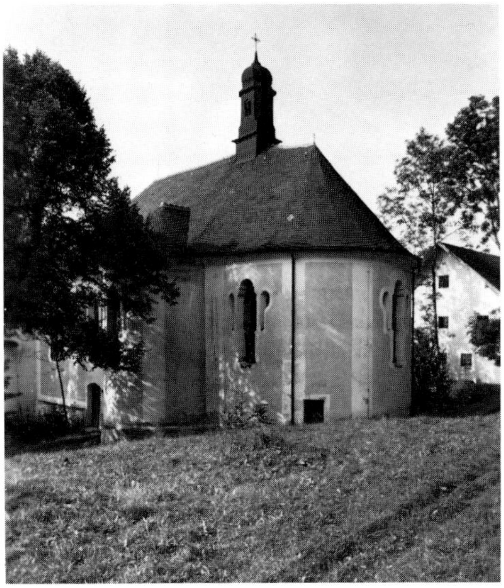

71 Pöring, Schloß- und Wallfahrtskapelle

Landsberg aufhalten könne. Er leide auch finanziell in starkem Maße unter dem Kriege. Er hätte »keinen Kreutzer gewonnen und sich völlig entkräftet.« Vermutlich sind ihm auch aus der kurfürstlichen Aufschlagseinnehmerstelle, die ihm am 22. XII. 1745 verliehen worden war (Kreisarchiv München. Mitteilung N. Lieb), nur geringe Mittel zugeflossen. »Einem fürsichtig, Ehrsamb. und Weisen Bürgermeister und Räthen der Churfstl. Stadt Landsperg« ging am 15. XII. 1750 die Gewährung seiner Entlassungsbitte zu, aber die Bürger wählten ihn wiederum bis Januar 1754.

Zimmermann hat sein Landsberger Haus, in dem er seit 1752 allein lebte, verkauft und nach Abschlagung seiner Bitte, ins Kloster Schussenried als Pfründner aufgenommen zu werden, sich neben der Wies ein kleineres Haus gebaut, das noch steht.[51] Eine alte Zeichnung kündet uns die frühere Bemalung (Privatbesitz). Sein Sohn Franz Dominikus arbeitete als Palier in der Wies und heiratete die Witwe Maria Lory, die Wiesbäuerin. Deren Haus verbrannte im letzten Jahrhundert.

Von der Wies aus betreute D. Zimmermann noch manche Bauten: St. Johannes in Landsberg, Ingenried, Gutenzell, wahrscheinlich den Bau der *Jesuitenkirche in Landsberg* mit Rat- und Vorschlägen 1752–54, den Umbau in Eresing, den Kloster- und Kirchenbau der Ursulinen in Landsberg und andere. (Sein Anteil an den Kirchen in *Pleß* und *Amendingen* und deren Ausstattung, die der Kartause Buxheim unterstanden, ist noch nicht festgelegt.)

An der *Eresinger St. Ulrichs-Pfarrkirche* waren drei Generationen Schmuzer tätig: 1646 und 1656 Matthias mit Bau- und Stuckarbeiten, 1696 dessen Sohn Johann, der in Vorarlberger Art die südliche Seitenkapelle wie eine Querschiffhälfte anbaute und dessen Sohn Joseph, von dem um 1718/19 der zisilierte Achteckaufbau des Zwiebelturmes stammt. Die Hofmarks- und Patronatsherren Füll pflegten die Kunst. 1755/56 führte D. Zimmermann zunächst den Pfarrhof auf. 1756 »hat man angefangen dies Pfarrgottshaus zu pauen und mit neuen Fenstern und Tachstuehl zu versehen.« Für die Anwesenheit an 81 Tagen erhält Zimmermann 81 fl. und die Kost. Gipserpalier war Zimmermanns enger Mitarbeiter Nikolaus Schütz, Landsberg, der insgesamt 350 fl. bekam.[52]

Wieder zeichnet sich D. Zimmermann aus, daß er alte Bauteile (Chor, Südkapelle, Mauerteile, Turm) übernimmt und durch neue Fenstereinbrüche und eine Deckengestaltung persönliche

Gestaltung gewinnt. Über je einem Langhausfenster brachte er ein klargeformtes, breiteres Halbkreisfenster an, das – wie bei Herkommer – durch zwei Stege dreiteilig wird. Auch die untere Abschlußlinie verläuft gerade: Zimmermann hat sich des Frühklassizismus bemächtigt. (Ein Übergang ergäbe sich, wenn die Fenster der Jesuitenkirche in Landsberg um 1751/54 [wohl gleich der Westseite innen und außen] von D. Zimmermann gestaltet worden wären.) Das Fresko von Martin Kuen, Weißenhorn, erhielt fast die ganze Flachdecke. Der Stuck beschränkt sich auf große Kartuschen mit Bildern, die von den Zwickeln zwischen den Fenstern in genialer Weise in die sanfte Deckenvoute zur eingebogenen Freskowand übergreifen. Auf Pilaster wird verzichtet, doch die Konsolen der Zwickel sind zimmermannisch frei gestaltet und schließen unten mit ungezwungenen Kartuschen ab. Der Stuck-Architekt umrandet und bekrönt jedes Langhausfenster und läßt zwischen oberen und unteren Fenstern statt einer gewohnten geraden Kämpferlinie ein reich profiliertes, gewelltes Band durchlaufen, wie er es in strengerer Form schon in Buxheims Pfarrkirche durchschwingen ließ. Und wieder entspricht Außen und Innen: auch die geschwungene Kämpferlinie erscheint in der Innen- und Außengestaltung und stellt dort eine Verbindung zu den Volutenbögen seines geschätzten Meisters Johann Schmuzer dar. (Abb. 99, 100, 101)

Im letzten Bau Dominikus Zimmermanns triumphiert die Malerei: in der ehem. *Ursulinen-*, jetzt *Dominikanerinnenkirche* in *Landsberg* 1764/66.[53] Zimmermann entwarf sie infolge der langen Bauverhandlungen Jahre früher, aber seine Hand legte er letztmals vor seinem Tode 1766 an: völlig aus seinem Formenschatz stammen der Freipfeilerchor, das hochgezogene, befreiende Gewölbe im Langhaus, das seine Anfänge in Günzburg nahm, die Entwürfe zu Altären, Kapitälen und vielen Einzelformen, die von ihm bekannte Gestalt der doppelten Nonnenempore. Mit behütender Hand zog man die Linien des alten Meisters nach, so daß auch der Sohn Bergmüllers, Johann Baptist, bis in die Außenbemalung Zimmermannsches Formenrepertoire verwandte. Diese Kirche faßt viele Formanschauungen und Formgestaltungen Dominikus Zimmermanns zusammen und verzichtet trotzdem fast ganz auf den Stuck im frühen Schein des kommenden Klassizismus, dessen helle Energien schon in der Wies eingezogen waren. (Abb. 145)

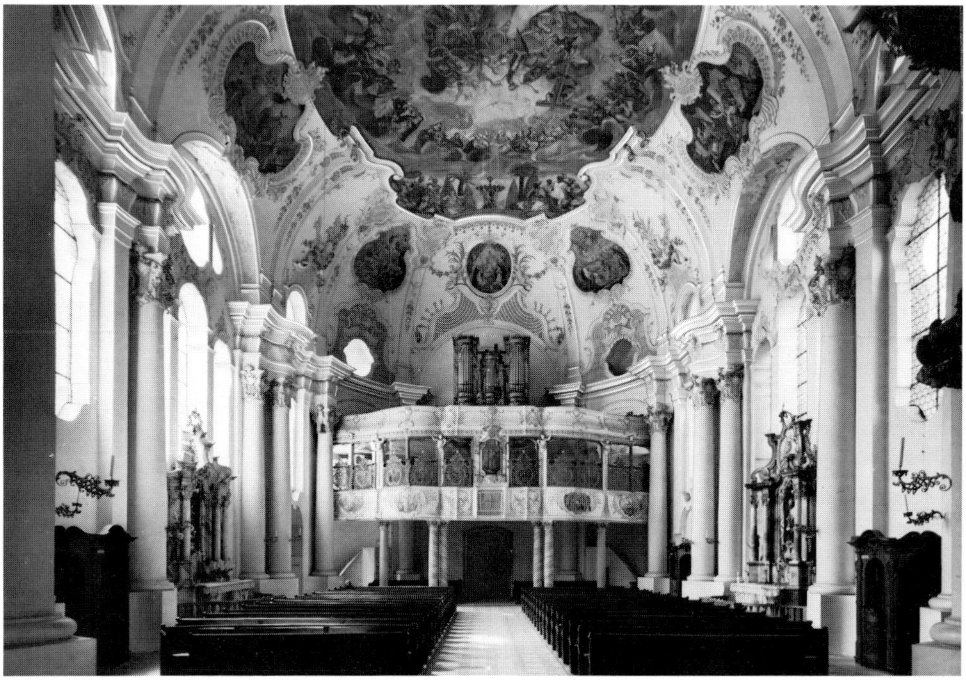

72 Günzburg, Frauenkirche, Blick gegen Westen auf Nonnenempore, ab 1736

Stufen in der Planung und Bauführung der Wies-Kirche

Dieser bauanalytische Abschnitt wird eingefügt, da der zu besprechende »Grundriß 4« noch nicht eingehender untersucht wurde. Die Genialität Zimmermanns und die Größe der Wies ist erst zu erkennen, wenn über die erfolgten verschiedenen Änderungen am Bau und die einzelnen Bauprobleme besinnend nachgedacht wird. Dann erschließt sich der Bau, seine einmalige Eigenheit und seine Ausreifung noch eindringlicher.

1. Michael Hartig hatte geäußert, daß D. Zimmermann bereits 1740 bei Abt Hyacinth Gaßner (1729–1745) *den ersten Riß* für die neu zu erbauende Wallfahrtskirche in der Wies eingereicht hätte. Wahrscheinlich beriet Zimmermann damals die Barockisierung der Steingadener Klosterkirche. Die Wallfahrt begann erst 1739/42 und die 1739 erbaute erste kleine Wallfahrtskapelle wurde am 17. III. 1744 geweiht. Nach Akten und Wallfahrtsbüchlein kann und wird das erstmögliche Jahr für die Planung einer großen Kirche das Jahr 1743 oder das Ende 1742 gewesen sein. 1745 stellt die vom Augsburger Bischof berufene Kommission, der u. a. der Gelehrte P. Eusebius Amort von Polling und der Münchner Hofmaler Balth. Augustin Albrecht angehörten, fest, daß »innerhalb drei bis vier Jahren 798 Verlobnustafeln, unter welchen bei 131 von purem Silber gezehlet«, gestiftet worden waren. (Bericht vor Bombardement im Augsburger Ordinariatsarchiv, Abdruck im 1. Wallfahrtsbüchlein 1746). Der Steingadener Chronist P. Haimerle überlieferte, daß »den 14. Juni 1738 die berühmte Wallfahrt des gegeißelten Heylandes zur Wis einen Anfang genommen. Er (Abt Hyacinth) habe dann hierauf den Grundriß zu dortig schöner Kirchen machen lassen«. Der »Anderter Theil« der »Neu-entsproßenen Gnaden-Blum auf der Wis...« 1748 berichtet: »Es wurde derohalben schon in dem 1744sten Jahr zur Erbauung einer neuen Kirchen vorläufig Anstalten gemacht, und Anno 1745 ist dieses Werk erstlich von Hyacintho Abbten mit notwendiger Zubereitung angefangen... worden.« Die erste Beauftragung für den »Grundriß« dürfte also 1743, wie das Wallfahrtsbüchlein von 1779 erwähnt, erfolgt sein. Da 1744 der Grundriß bereits in München und Augsburg eingereicht wurde, ist von dieser Sicht aus anzunehmen, daß D. Zimmermann an ihm 1743 gearbeitet haben dürfte.

2. Dieses *Planungsjahr* 1743 ist auch durch D. Zimmermann selbst festgehalten. In der Schloßkirche Pöring ist in der Chorkartusche gemeldet, daß 1739 der Bau begann (nicht vollendet wurde). Im Dachstuhl der Wies trägt ein Hauptbalken eine ähnliche Inschrift mit dem Duktus Dominikus Zimmermanns. In fünf Zeilen stehen je zwei Buchstaben untereinander: AM/C (?, oder G?) B/D Z/1743/I. F. (Abb. 150 Erstveröffentlichung). Die Ausdeutung der oberen zwei Zeilen ist schwierig. Vielleicht heißt AM Architectus Monasterii Klosterbaumeister, kaum Abbas monasterii, da der Klostername St(eingaden) fehlt. Das D ist, wie fast immer bei Zimmermann, spiegelverkehrt. 1743: I=erfunden und (dann) F gemacht. Es kann angenommen werden, daß Zimmermann den Balken bei Baubeginn bezeichnete oder daß er ihn erst nach Vollendung beschrieb. Jedenfalls war für D. Zimmermann nach seiner Aussage das Jahr 1743 – trotz des Österreichischen Erbfolgekrieges – das Anfangsjahr der Wies.

Über dem Glockenstuhl im Turm wurde die aufgemalte Inschrift »AM 1757« entdeckt. AM kann Architectus Monasterii oder Abbas Mayr (Marianus) heißen. Das Vollendungsjahr 1757 stimmt mit der Jahrzahl »1757« auf dem DZ signierten Votivbild (Abb. 4/5) überein. Als Zeit der Bauplanung und Bauzeit ergibt sich bis zur vollkommenen Fertigstellung mit Altären und Orgel eindeutig die Frist von 1743 bis 1757, nicht erst von 1746 (Grundsteinlegung) oder 1745 an.

3. Im Ordinariatsarchiv Augsburg fand ich 1934 in einem kleinen Bündel Archivalien zur Wieskirche einen *Grundriß von D. Zimmermann.* Die Unterlagen sind insgesamt 1944/45 verbombt. Den Riß veröffentlichte ich erstmals in der 2. Auflage meiner Monographie »Die Wies« 1935 S. 45 (Große Kunstführer Nr. 1). Von dort wurde er ohne Quellenangabe mehrmals entnommen.

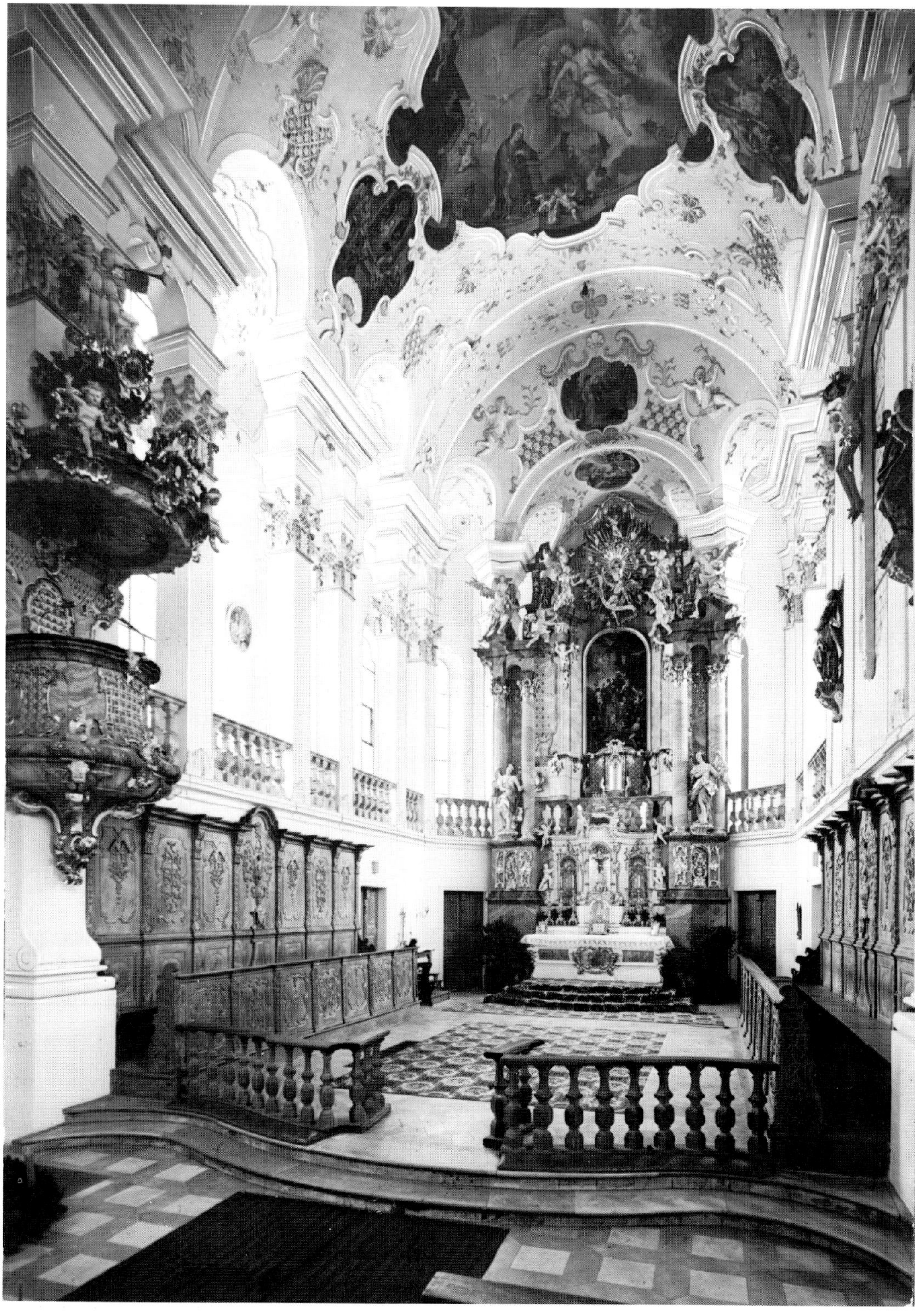

73 Günzburg, Frauenkirche, Blick in den Chor und auf den Hochaltar

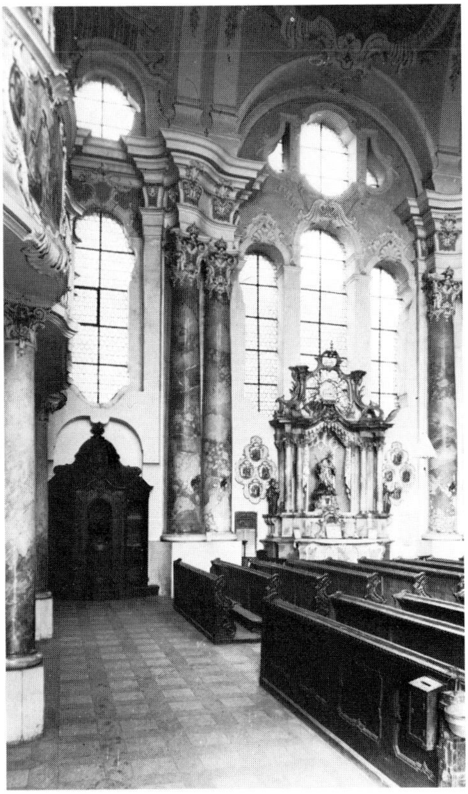

74 *Günzburg, Frauenkirche, Nordseite*

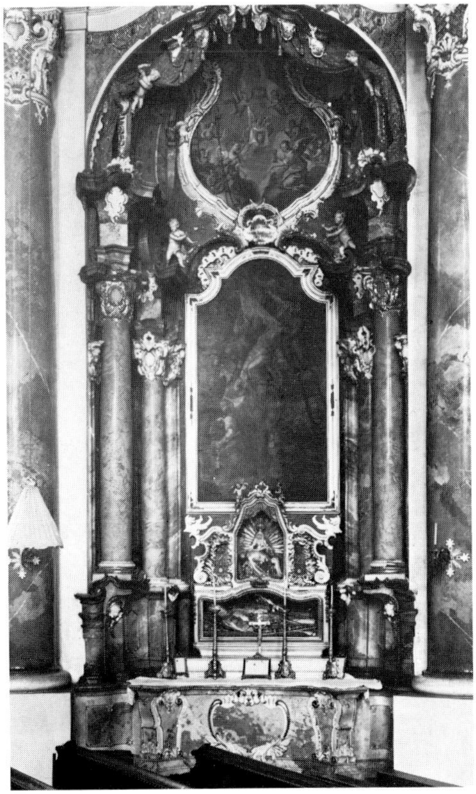

75 *Günzburg, Ablösaltar in Nische*

Als Entstehungsjahr dieses Grundrisses erachte ich heute 1743, frühestens Ende 1742. Es ergaben meine verschiedenen Forschungen und Funde, daß D. Zimmermann mehrere Grund- und Aufrisse einlieferte und daß er zwischen 1743–1754 verschiedene Änderungen vornahm. Es schwebte ihm wohl ein bestimmter Bauzustand vor, aber sowohl er wie die Auftraggeber gestalteten Details um, die für den Bau von Bedeutung wurden.

Dieser nicht signierte Grundriß trägt seitlich die Zahl »4«; er lag im Bündel des Briefwechsels des Abtes Hyacinth Gaßner mit dem Fürstbischof von Augsburg am 16. IX. 1745, der ebenfalls die Zahl 4 aufwies. Es kann nicht entschieden werden, ob die Zahl 4 die fortlaufende Numerierung der Briefe darstellt mit der entsprechenden Beilage 4 oder ob die Zahl 4 auf dem Plan einen vierten beiliegenden Riß bedeutet. Es dürfte die erste Version zutreffen. (Abb. 154)

Jedenfalls vermittelt uns dieses wichtige Dokument, 34:41 cm groß, einen erwünschten Einblick in Zimmermanns Schaffen. Es zeigt auf, daß er Wesentliches während des Baues umgestaltet hat. Das gleiche beweist der von mir erstmals veröffentlichte später zu besprechende Stuckriß des Chores im Weilheimer Museum, der gegenüber der Ausführung umgeformte Details aufweist. Zimmermann änderte also am Bau und an der Stuckierung, so daß der genetische Prozeß für den Interessierten kurz aufgezeigt werden kann.

Die Änderungen am Grundriß sind zahlreich, auch gegenüber der vorher erbauten Wallfahrtskirche in Steinhausen. Das Anliegen bleibt der Ovalraum mit eingestellten Freistützen. Doch in Steinhausen wird er von den quergelegten Eingangsräumen und dem Queroval des Chores

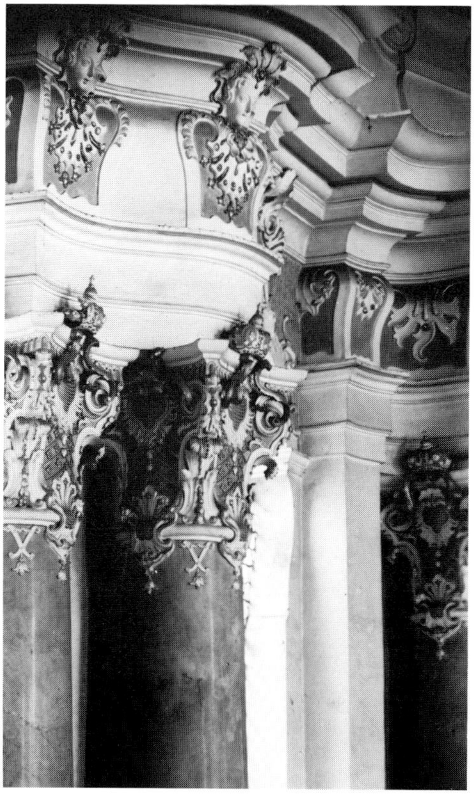

76 Günzburg, Frauenkirche, Kämpfergebälk

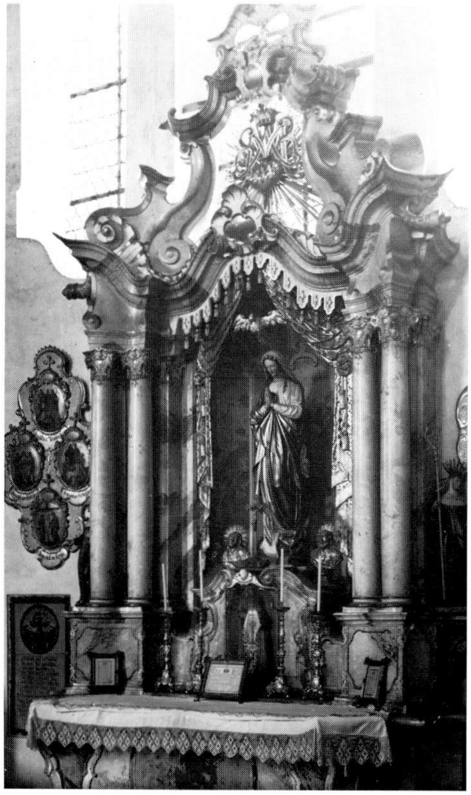

77 Günzburg, Der Marienaltar

angeschnitten: in Grundriß Nr. 4 schwingt das reine Oval, das auch Zimmermann auf seinem Grundriß »Oval« genannt hat, auch zum Chor frei aus. Auf die Anblendung von geraden Mauerstücken an der Querachse wird verzichtet. Der inneren Ovallinie der Stützen entspricht die äußere Ovalschale. In der Ausführung betonte jedoch Zimmermann den Querschiffgedanken und legte wiederum gerade Mauerblenden in der Querachse an, so daß die äußere Raumschale die freie Schwingung verliert und fester wurde, wenn auch nicht so lang gedehnt und streng wie in Steinhausen. Dadurch erfolgte an die äußere Ovalschale die Absage des reinen Ovals: in der Mitte der Querachse entsteht ein quergelegtes Rechteck, eine betonte Kreuzform, an das zwei Halbkreise gelegt werden. Um so freier und rhythmischer entfaltet sich das Stützenoval mit dem Ovalgewölbe. Der Raum Nr. 4 wurde wesentlich, real, im Geometrischen, in der Außen- und Innenerscheinung, im Rhythmischen und im Symbolischen verändert.

Von Bedeutung ist ebenso die eingreifende *Änderung* der *Freistützen* an Stellung, Zahl, Verdoppelung und Gestaltung. Statt der zehn Freistützen in Steinhausen treten zunächst im Grundriß 4 in der Mitte je zwei zusammengestellte Freipfeiler auf. Diese Ballung ergab sich durch die Bildung von Kapellen, in die in der Mitte und gegen Osten in den Umgang zurückgeschobene Altäre in Flachkapellen gestellt sind. (In Steinhausen sind im östlichen Joch vor dem Chor zwei Altäre zwischen den Pfeilern errichtet.) Je zwei Säulen markieren den Eingang in die Kapellen. Die ähnliche Säulenstellung in Günzburg, in Pörings Schloßkapelle und in der Johanneskirche in Landsberg weist aus, wie sehr Zimmermann diese Säulenstellung in Variationen durchdachte.

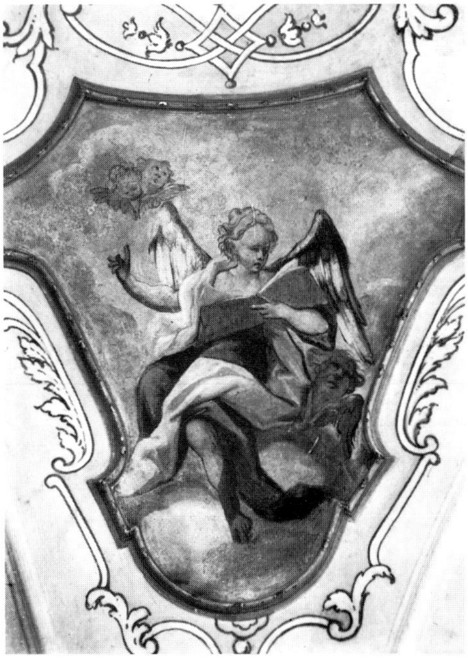

78 Baiershofen, Pfarrkirche, Engel-Kartuschenbild, 1724

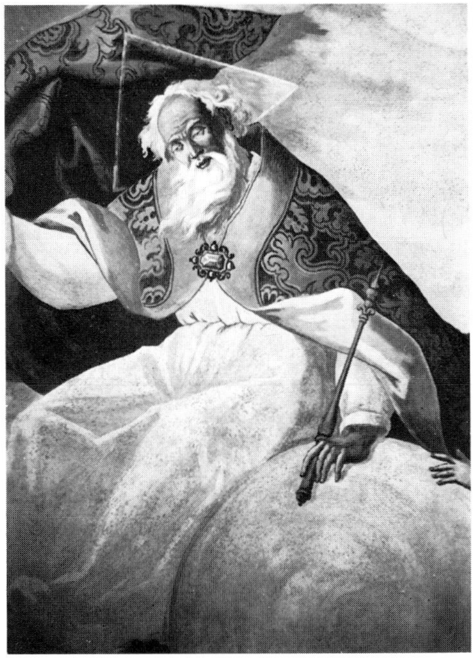

79 Pöring, Schloßkapelle, Detail aus dem Deckenfresko, Gott-Vater, nach 1739

Die Einzeichnung der Segmentbogen als Hinweis auf Altarnischen erlaubt den Rückschluß, daß Zimmermann in Grundriß 4 vielleicht an einen Emporenumgang gedacht hat. Dieser trat in Steinhausen nur im Chor auf; er wurde auch beim Aufbau der Wieskirche unterlassen, so daß die Säulen (oder Pfeiler) frei stehen und der Gesamtraum ungeahnte Freiheit und Öffnung erfuhr.

Diese wurde gesteigert, da auch auf Seitenaltäre im vorderen Ostjoch gegenüber Plan 4 verzichtet wurde. Wiederum ergab sich ein tiefgreifender Wandel: der Umgang im Gemeinderaum war in Grundriß 4 hinter den Altären vorgesehen, (wie z. B. später in Wiblingen), jetzt wurde beim Bau das große Achsenpaar der Seitenaltäre wie in Günzburg ganz an die Wand zurückgeschoben, so daß ein völlig freier, mit dem Hauptraum im Inneren kommunizierender Gesamtraum entstand.

Um aber die ovale Schwingung zu steigern, griff Zimmermann zu Säulenpaaren, die so dicht aneinander stehen, daß nur eine Figur (der Kirchenväter) zwischen ihnen Platz findet. Es entsteht durch sie in der unteren Zone, wo die Statuen aufgestellt sind, ein Wandcharakter, ein Teil eines eigenen Raumabschnittes; fast möchte man vom Kulissencharakter der Säulen sprechen, die sich nach oben öffnen und in den oberen Zwischenräumen der Säulen kreisendes Licht einfallen lassen. Nach oben zu weitet sich der Raum nach allen Himmelsgegenden.

In der Frauenkirche in Günzburg hatte Zimmermann im Chor auf der Empore Doppelpfeiler aufgestellt, an die man in der Wies in der Außenerscheinung bei den oben verbundenen Doppelsäulen am Beginn des Gemeinderaumes (nach der Vorhalle) zurückdenkt. (Abb. 105) Zimmermann war diese Verdoppelung im Chor für die Wies zu schwer lastend. Er wählte auf jeder Seite je vier einzeln stehende Säulen und ließ diese im Gegensatz zu Günzburg bis vom Erdboden aufstreben. Waren sie im Weilheimer Riß noch rot getönt geplant (Abb. F III bei 165), wählte Zimmermann während der Stuckierung lichte blau-graue Stuckfarben, um sie noch leichter zu gestalten und um dem Chor jede Schwere zu nehmen.

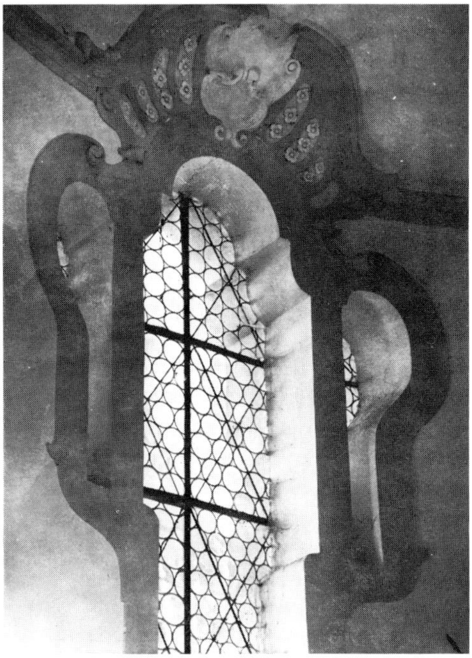

80 Pöring, Schloß-Kapelle, Fenstergestaltung im Chor mit Malerei und Stuck

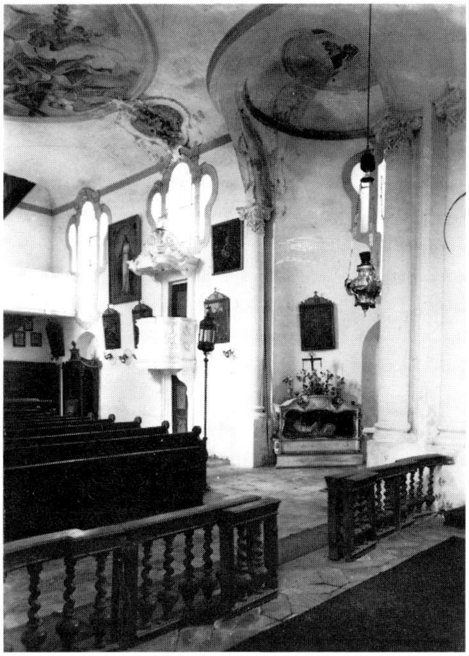

81 Pöring, Rückblick auf Rundkapelle und Langhaus mit Kanzel

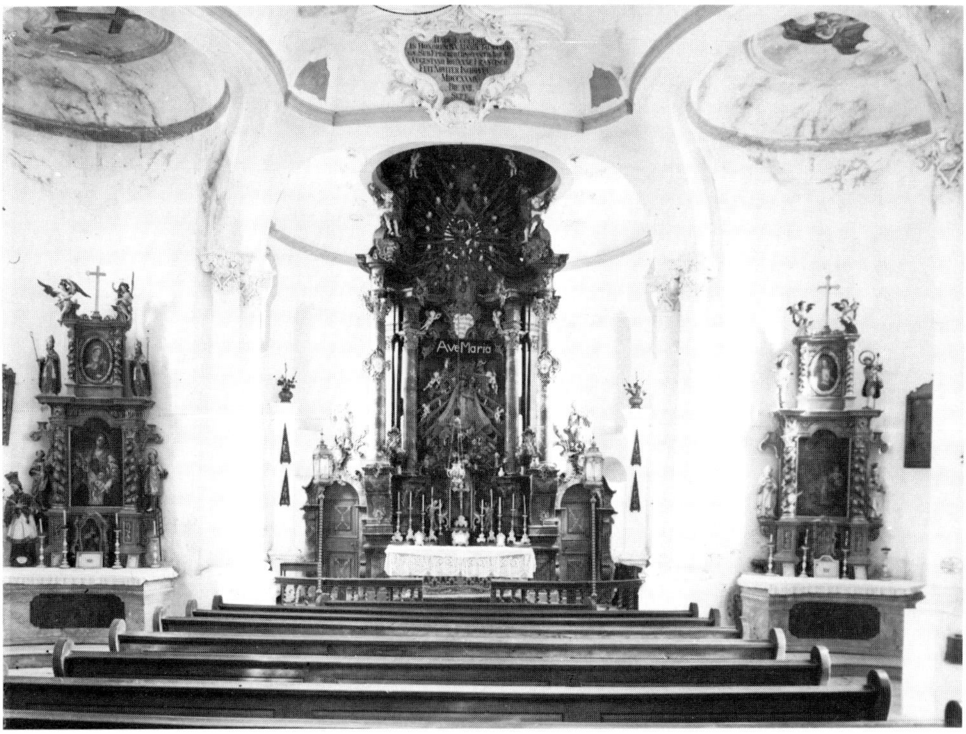

82 Pöring, Schloß-Kapelle, Blick auf Seitenkapellen und Chor, ab 1739

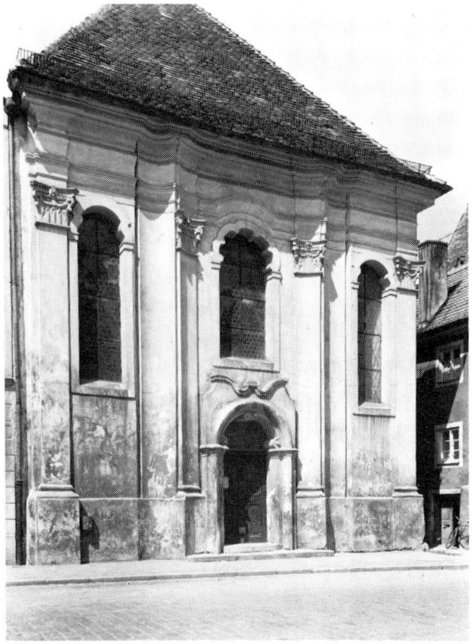

83 Landsberg St. Johannes-Kirche, Fassade

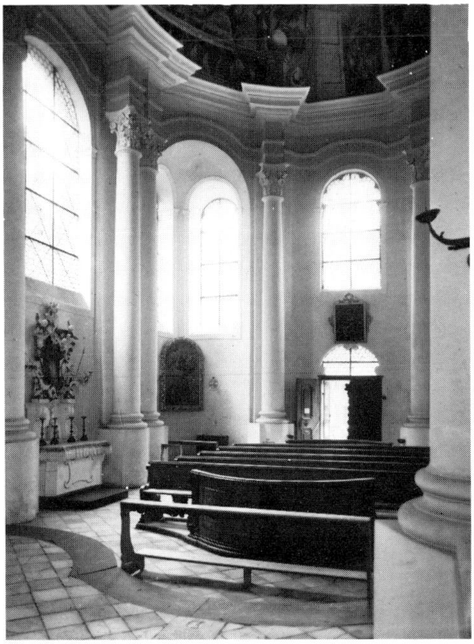

84 Landsberg, St. Johannes, Rückblick

Unter diesem Aspekt ist auch die Gestaltung der Säulen-Pfeiler zu sehen. D. Zimmermann schuf als erster eine Zwitterform. In Waldsee wurden den alten Säulen (um 1712/14) an den vier Stellen der Himmelsrose schmale Pilaster vorgelegt, so daß Pfeiler und Säule in Verbindung erscheinen. In Steinhausen griff Zimmermann, der Kraftausstrahlung des Baues entsprechend, zu starken Viereckpfeilern und legte ihnen an jeder Seite einen Wandpilaster vor, so daß an allen vier Ecken beschattete und manchmal belichtete Kantenfelder entstanden. In der Wies wählte er Pfeiler, an deren vier Seiten sich die Rundung von Säulen vorbaucht, so daß in den vier Ecken spitze Kanten wie Stege erscheinen, die abgemuldet sind. Nur Zimmermann erfand diese einmalige Form. Wahrscheinlich ging Zimmermann von der schwellenden Säule aus, der er vier Kanten durch die eingebundene Pfeilerform anlegte. Für die Morphologie der Zeit und Zimmermannscher Architektur und Stuckelemente ist diese Säulen-Frei-Pfeilerform ein seltener Höhepunkt. Er mußte auch von D. Zimmermann erst erarbeitet werden. Mittelstufe ist die Frei-Pfeilerkomposition in Grundriß 4. Am Original des 1944 verbrannten Risses war klar zu erkennen, daß die Säule

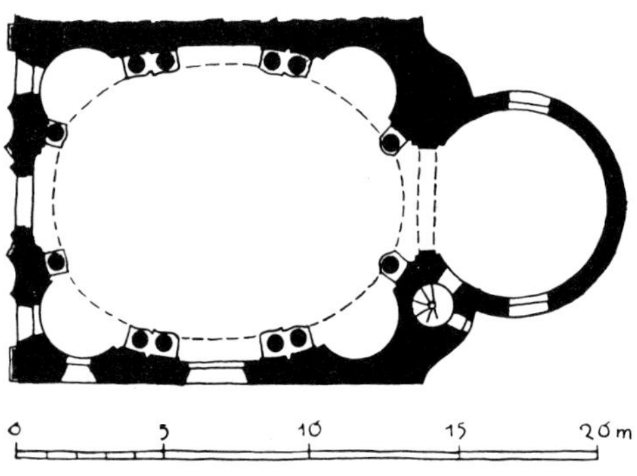

85 Grundriß der Johanneskirche

als Innenelement gewählt war, die von viereckiger Pfeilermasse durchzogen war. Wahrscheinlich hat Zimmermann direkt Pfeiler und Säule ineinandergestellt.

Die Segmentbogen-Ausbuchtungen an den Pfeiler-Säulen in Grundriß 4 waren größer und stärker als in der Ausführung. Nach der Außenschale zu waren die Säulen jeweils gerade abgeschnitten, so daß ein gerader Mauer-Umgang mit den entsprechenden Pfeilerrücklagen auf der Außenmauer entstand.

Über den Aufbau sind wir nicht orientiert.

4. In einem Bauernhaus der Wies konnte ich vor 1950 einen Karton mit der *Abbildung des Äußeren der Wieskirche* finden und erwerben, die die Kirche von der Nordseite zeigt. (Abb. 152) Der Bauer berichtete, sein Vater hätte ihm überliefert, dieser Karton wäre in der Bauhütte der Wies, die auf seinem Grund stand, gehangen. Das Bayer. Landesamt für Denkmalpflege (Prof. Dir. Dr. G. Lill) teilte die Annahme, daß der Karton, Größe 67,5 cm breit: 48 cm hoch, mit Wasserfarben bemalt (Aquarell), eine eigenhändige Arbeit D. Zimmermanns ist. Mit dem Votivbild Zimmermanns von 1757 ergeben sich viele Ähnlichkeiten. Jahrzahl und Signatur fehlen.

Trotz überraschender Übereinstimmungen von Karton und Bau ergeben sich wesentliche Verschiedenheiten. Die größte Abweichung ergibt sich im Gesamt-Vorbau. Sowohl im Grundriß 4 wie im ausgeführten Bau ist an das Oval des Gemeinderaumes ein knappes Kreissegment angefügt, das an Räume mit zwei runden Treppenaufgängen zur Orgel anschließt. Grundriß 4 sah nur ein großes Hauptportal in der Achsenmitte vor und kleine, geschwungene Ausbuchtungen ungefähr quadratischer Räume für die Treppenläufe zur Empore. Der innere Eingang war sehr breit gezeichnet. Im aufgeführten Bau sind drei Eingänge durchgeführt, die insgesamt mit sechs Säulen mit geschwungenen Sockeln markiert sind. Die Außenmauern der Treppenläufe sind abgeschliffen und am Außenbau, im Gegensatz zu Grundriß 4, nicht vordrängend.

Der Karton entstand zwischen Grundriß 4 (ca. 1742/43) und spätestens 1745/46. Sicher ist, daß der Wallfahrtspriesterbau als erster mit Turmuntergeschoß und Chor ab 1744/45 aufgeführt wurde. Auf dem Karton zweigt die Gartenmauer mit den malerischen Viereckttürmchen in der Mitte des Baues ab, in der Ausführung aber an der westlichen Kante des Priesterhauses, zwei Fensterjoche westlicher. Der Turmunterbau zeigt zwei Fensterluken, er erhielt drei: 1746 waren diese Bauteile im Bau. Von besonderer Bedeutung ist, daß das Kartonbild im Westen ein Raumjoch mehr zeigt. Das »Oval« hätte dann wie in Steinhausen am Eingang einen Vorraum erhalten. Der Grundriß 4 sah diese wichtige Einbindung des Ovals auf beiden Seiten gegen Ost und West nicht vor. Bei der Ausführung entfiel dieses Joch, so daß das Oval betonter und freier bleibt.

Während der Grundriß 4 keine Fassaden-Säulen vorsieht, ist im Bildkarton, der mit drei Eingängen rechnet, eine Säule eingezeichnet, ebenso je eine Säule zwischen Haupt- und Nebeneingang. Zimmermann brachte jedoch zwischen Langhaus und Eingangshalle zwei bereits erwähnte Säulen auf sehr hohen, geschweiften Podesten an, die er in vorarlbergerischen Anklängen mit einem Aufbau seines Formrepertoires zusammenbindet und mit einer Vase bekrönt. Er schuf elegant eine überzeugende verkleidende Nahtstelle. (Abb. 105)

Dieser Bildkarton bekundet, daß D. Zimmermann ständig den Gesamtbau des Raumes wie die Einzelheiten überdachte und änderte. Er verbesserte und vervollkommnete. Ob der Auftraggeber sich an diesem genetischen Prozeß beteiligte, der Kurfürst als Bauaufsicht, der Fürstbischof, wie die Äbte als Bauherren, entzieht sich unserer Kenntnis. Jedenfalls vermochte D. Zimmermann seine Formanschauung durchzusetzen und Harmonisches zu gestalten.

5. Im Jahr 1938 konnte ich in der 3. Auflage meiner Wiesmonographie (S. 11) erstmals einen *farbigen Riß* veröffentlichen, den ich in einer Schublade im *Museum* zu *Weilheim* fand. Auch er wurde ohne Quellenangabe für Bücher und Ausstellungskataloge entnommen. Gezeigt wird die Südseite des Chores der Wieskirche (Abb. F III bei 165). Damals ein Teil, heute zwei Teile: der obere Querteil, der die Öffnungseinbrüche zeigt, 44:34 cm, der untere Teil mit Erdgeschoß 22 cm

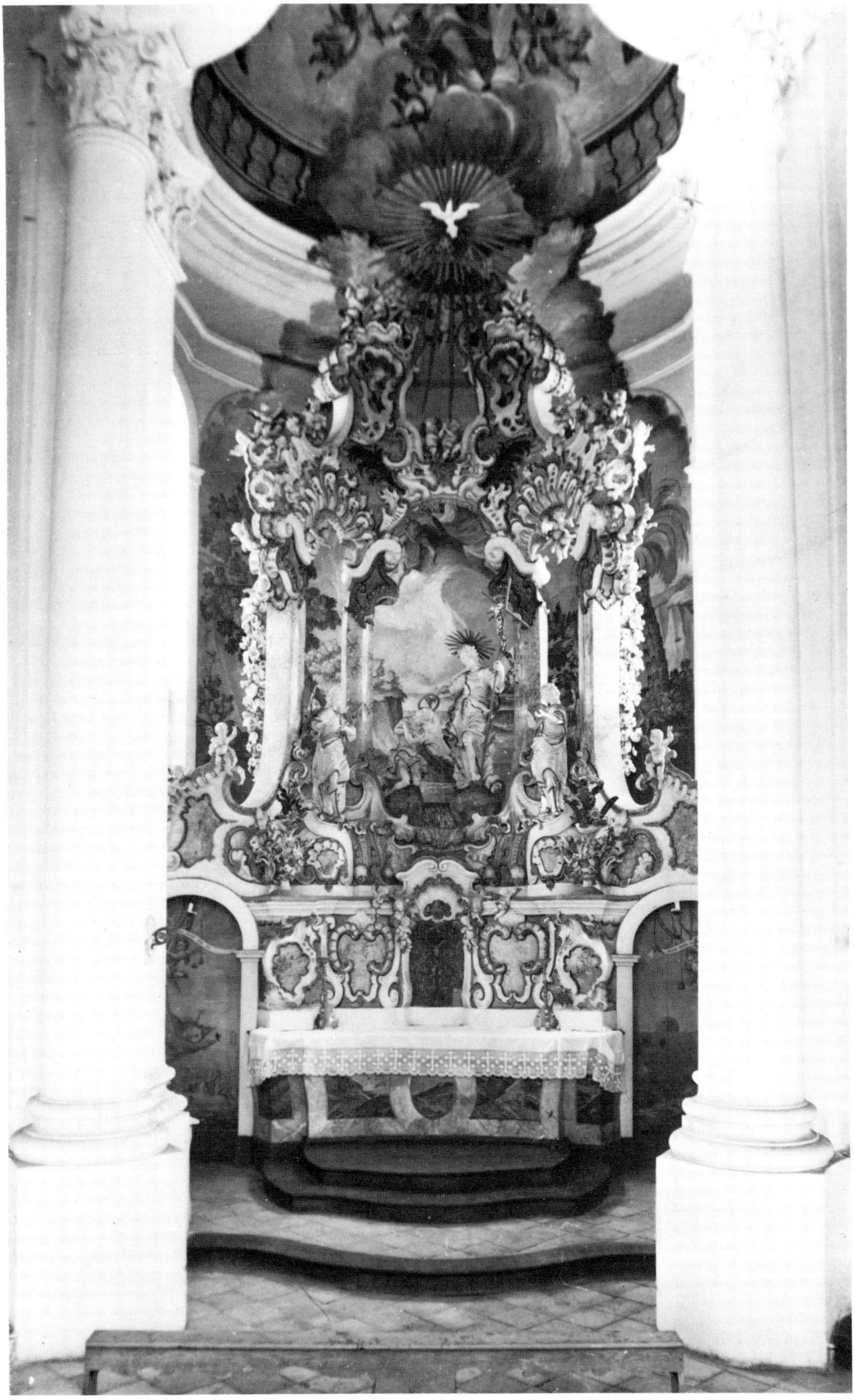

86 Landsberg St. Johannes-Kirche, Hochaltar um 1750/52

breit: 27 cm hoch. Farbig getönte Federzeichnung auf bräunlichem Papier. Da der Chor der Wies 1749 vollendet war, stammt der Entwurf, der auch in München und Augsburg vorgelegt worden sein dürfte, frühestens aus dem Jahr 1743, spätestens 1748, wahrscheinlich 1744/45.

Ein Vergleich des Entwurfs mit der Ausführung zeigt zwar die Einhaltung der Gesamtkomposition, aber viele Einzelheiten sind verändert. Die mit Ranken umhüllten Frauenmasken, die über den Kapitalgebälken für Johann Baptist Zimmermann sprechen könnten und bei Dominikus Zimmermann selten, aber in Siessens Kirche vertreten sind, entfielen. Man möchte jeder Einzelform nachgehen, wo und wie sie sich bei den Brüdern findet, aber diese aufschlußreiche Analyse sprengt hier den Rahmen. Wichtig ist, daß der einmal zum Vergleich erwähnte Hochaltar D. Zimmermanns in der Johanneskirche in Landsberg erst nach dem Chor der Wieskirche entstanden sein dürfte. Gegenüber dem Entwurf setzt sich die Dynamik D. Zimmermanns eindeutig durch. Statt einer grenzziehenden Bedachung über dem mittleren Gewölbedurchbruch erscheinen in der Ausführung flammende Feuerzungen, die in das Fresko hineinzüngeln, als Pendant zu den vertropfenden Wellen der Gehänge: eine andere Rhythmik, die auf D. Zimmermann zurückgeht.

Reine Form Dominikus Zimmermanns, die bei seinem Bruder Johann Baptist nicht vorkommt, ist das Kapitäl der zweiten Säule von rechts. Die verschlungene Bandform im Innenfeld und die gebogene Volutenform der Schnecken verweist auf Dominikus. Die Öffnungsform der Durchbrüche und die Dynamik der Verzierungen sprechen für ihn. Typisch für D. Zimmermann sind auch die Kurvierungen der unteren Fenster, besonders am Anfang. D. Zimmermann muß also einen Vorentwurf seinem Bruder eingesandt haben. Daß in einem Münchner Büro die eine oder andere höfische Form einfließt, ist verständlich.

Es ist bemerkenswert, welche Änderungen sich in der Hauptsache zwischen diesem Entwurf und der Ausführung – sicher nicht zum stilistischen Nachteil – ergeben haben. Die Abänderung der Farbe Rot in den Säulen zugunsten träumender und erleichternder blau-grauer Farben wurde erwähnt. Die rote Farbe, die wohl sicher auf einen Entwurf Dominikus Zimmermanns zurückgeht, wurde in der Balusterbrüstung gestrichen. Auf sie wurden hölzerne Vergitterungen gestellt, die nicht vorgesehen waren. Die Holzgitter in den unteren Umgangsöffnungen wurden aus Eisen hergestellt. Viele Einzelformen wurden verändert, vor allem die auslaufenden Verzierungen an Bögen und Fenstern, sogar die Kapitäle; die Verzierungen an der Außenmauer des Emporengangs wurden sehr vereinfacht. Hier fällt die Eigenart D. Zimmermanns besonders auf bei den Volutenkonsolen über den Pfeilerkapitälen für die Quertonnen. Raumändernd war die Entfernung der vorgesehenen Türe im unteren mittleren Umgang.

Die Zeichnung gehört zu den wertvollen Blättern süddeutscher Ornamentik. Von Dominikus Zimmermann kann sie nicht gefertigt worden sein, aber sie wurde wohl von Johann Baptist Zimmermann (oder dessen Zeichenbüro) nach einer verbindlichen Vorlage des Architekten der Wies, der nur die Raumeinzelheiten angeben konnte, gezeichnet. Cuvilliés scheidet aus. Diese Stellungnahme von mir an C. Lamb 1939 (vgl. Lamb, Die Wies, München 1948 S. 69f.) hat sich nicht geändert.

Mit Recht wurde von Chr. Thon im Hinblick auf die anschließend stuckierte Wallfahrtskirche in Andechs, in der sich Anklänge von D. Zimmermann aus der Wies finden, festgestellt, daß wahrscheinlich Johann Baptist in der Wies auch Anregungen des Bruders für seine Stuckgestaltungen erhielt. In der Jugend nahm Dominikus Zimmermann so manche Form seines Bruders an oder setzte sich mit ihr auseinander: spätestens seit der Stuckierung der Kirchen in Wörishofen und Siessen steht Dominikus als Stuckformerfinder neben ihm.

Auch dieser Entwurf belegt, in welch ernster und feinfühlender Weise Dominikus Zimmermann fortwährend überlegte, durchprobierte und seine eigenen Formvorstellungen durchsetzte.

Lage und Außenerscheinung der Wies-Kirche

Ein paar hundert Schritte südlich der alten, noch stehenden Ursprungskapelle von 1739 wurde die neue Wallfahrtskirche auf einer leichten Erhebung erbaut. Tritt der Wallfahrer oder der Wanderer aus dem Wald, der sich zwischen Steingaden und Wies hinzieht, erblickt er plötzlich im Süden die langgestreckte Kirche, die sich von den rückwärtigen bewaldeten Höhen des ausgeprägten, melancholischen Voralpenlandes hell abhebt; der Dachfirst verläuft, bewußt oder unbewußt gewollt, in ähnlichen Linien, auf- und absteigend wie die Trauchgauberge. In Südwest ragen in der Ferne die kalkigen Höhen des Hochgebirges, die Lechtaler und Tiroler Berge empor. Auf dem Weg zur Wies wandert man durch dunklen Fichtenwald, durchschreitet Acker, Wiese und Moor, bergauf und bergab, bis auch der Städter wieder die Erde fühlt, die Ruhe und das heimliche, organische Wachsen. Auch der Autofahrer muß von der Hauptstraße abbiegen: unwillkürlich verlangsamt er auf der verschlungenen Waldstraße sein Tempo.

Wenige Besucher der Kirche nehmen sich die Zeit, die Kirche auch von Nordosten aus anzusehen. Liegt sie von Nord und Süd aus lang hingestreckt und tastet das Auge forschend die verschiedenen Bauteile ab – das breitere Langhaus mit seinen klaren Fenstergliederungen, den engeren Chor, an dessen Ende sich der Turm erhebt und das in Hufeisenform sich anschließende Gebäude der Wallfahrtspriester –, so ergibt sich hier von Nordosten aus ein äußerst malerisches Bild. Wie ein Schloß lagern die beiden mit einer Mauer umfriedeten Wohnflügel. Das Dach ist nach Mansardenart gebrochen, der Chor steigt höher an, rückwärts erscheint das große Dach des Langhauses, das in leichter Unterbrechung den inneren Umgang andeutet, und bildet nach dreifachem Anstieg den höchsten Abschluß. Aus der Mitte heraus wächst organisch der Turm, leicht bekrönt mit einer tiefgezogenen Haube, der wir öfters im Werk Zimmermanns begegnen. Die gesamte Anlage ist in einer unsagbaren Selbstverständlichkeit übergreifenden Könnens und melodischer Anmut in die Landschaft hineingelegt. Sie thront, aber herrscht nicht. Sie ist geschlossen, aber nicht wehrhaft. Ein vergleichender Gedanke an eine doppeltürmige Kirche, wie sie Johann Michael Fischer zum Beispiel liebt, interpretiert den tiefen Gegensatz. (Abb. 149)

Das Hauptportal befindet sich im Westen an der Fassade. Diese wird in einfachster Art durch keine Verblendung, sondern nur durch eine halbkreisförmige, abschließende Vorbauchung der Westwand gebildet; die hohe Konvexfassade, die im schwäbischen Gebiet in Weingarten erstmals 1715 (bzw. 1684) auftritt, erreichte hier, nach der interessanten und wohl mit Dominikus Zimmermann in Zusammenhang stehenden Lösung in *Maria Steinbach* an der Iller, Ldkr. Memmingen[54], eine letztmögliche Prägung als ein Ausschwingen vom inneren Ovalraum aus. Sechs gelbe Sandsteinsäulen auf hohen Sockeln gliedern; auf ihren Kapitälen erscheinen wiederum hohe, verknorpelte Gebälke, die mit dem mehrfach profilierten Dachgesims verbunden sind. (Abb. 105) In der Höhe ein mächtiger Giebel, der in starker Schwingung seitlich ausläuft, aufgefangen von kleinen, für Zimmermann und seine Schule charakteristischen Aufbauten mit Dreieckabschluß. Die große Form, die innewohnt, strahlt vom Raumzentrum aus. Die drei Portale, die zunächst in die Vorhalle führen, sind in ansprechender Schlichtheit gestaltet; nur das mittlere ist umrahmt. Diese Einfachheit vermag nicht über die geniale Kompositionskraft D. Zimmermanns, die sich hier ähnlich wie in Maria Steinbach a. d. Iller äußert, hinwegzutäuschen. (Vgl. auch Abb. 110)

Der Raum

Ein einfacher, ungefähr halbkreisförmig gedehnter, weiß getünchter Vorraum schließt sich im Westen in der Breite des Chores an den Hauptraum an. Die Außenfassade wölbt sich kraftvoll und hoch empor: um so bescheidener ist der niedere Vorraum, über dem die Orgelempore liegt. Waren im »Grundriß 4« zwei quadratische, nach außen drängende Räume für die Emporentreppen

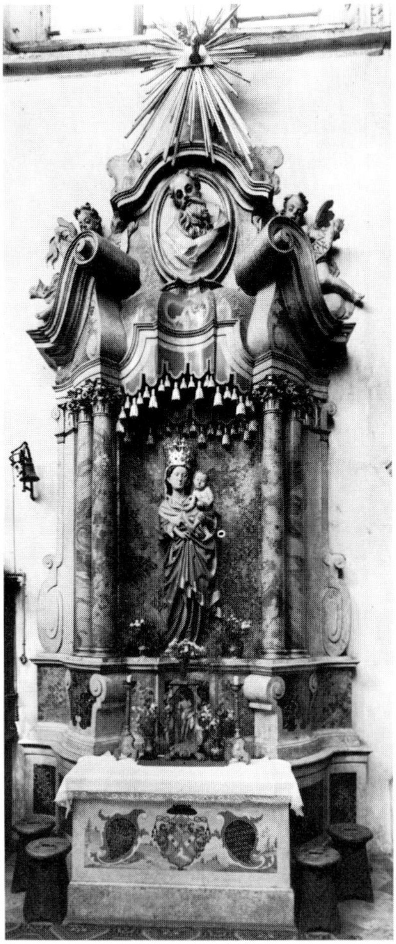

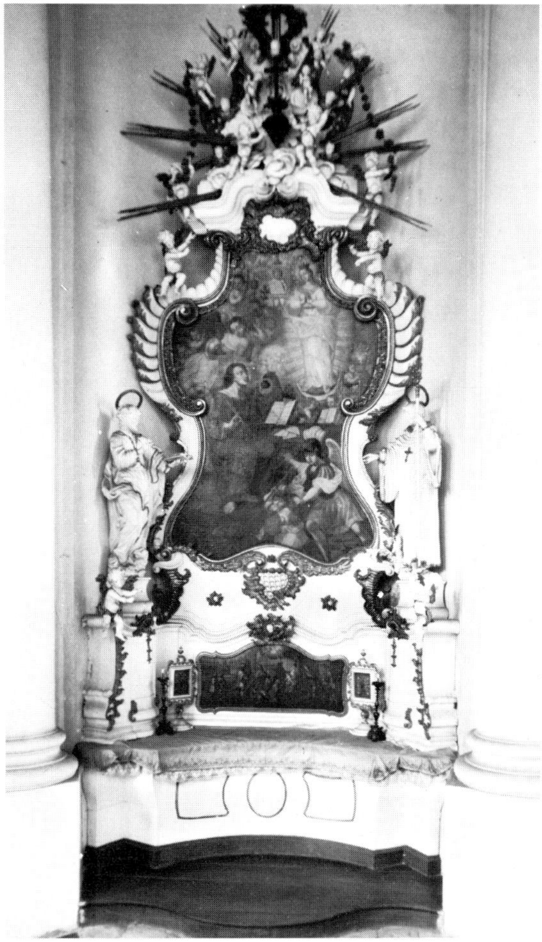

87 Landsberg, Pfarrkirche, D. Zimmermann-Altar, 1721

88 St. Johannes-Kirche, Johannes-Altar, zwischen 1756–64, wohl von D. Zimmermann

vorgesehen, so hat sie jetzt Zimmermann bei der Ausführung schmiegsam und die Vorhallenecken abrundend elegant und völlig unbelastend in das Innere hereingenommen. Selbst der Stuck beschränkt sich auf kleine Zieraten. Schon die Stufenfolgen, die an die Eingänge heranführen, bereiten vor, die Vorhalle nochmals. Die Erwartung wird gesteigert.

Die den Hauptraum heute abschließende Holztüre hat erst das 19. Jahrhundert eingefügt.

Das Prinzip der Gegenüberstellung von Hoch und Nieder wiederholt sich jetzt umgekehrt: durch die sich vorwölbende, hier auf Farbe verzichtende Orgelempore steht der Eintretende nochmals in niederem, dämmerigem Raum. Erst beim Vortreten eröffnet sich die Höhe und die Licht- und Farbenfülle. Subjektivem Empfinden verbleiben die ersten, meistens überwältigenden Eindrücke, die keine Führung stören soll.

»Das Oval«

Das Entscheidende vermittelt der Raum. Das spannungsvolle, heroische Weingarten oder das in Farbe getauchte, majestätische Ottobeuren lösen andere Vorstellungen aus. Das Oval, das uns bald in das Bewußtsein dringt, bestärkt nicht, sondern erschließt einen gelösten und lösenden Raum. In dieser Regenbogen-Schönheit geigt das Licht. Hier herrscht nicht mehr männlich-pathetisches

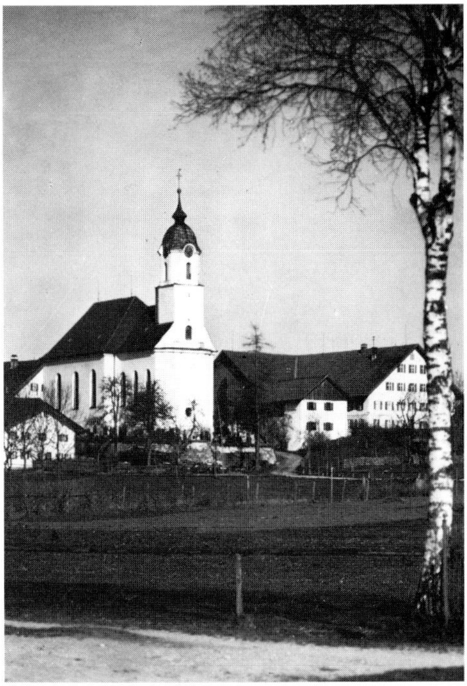

89 Ingenried, Pfarrkirche, 1745/46

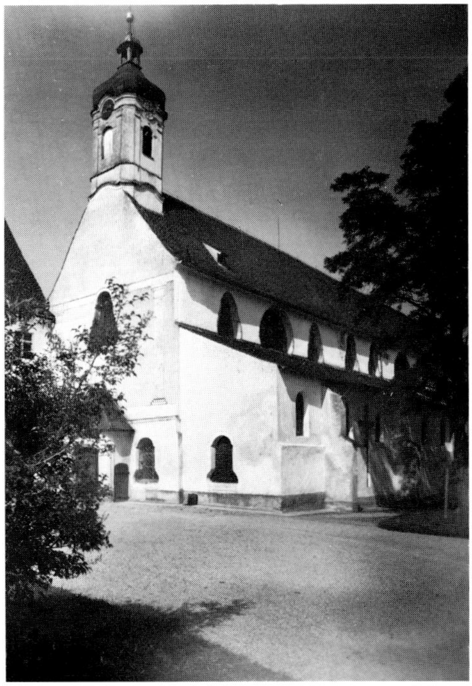

90 Gutenzell, Klosterkirche, Riß 1752, Umbau

Aufgebot von energiegeladenen Kräften und Leistungen; der befreiende Übergang zum seligen, vergeistigten Schweben taucht langsam auf, der das Ziel der Hoch-Zeiten ist.

Johann Joachim Winckelmann hat ungefähr in den Jahren der Erbauung der Wieskirche in seiner Erinnerung über die Betrachtung der Kunst die Ellipse als eigentliche Schönheitslinie angesehen, da sie das Einfache und eine beständige Veränderung ist; sie kann mit keinem Zirkel beschrieben werden und verändert in allen Punkten ihre Richtung. In rhythmischen Linien, in schwebenden Lichtern und in blühender Ausstattung dringt zunächst der Bau, nicht mehr als Wagnis, sondern als geniale Schöpfung durch. Das Einmalige und Unwiederholbare wurden das Freistützenoval und die Deckendurchbrüche im Chor.

Sebastian Serlio hat in seinen Büchern der Architektur in Il Quinto Libro d'architettura, (Templi), Venedig 1547, das reine Oval mit ovalen Nischenkapellen für eine Kirche (fol. 4a, 4b) vorgeführt. Unter den vielen Nachdrucken erschien auch eine deutsche Gesamtausgabe in Basel 1609, die in der Wessobrunner Klosterbibliothek gelegen sein dürfte. Im Planalbum der Bürgerbibliothek in Luzern, das Adolf Reinle 1950 veröffentlichte,[55] fand sich eine Nachzeichnung dieser ovalen Kirche durch den Einsiedler Klosterbaumeister Kaspar Moosbrugger, der in mehreren Entwürfen das Oval im Chor von Kirchen einsetzte. Die direkte Linie Italien–Süddeutschland (Serlio–Moosbrugger) ist verbürgt. Doch kennt Serlio keine Freistützenpfeiler.

Italien hat das Oval öfters in der Architektur eingesetzt: im Profanbau mit Freistützen, z. B. Guarino Guarini 1679/80 in einem Saal im Palazzo Carigniano (17 m dm, 8 freie Stützen), Filippo Juvarra, Turin, um 1714/15 in einem Plan für die Sakristei in St. Peter in Rom (mit 12 Freipfeilern, an die Säulen angelehnt sind.[56] In den Planmappen des Bayerischen Nationalmuseums finden sich unausgeführte Risse für Ovalkirchen mit schweren Freipfeilern (mit und ohne angelehnte Säulen) um 1700 von Leonhard Dientzenhofer und Josef Walch.[57] Böhmen griff das Problem mehrmals auf

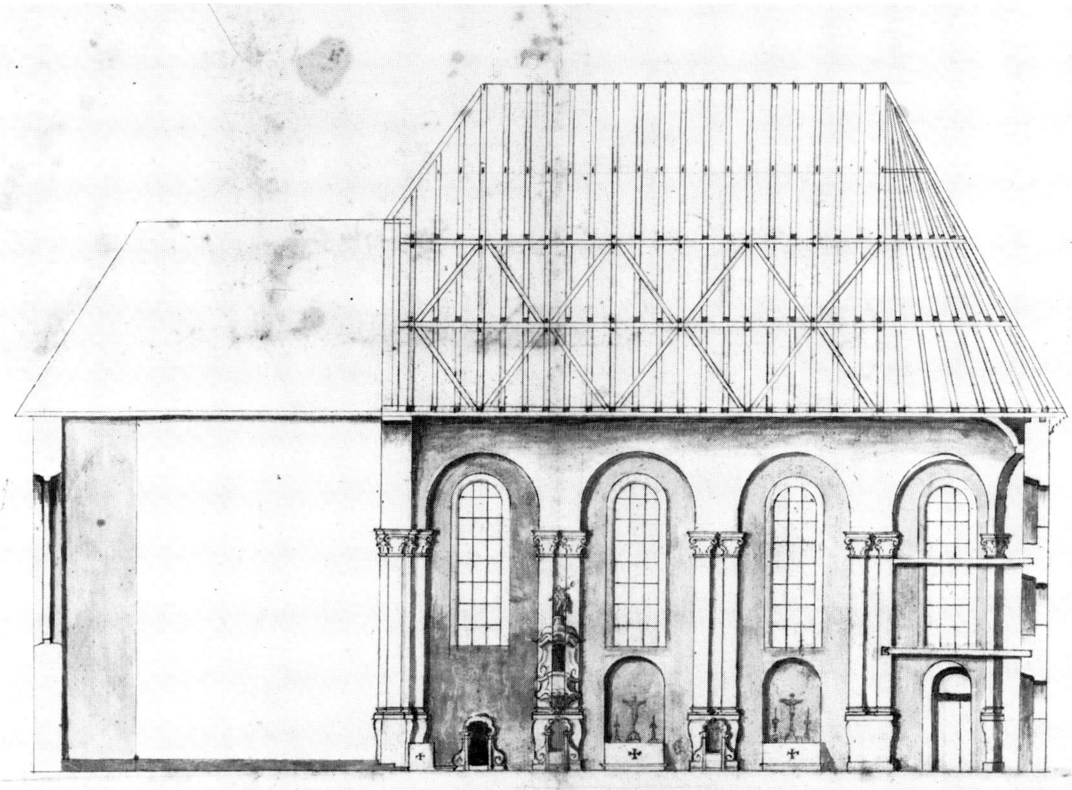

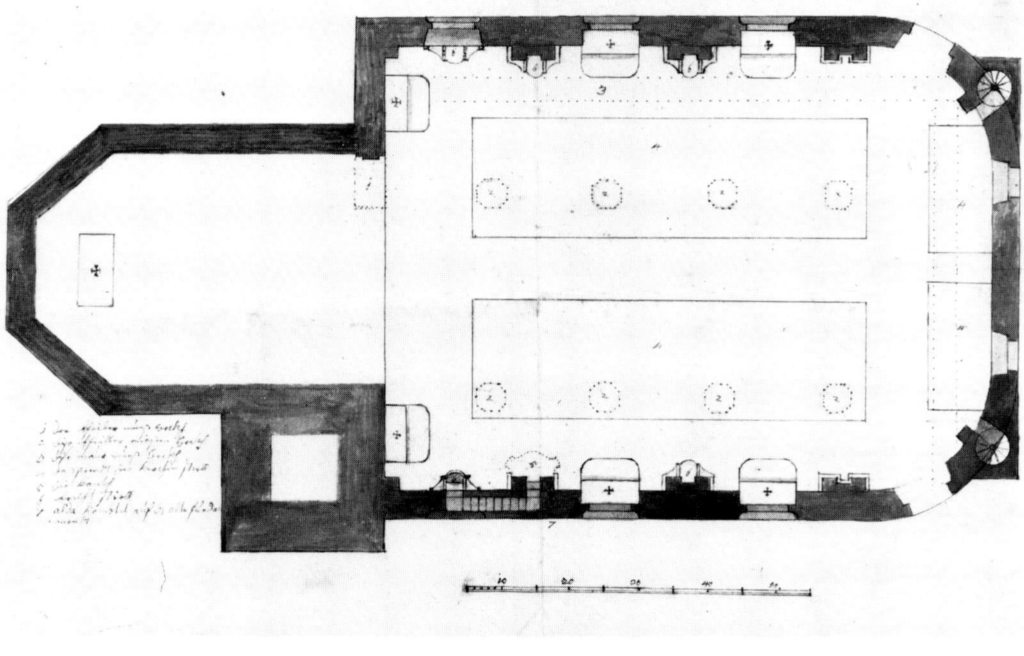

91 *Schongau a. L., Pfarrkirche, Längsschnitt*

92 *Grundriß 1750 (Pfarrarchiv Schongau), wohl von D. Zimmermann gezeichnet*

und wohl auch über dieses Land kam Balth. Neumann zu dem Plan eines querliegenden Ovalsaales mit zehn Freistützen.

Das Thema des Ovals war allgemein akut: bei Franz Beer z.B. in seinem Vorschlag eines Ovalchors in der Prämonstratenserkirche Weißenau (Württ.); aber D. Zimmermann interessierte die spezielle Einführung von Freistützen in das Oval. Es gilt als sicher, daß er als unmittelbare Anregung zu seinem Oval mit Freistützen in Steinhausen die Grundrisse (oder einen) von Moosbrugger kannte, die auf die Zeit vor 1696 zurückgehen.[58] Die reinste und wohl letzte Lösung zeigt der Riß Moosbruggers in Einsiedeln (Nr. 159).[59] Der Plan in Luzern kam aus Schussenried, dem Kloster der Wallfahrtskirche Steinhausen, nach Luzern. Zimmermann dürfte K. Moosbrugger in Fischingen begegnet sein.

Trotz dieser Anregungen durch einen führenden Vorarlberger Baumeister verbleibt für D. Zimmermann ein weiter Weg bis zu Steinhausen und Wies, der seine ungeahnte Selbständigkeit und seine geniale Verjüngungskraft aufzeigt. Zimmermann verselbständigte Choranlagen zum Hauptraum einer Kirche, der Eingangshalle und Chor in kürzeren Maßen angegliedert sind; er stellt statt schwerer Freistützen, meist mit Pfeilern, die die Last des Gewölbes zu tragen haben, schlanke, lilienhafte Säulen in den Raum; er überwölbt nur den inneren Ovalraum, aus mehreren Gründen mit Holz, der hoch ansteigt und der Mitte zu flach wird; von entscheidender Bedeutung sind jedoch die von ihm neu gewählten Übergänge von den Säulenkapitälen zur Wölbung. Je zwei nebeneinanderstehende Säulen werden mit hoch aufstrebendem Gebälk verbunden, das mit weit vorstehenden Gebälkplatten stockwerkmäßig abgeschlossen wird. Von ihnen aus steigen zurückgeschobene, raumverbreiternde Zwickel zum umlaufenden Kämpfersims empor, auf dem die Kuppel lastet; es stimmt mit der gebrochenen Mansardlinie des Daches im Äußeren überein. In einem weiteren Aufbau verläuft hier ein breiter, mit Verkröpfungen und Simsen abschließender Streifen, in dem Balkönchen und Vasennischen, sowie Freskenteile (Türe zur Ewigkeit im Westen, Thron Christi im Osten) eingefügt sind. Diese mit der Stuck-Ausstattung vollkommen verzahnte Architektur ist das ureigenste Werk D. Zimmermanns. Die Vollkommenheit dieses Aufbaus, in Steinhausen erprobt, läßt die Überlegungen und Intentionen D. Zimmermanns kaum ahnen.

Das anregende, schwerfällige und lastend überwölbte Oval der Zeit um zwei Generationen

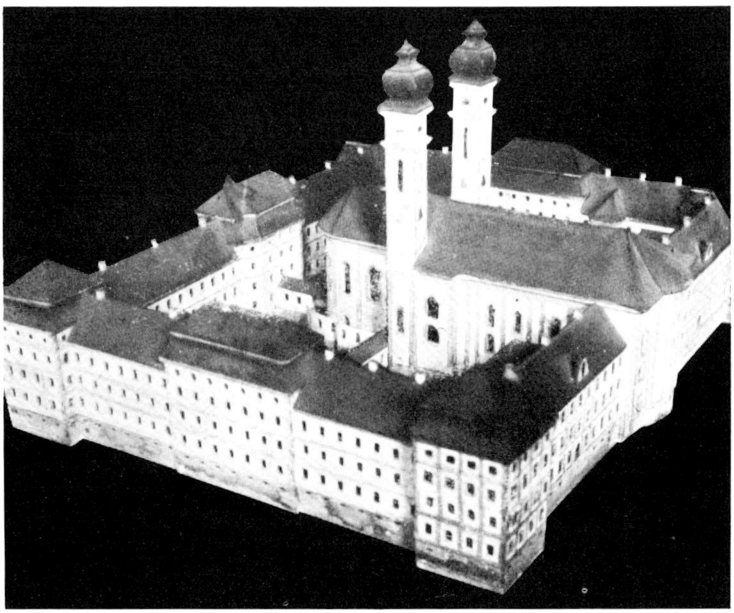

93 Schussenried, Klostermodell 1748

▷

94/95 Schussenried Kloster, 1. u. 2. Entwurf D. Zimmermanns (nach A. Reinle)

früher ist eigenständig und von Innen her zu atembefreiender Weite und Leichtigkeit aufgebaut worden. Die Masse von Steinhausen ist vom Prinzip des Eindrucks der ätherischen Gewichtslosigkeit und im einzelnen aufgelockert und erleichtert, da ein späteres Zeitideal, das dem Graziösen und Schwebenden verpflichtet ist, sich durchgesetzt hat. Steinhausen und Wies entsprechen zwei verschiedenen Aussagen und Gestaltungen, nicht nur der Abfolge und des Reifens.

Der Chor

Die stilistische Entwicklung des Emporenchors mit freigestellten Stützen im Obergeschoß ist bekannt: erstmals in der Studienkirche in Dillingen a. D. (um 1608–1617) aufgetreten (wohl von Augsburger Architektenkreisen und Hans Alberthal, Graubündner), ergriffen das Thema die Vorarlberger Baumeister. Michael Thumb wendete es 1682 in Schönenberg/Jagst und 1686 in Obermarchtal an, Valerian Brenner 1684 in Biberbach b. Augsburg, in dem D. Zimmermann Altäre aufgestellt hatte, Franz Beer 1699 in Irsee, sein Bruder Ulrich 1712 in Maihingen und D. Zimmermann in ausgebildeter Form 1736 in Günzburg (s. Abb. 157, 73). Er bildete sie schlanker, türmte hohe, konvexe Gebälke auf je zwei quadratische Pfeiler und verband sie mit seinen beliebten Volutenbogen. (Abb. 129) Die Höhensteigerung griff schon in Günzburg mit in das Gewölbe sanft vorgeschobenen Segmentbogen ein: das Prinzip der Wies war vorgebildet, die nüchterne vorarlberger Lösung überwunden. Auch die harmonische Verbindung mit dem Chorpfeiler war erreicht. Die Kanzel wurde, wie später in Birnau und Wies, überleitendes Gelenk.

Die völlig neue und einmalige architektonische Leistung des Rokokos im Chor der Wies wurden die je drei Gewölbeöffnungen im schräg ansteigenden Chor. Statt eingestellter Pfeiler werden die Säulen wie sprießende Bäume erfaßt, die hier vom Erdboden aufsteigen und in der Höhe ihre Zweige breiten. Das Motiv der die Säulen verbindenden Bogen ist schon im Langhaus vertreten. Dort erheben sich die hohen Bogen ebenfalls zwischen den Gewölbezwickeln und öffnen sich in den Diagonalachsen genau vor den rückwärts eingefügten Rundfenstern. Erscheinen diese Bogen zwischen den Säulenpaaren wie erhobene Arme von Tänzerpaaren, wird im Chor jeweils der Halbkreisbogen unten durch einen verbindenden, hängenden Zierbogen geschlossen, der

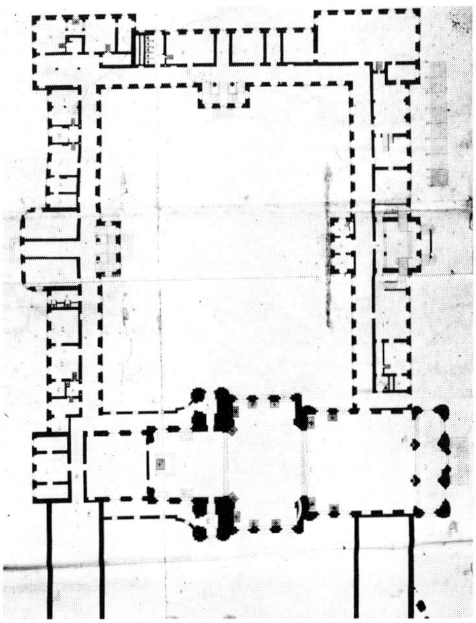

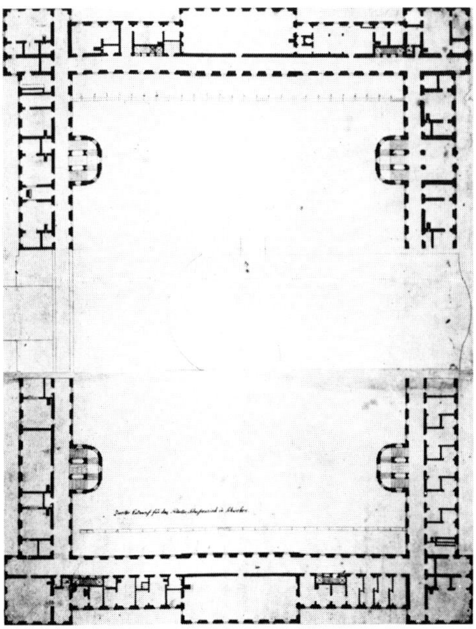

schwingenden Festgirlanden gleicht. Die geschlossene Öffnungsform wird durch vier Kreissegmente gebildet und gleicht sich den rückwärts aufblinkenden Hochfenstern an. Auch diese Bogenformen, geschlossen im Chor, oder halb geöffnet wie im Langhaus, verbinden die beiden Räume in ungefähr gleicher Höhe. Da sie im Chor schräg liegen, werden sie vom Langhaus aus als Lichtschächte erkannt. Da sie in das Chorfresko einschneiden, wird dieses hell und noch heller als im Langhaus belichtet. Kein Chor Zimmermanns ist in so helles Licht getaucht wie der in der Wies.

Decke und Konstruktionsteile sind größtenteils aus Holz. Der Eindruck lastender Steine ist völlig vermieden. Die in die Decke tief eingreifenden Lichtöffnungen erleichtern den Gesamteindruck und heben die Decke zu dem gewünschten Ziel der Schwerelosigkeit und des Schwebens. Flattern in Steinhausen kleine Vögel aus Stucknestern an den Fensterrändern, könnten hier nur Schmetterlinge fliegen.

Architektonische, perspektivische und koloristische Elemente

Jede Architektur von Rang gründet auf *Geometrie, Zahl, Maß und Proportion.* D. Zimmermann hinterließ in seinem Grundriß 4 keine Angaben. Wir können nur das Werk selbst befragen.[60] Die Hauptlinie verläuft von West nach Ost, d. h. liturgisch gesehen, von der Welt zum Himmel, da Christus im Osten auferstand und wiederkehren soll, d.h. in der Wies (s. Grundriß Abb. 155) vom Portal (Christus ist Türe, Eingang, Weg) zum Altar und Tabernakel mit dem eucharistischen Brot + Wein und zur Dreifaltigkeit: Christus nach apostolischer Lehre in der Eucharistie inmitten seiner Gemeinde; Gott Vater und Taube des Heiligen Geistes erscheinen oben im Fresko. Der mittelalterliche dreiseitige innere Chorabschluß galt durch Jahrhunderte als Hinweis auf die Dreifaltigkeit. Auch der hier stehende Turm symbolisiert seit frühen Jahrhunderten und oft schriftlichen Zeugnissen Christus.[61] Ferner betonen die Gesamtperspektive und die gesamte Innenausstattung die West-Ost-Linie. (Gesamtlänge bis zum Priesterhaus 59,40 m; dieses ist 16 m lang.)

Die Breite des Chors unterstreichen die zur Mitte stehenden Säulen am Eingang und am Choreingang, so daß sich ein gleich breiter »Weg« von Westen nach Osten ergibt.

Diese Längsrichtung durchschneidet ein Querriegel in der Mitte des Ovals. Seine Breite deckt sich mit der inneren Chorbreite, so daß liturgisch gesehen die zwei Seitenaltäre in gleicher Raumbreite stehen wie der Hochaltar. Die Gesamtlänge des Querriegels oder »Querschiffes« beträgt dreimal die innere Chorbreite: der Querriegel wird aus drei Quadraten in Chorbreite gebildet. Der Symbolgedanke des Kreuzes, der vor allem in Ottobeurens Kirche auftritt, ist hier in einer Wallfahrtskirche zum gegeißelten Heiland, dessen Kreuz die Engel im Chorfresko zu Gottvater als Erlösungszeichen emportragen, deutlich ausgesprochen.

Diese Symbolik (in Verbindung mit der Geometrie) greift das Langhausfresko auf: Im Schnittpunkt der »Wegkirche« mit dem Querkreuzbalken thront Christus auf dem Regenbogen. Er bzw. sein Herz (gesteigerte Herz-Jesu-Verehrung im 18. Jahrhundert) bildet den Mittelpunkt des Gemeinderaumes und der hier sich überschneidenden Längs- und Querlinien in Raum und Kosmos.

Zieht man sternartig von dieser geometrischen und religiösen Mitte aus Diagonallinien im Oval, treffen diese die Beichtstühle, ebenfalls Orte der Sakramentspendung (der Buße) wie die Altäre. Werden diese Diagonalteile nochmals geteilt, treffen die Linien die Kanzel und die gegenüberliegende Abtempore, rückwärts die Orgelvorwerke, die jeweils das Ohr ansprechen.

In der Hauptsache herrscht die Zahl eins und drei. Der Innenchor als Altarstätte gibt für Oval und Querachse die Maßeinheiten. Chor und Langhaus sind auch über die Maße aufs engste verbunden.

Hinzutreten die perspektivischen und koloristischen Elemente, die die beiden Räume des Ovals und des Chores, auch im Sinne des »malerischen« Spätbarock, zu einer Einheit aneinanderschieben. Vor allem drei Maßnahmen ließen D. Zimmermann die schwere Aufgabe meisterhaft lösen: eine

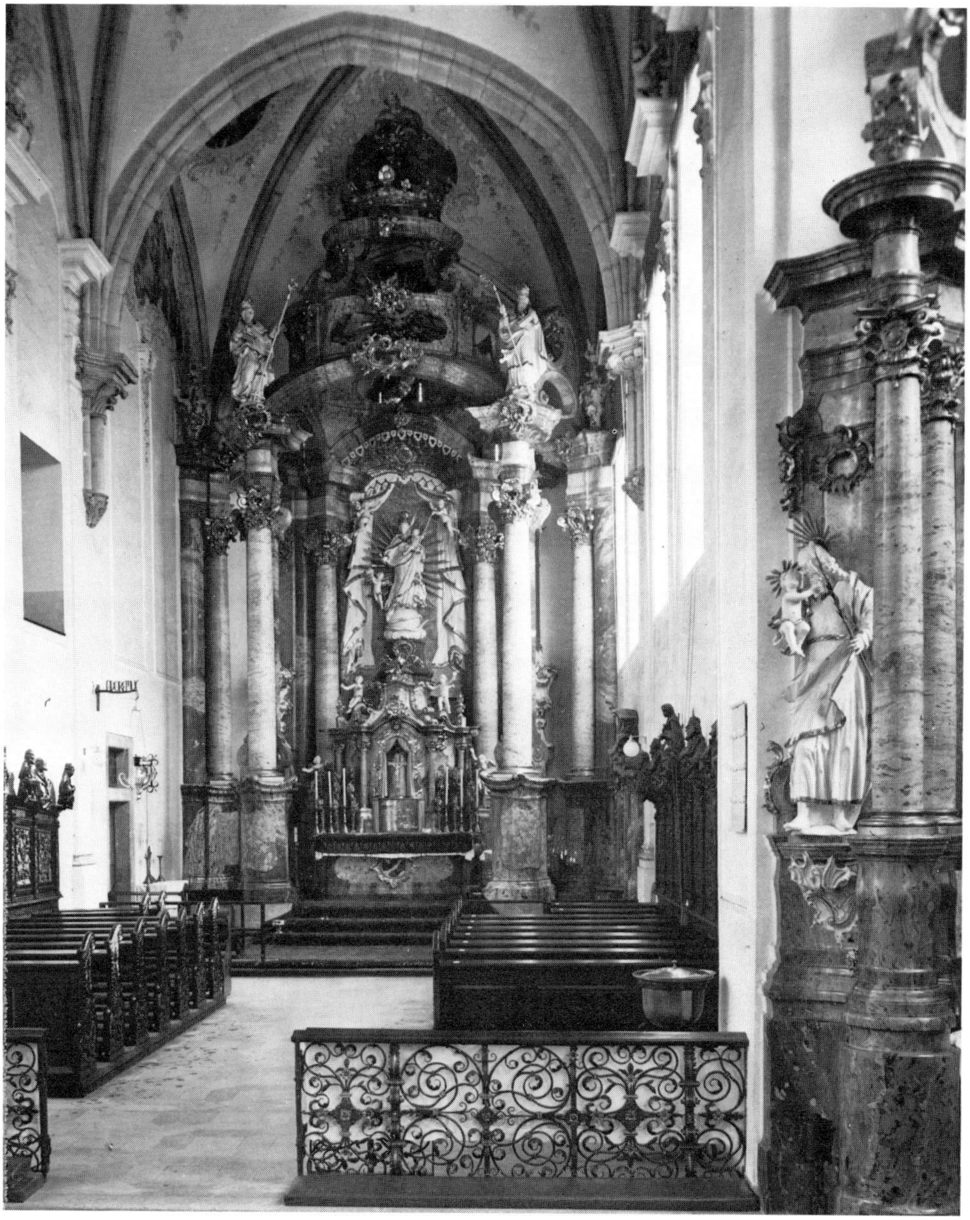

96 Schwäbisch Gmünd, ehem. Franziskanerkirche, Hochaltar, Chronistichon 1751

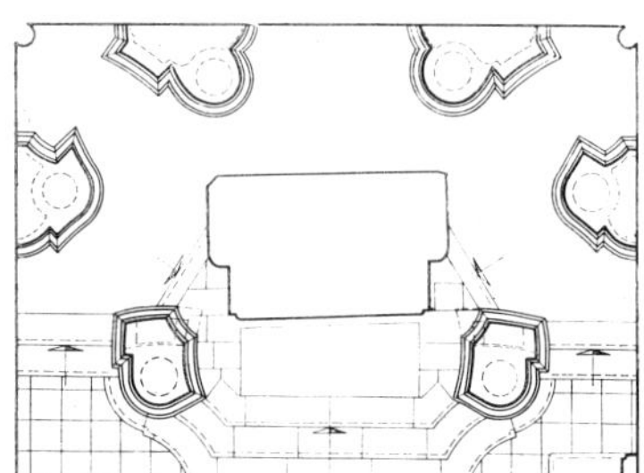

97 Grundriß des Altares mit Wandsäulen

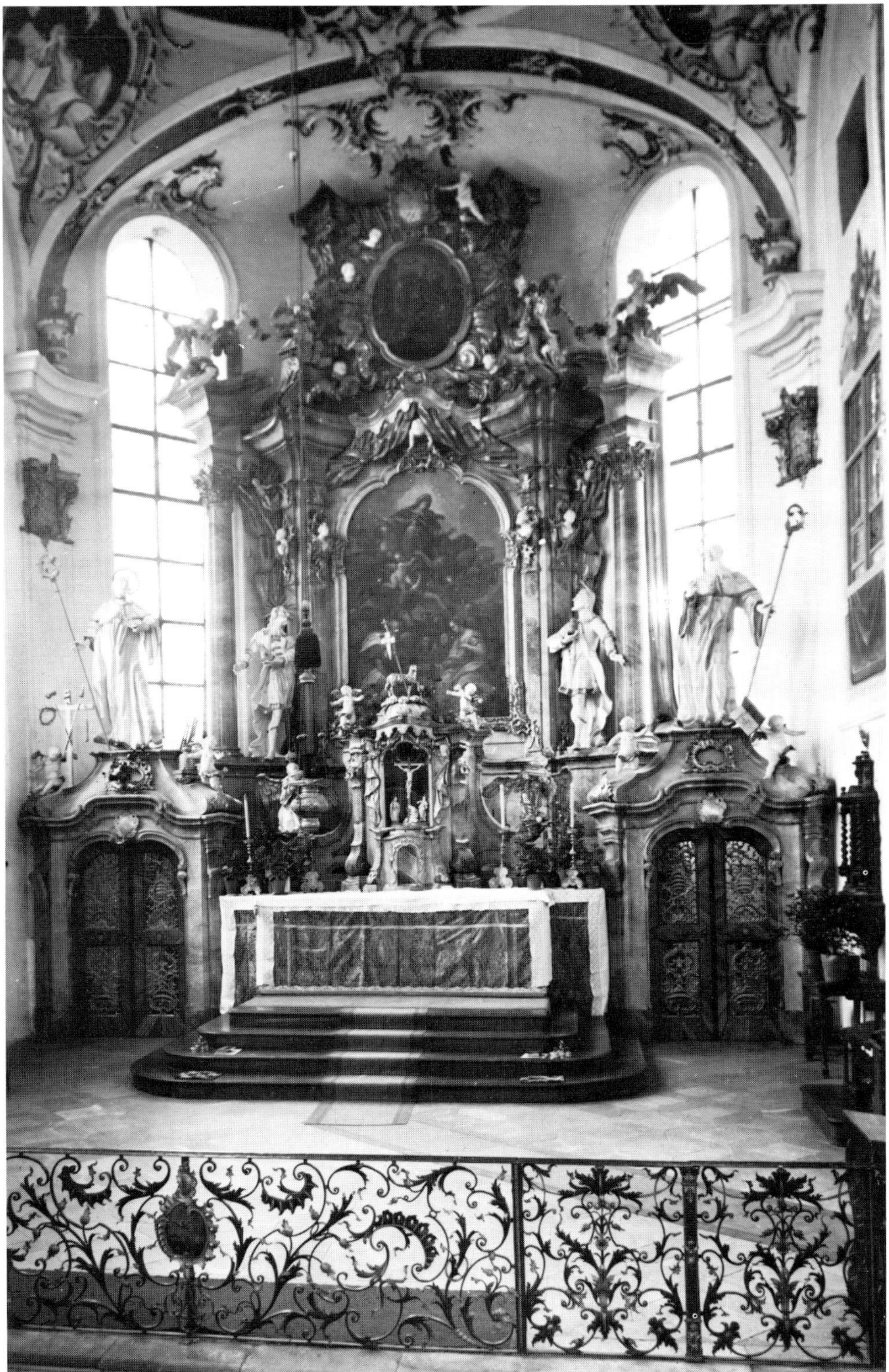

98 Gutenzell, ehem. Klosterkirche, Hochaltar, Zuschreibung an D. Zimmermann, um 1759/60

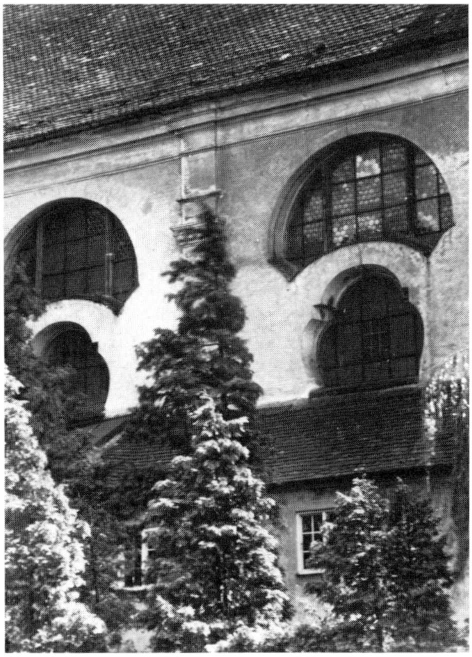

99 Landsberg, Jesuitenkirche, um 1752/54, Fensterformen erinnern an D. Zimmermann

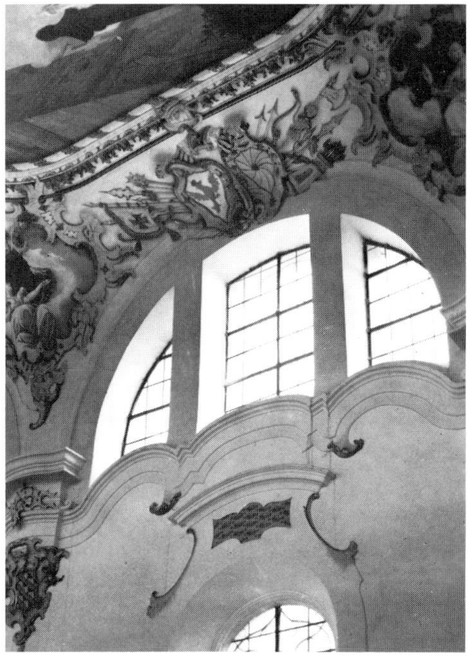

100 Eresing, Pfarrkirche, Langhaus, gebogener Architrav mit Fenster 1756/57

dreifache Raumverengung durch drei sich verkürzende Bogen, die Führung der Farbe und des Lichtes.

Dem Eintretenden erscheint der Chor ziemlich kurz. Man kann die Zahl der in blau-grauen Tönen verschwimmenden Stuckmarmorsäulen und die Tiefe der oberen Hochaltaranlage nicht überschauen. Erst beim Vorwärtsgehen öffnet sich der Chor und zieht sich in die Länge. Der vorwärts Schreitende erlebt aber auch die Verbreiterung der Querachse im Oval. Die Breite dehnt sich mit jedem Schritt, bis das »Querschiff« durch Hinausschieben der Wände die stattlichste Breite (dreimal die innere Chorbreite) erreicht.

Gleitet hier in der Mitte des Zentralraumes das Auge empor, übernimmt die rechts und links aufsteigenden Linien über die Balkone der gemalte Regenbogen im Chor und bildet ein großes, einladendes Tor (Abb. Farbt. S. 106): ein Tor des Friedens, da der Regenbogen als Friedenszeichen des Bundes mit Noah gilt (Gen 9,9–17), als Glanz der Herrlichkeit Gottes (Hes. 1,28; Offb. 4,3). Dazu treten die kleinen begleitenden Seitenbogen des Umgangs, so daß die Dreischiffigkeit und Breite vollständig erfaßbar werden.

Eine zweite Szenerie oder Bühnenwand ist am Eingang zum Chor angeordnet. Die Pfeiler der Kanzel und der Abtempore gegenüber werden über dem Säulengebälk durch den Scheidbogen verbunden. Darüber der Richterstuhl Christi (Abb. 176): die zum Vorwärtsschreiten einladende Gebärde wird durch die zum Chor hin schräge Stellung der Doppelpfeiler am Choreingang, die wie sich öffnende Türen erscheinen, intensiviert. Die dritte Kulisse bildet der nun kleinere, entferntere Hochaltar mit seinen Säulenbündeln und dem abschließenden Bogen mit dem Lamm Gottes, über den wiederum, wie über den Thron Christi am Choreingang, ein blauer Baldachinvorhang geworfen ist. In ihrer ausgezeichneten perspektivischen Verjüngung und zielbewußten Verengung zum Ziel hin wirken diese drei Bogen wie Kulissen. Es ist kein Zufall in dieser wohlüberlegten Programmatik, daß alle drei »Portale« abschließend das gleiche Thema des kommenden Richters und Erlösers, »der das Tor des Lebens durch sein Leiden öffnete«, aufweisen: auf dem Regenbogen thront Christus und ladet die Lebenden ein, am Chorbogen schlagen die Engel beim Richterstuhl die Bücher des Lebens und des Gerichtes auf (Palme-Schwert), über dem Hochaltar erscheint in lichtem Silberglanz das eucharistische und apokalyptische Lamm, das die Verstorbenen schauen dürfen. Noch liegt es auf den sieben Siegeln.

Zu diesen architektonisch-perspektivischen Bezügen tritt ein architektonisches Element, das für die Wieskirche wesentlich ist, Gemeinderaum und Chor verbindet und über dem Hochaltar den Abschluß gibt: die halbgeöffneten Scheidbogen und geschlossenen oculi.

Das viel beachtete Motiv der Lichtöffnungen im Chor kehrt im Langhaus an versteckten Stellen wieder. Hinter den Zwickelflächen, die auf den Gebälkplatten der gebündelten Säulen lagern (oder aufsteigen), wird über jeder Säule eine schräge »Mauer« zur Umgangsmauer geführt; es handelt sich um die unteren Scheidbogenflächen, die in der Mitte ein Fresko zeigen. Hier hat D. Zimmermann jeweils die variierte Öffnungsform der Chordecke eingebrochen, damit auch hier, wo Gewölbelast zu vermuten ist, alles leicht und durchlichtet wird. (Abb. 167) In den kleinen Zwischenräumen zwischen den Scheidbogen ist die Decke des Hohlraumes je mit einem Fresko (vier Elemente) verziert, so daß auch hier aus dem Dämmer noch Farbe und geistvoll bezogene Symbolik hervorschimmert: ist doch der Bau der Welt und der Kirche aus Erde, Feuer, Wasser und Luft gebildet. Die Lust des Rokoko, suchend an seitlichen Stellen neue Nebenräume zu entdecken, durchzieht nicht nur den Hauptraum mit seinen sich versteckenden Teilen der Seitenschiffe, sondern auch den Chor, da alle Raumöffnungen zu Raumkompartimenten führen.

Hier ist zwischen den vorderen Altarsäulen, die den Altar flankieren, und dem rückwärts vorleuchtenden Hochaltarbild ein vertiefendes Raumquadrat mit Flachkuppel einbezogen, dessen Engelfresko (im himmlichen Bereich) wiederum durch die aus Langhaus und Chor bekannte Lichtöffnung sichtbar wird. In dieser hohen Lichtöffnung erscheint – wie in den Seitenemporen des Chors hinter den Lichtschächten der heilende Christus – das apokalyptische Lamm unter Baldachin und Taube und Gottvater: alle Künste und künstlerischen Mittel sind hier morphologisch am dichtesten vereint. Diese Lichtöffnung kulminiert über dem Tabernakel im Bild-Symbol der Ewigkeit.

Hier schließt sich das koloristische Element an, die wirkungsvollst verwendete Farbe. Es handelt sich zunächst nicht um den Einsatz der gesamten Farbenpalette, um einen »malerischen« Bildcharakter zu erhalten, sondern um zielbewußten Einsatz einzelner Farben, die im Dienst der Perspektive stehen, ein Hilfsmittel, das D. Zimmermann mit größtem Erfolg einsetzt. Die Stellung zur Farbe wechselt in jeder Stilepoche. Ohne Farbe können wir nichts sehen. Ihre Benützung ist grundbestimmend.

Johann Baptist Zimmermann und die Faßmaler und Vergolder haben sich völlig dem aufgelockerten und aufgelichteten Raumprogramm Dominikus Zimmermanns unterworfen. J. B. Göz konnte in Fresken der gleichzeitig entstandenen Birnau infolge seines Pathos dunkle Brauntöne aufwallen lassen, die sich in der Wies niemals finden. Hier steht die Farbe an jedem Ort im Dienst der freudig bewegten Erleichterung und ätherischen Durchlichtung. Da die verschieden angewandte Substanz entscheidet und deren spezielle Anwendung, für die im Rokoko Amigoni und Tiepolo maßgebend wurden, ändert sich die Wahrnehmung als Sinneserlebnis. Ihre Wandelbarkeit, die stilgebunden ist, änderte sich auch im Werk Johann Baptist und Dominikus Zimmermanns, wie ein Vergleich mit Steinhausen und Buxheims (leider verrestaurierter) Annakapelle aufdeckt. In dieser Spätphase der Wies nähert sich die Auffassung der Farbe schon dem Impressionismus und fast möchte man sagen dem Tachismus, da sie in der Wies öfters, vor allem bei grünen Flächen, mit Schwämmen aufgetragen wurde, um absolute Bedeutung und Wirkung zu erreichen. Vor allem in dem oft abstrakten Ornament in und um die Lichtöffnungen in der Chordecke erreicht die wie mit Flaum aufgetragene, manchmal sogar verwehend erscheinende

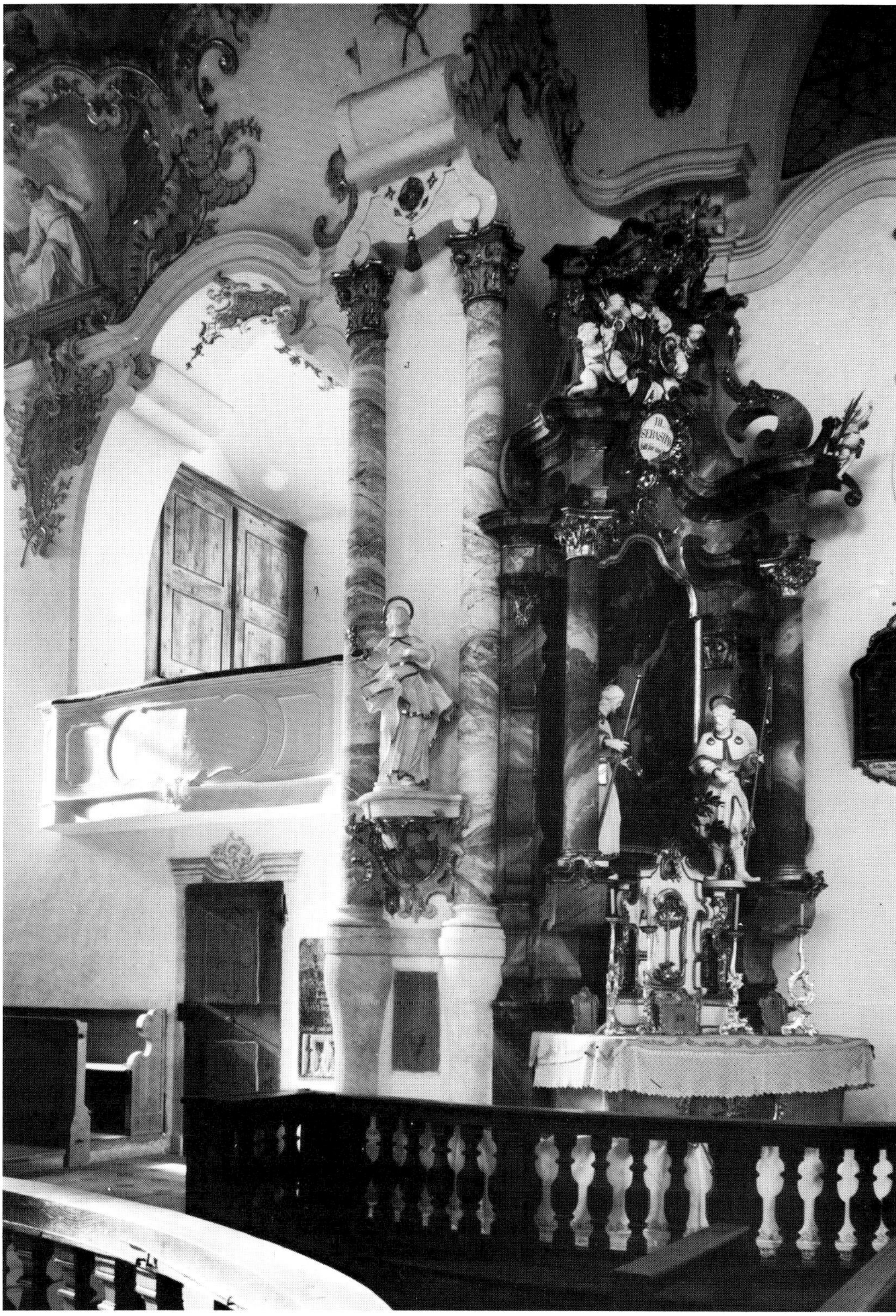

101 Eresing, Pfarrkirche, Chorbogen- und Chorbeginn mit Zimmermannscher Stuck-Architektur 1756/57

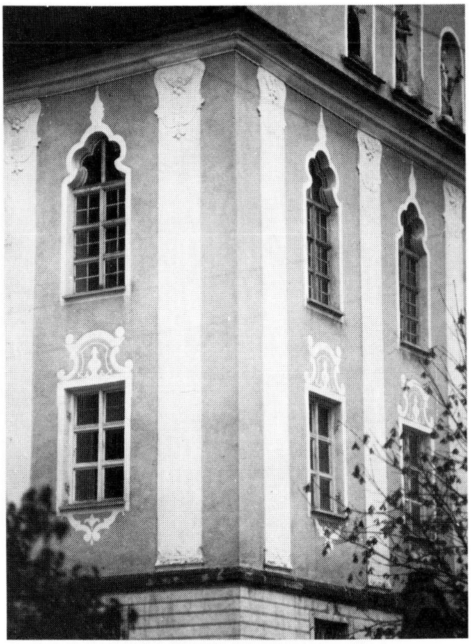

102 Einzelformen D. Zimmermanns: M. Medingen, Kloster mit Fenster- und Pilasterformation, 1716

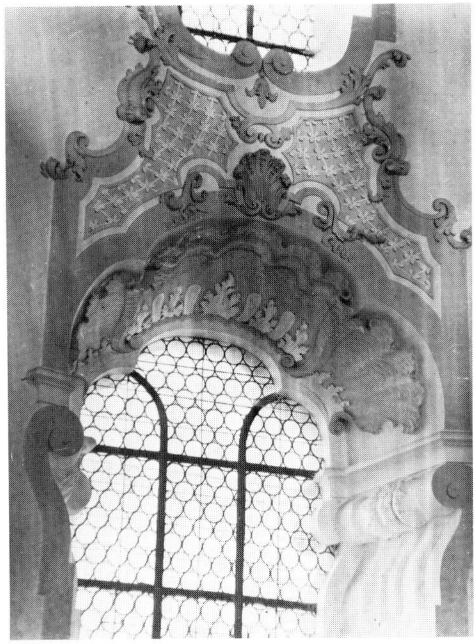

103 Steinhausen, Wallfahrtskirche, Fensterverbindung, um 1730/33

Farbe innerhalb der Stuckbereiche höchste Sinnesreize. Durch die äußerst subtil zusammengestellten Farben, die auch raumerweiternd wirken können und durch den sich ändernden Auffall der eindringenden Sonnenstrahlen ergeben sich Farbspiel und Farbwelt, die in diesem zarten Reiz nur jene Jahre und das Brüderpaar Zimmermann kennt. Untersuchungen bei der Renovation 1904f. ergaben, daß auch mit Naturfarben gearbeitet wurde, deren Wärme unsere Mineralpigmente und chemischen Farben nicht erreichen.

Doch sind nicht nur diese Farbinseln bedeutsam, sondern die milde Gesamtfarbgebung. Sie sollte in eigener Untersuchung aufgeschlossen werden. Als ein gravierendes, überzeugendes Beispiel, in welch hohem Maße Dominikus Zimmermann die perspektivische und symbolische Wirkung der Farbe einsetzte, sei auf die Verwendung des dunklen Rot hingewiesen. Am Hochaltar wird in den Säulen und Farbflecken zielsicher der kräftigste Farbton angeschlagen: ein leuchtendes Rot. Es ist auch zum Symbol erhoben. Die gleiche rote Farbnuance erscheint auf der Brüstung des Kanzelstuhls und der gegenüber angebrachten Abtempore. Es kehrt in ähnlichem Viereck in der Mitte des Chorbogens oben bei dem Richterstuhl Christi wieder, der den beiden Kanzel-Emporenbrüstungen sehr ähnlich gestaltet ist. (Vom Theologen aus gesehen: drei Stühle des Priestertums vom Priester über Bischofswürde zum Hohenpriester am Eingang zum Chor). Sie sind in ein Dreieck eingeschrieben. Dieses gefestigte Rot, am Ende des Laienraumes aufleuchtend angebracht, führt mit zwingender Gewalt zu dem Gnadenaltar mit seinen roten Säulen und schiebt die Chorlänge zusammen und verkürzt sie. (Farbtafel). In der Chorstuckzeichnung in Weilheim sind alle Emporensäulen im Chor mit dieser roten Tönung vorgesehen, (FT III bei 165), aber D. Zimmermann wählte während der Ausführung ein leichtes Grau-Blau, daß der Chor erleichtert wird und sein Perspektivplan mit den roten Farben vom Eingang und am Ende des Chores folgerichtiger sich durchsetzt.

Daß die Farbführung in Rot auch symbolisch durchdacht ist, beweist am eindringlichsten die

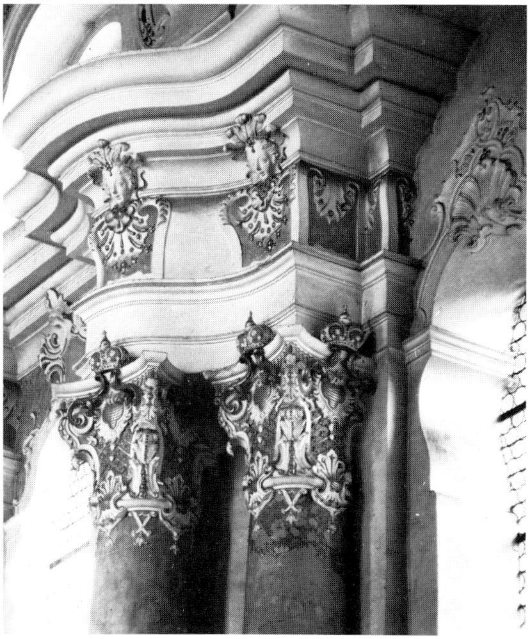

104 Günzburg, Pfarrkirche, Langhaus, Kämpfergebälk um 1739/40

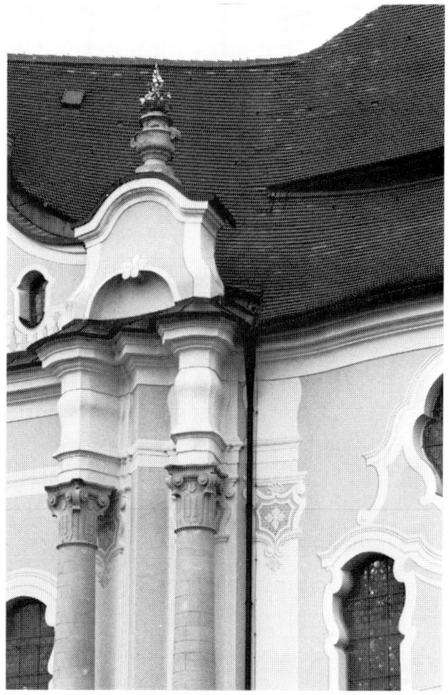

105 Wies, Kämpfergebälk und Attika bei Eingangshalle, um 1751/54

rote Farbe in der Nische des drehbaren Tabernakels, in dem das eucharistische Blut aufbewahrt wird. Über ihm steht der blutende Christus an der Geißelsäule. Die Farbe des erlösenden Blutes und des Symbols der Liebe ist der unaufdringliche Leitton in der Wies. Das rote Herz Christi, der im Kreuzungspunkt der Achse auf dem farbenreichen Regenbogen thront, bildet auch in symbolischer Hinsicht den Mittelpunkt.

Ist diese Farbe Rot festgefügt in Thema und Farbführung, wird die blaue Farbe freier behandelt. Sie klingt am Baldachintuch des Richterstuhls über dem Chorbogen an und findet ihren Schlußakkord im gleichfalls blauen Baldachinvorhang des Hochaltars. Die Verbindung bilden die graubläulichen Säulen des Chorumganges. Die blaue Farbe erhielt im Rokoko einen eigenen Rang und Klang. Ihre Ausdeutung und Bestimmung durch die Jahrhunderte ist sehr diffizil. Doch griff das süddeutsche Rokoko die Haltung der Glasmaler des voranschreitenden Mittelalters auf (L. Grodecki, Le vitrail et l'architecture au XII. au XII.s. In Gazette des Beaux Arts 36. 1949 S. 12), daß das Himmelsblau dem Hellen und Lichten verschwistert sei. Sowohl der Richterstuhl über dem Chorbogen sowie die Apotheose des apokalyptischen Lammes über dem Hochaltar befinden sich in himmlischen Zonen, an die sich die blauen Baldachine unmittelbar anschließen. Das große Ovalfresko J. B. Zimmermanns trägt als gesamten Grundton des dargestellten Himmels das differenzierteste, in Schwaden der Lichthöhen dahinziehende Blau. Es wurde zur bevorzugten Farbe des Rokokos, da es sich mehr als die meisten Farben vermischen, verwischen und mit dem Lichten und Träumerischen verbinden läßt und sofort an des Himmels Bläue erinnert. In der Wies erhebt dieses gleitende, schwebende Blau den gesamten Raum und läßt die übrigen Farben aufleuchten.

Dieses Thema gleitet unmittelbar zur *Lichtführung* über. Erblickt der Eintretende in der Kirche zu Steinhausen infolge der gedrungenen Freipfeiler zunächst keine Lichtquellen, ist der Gemeindesaal der Wies von jeder Seite aus geöffnet: im Raum und in der Lichtführung. Das Maß ist

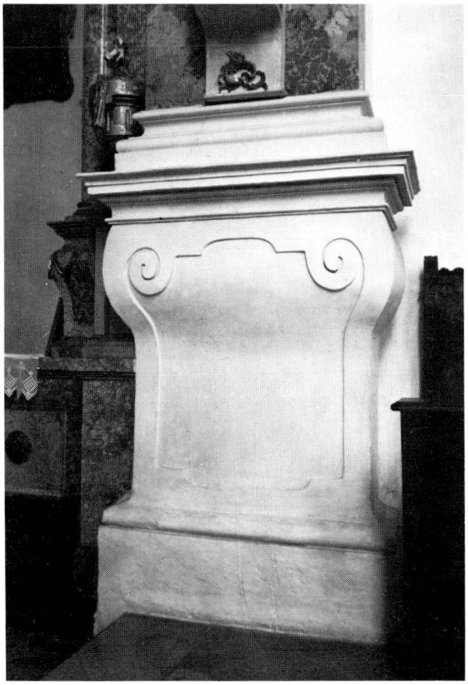

106 M. Medingen, Pilasterpodest, Gesamthöhe 1,75 m, Breite 1,35 m, Pilasterbreite 65 cm, ab 1716

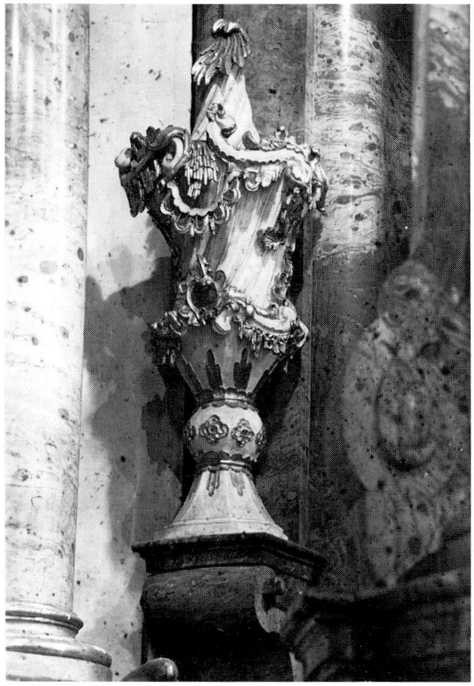

107 Schw. Gmünd, Franziskanerkirche St. Ludwig, Vase am Hochaltar, 1751

auch hier so temperiert, daß die beiden Oval-Raumschalen als Architekturgefüge bestehen, aber erhoben in die Verklärung und Transzendenz des Lichts. Auch hier liegt ein Wesensunterschied zwischen Steinhausen und Wies vor. In Steinhausen sind in die Raumintervalle je nur ein großes Fenster und darüber ein dreigeteiltes Rundfenster eingesetzt. Gegenüber dieser Höhentendenz sind die gedehnten Mauerflächen in der Wies auf Breitenwirkung mit einer Dreifensterkomposition angelegt: über zwei Fenstern erscheint ein kleineres »Rundfenster« darüber in der Mitte. Gegenüber dem kräftigen Vorläufertyp in Siessen sind die bekrönenden Rundbogen der Langfenster noch modellierter, die Fenster weiter auseinandergezogen und sind vor allem die dreigeteilten Fenster darüber in der Querachse noch breiter angesetzt und im Inneren mit weichen Abmuldungen versehen (Abb. 170). Die Hochfenster erscheinen wie Lichtbäume mit hellen Kronen und die oberen Querfenster wie kostbare Lichtschalen. Eine wohltuende Breitenlagerung hat sich gegenüber Siessen durchgesetzt.

Die Fenster sind außen mit architektonischen Farbbändern verbunden. Die Kanten der vorstehenden Querachse sind hier konkav abgemuldet. Dieses Prinzip des Verschleifens und Abrundens tritt überall auf: in der Mauer und in den Lichtöffnungen.

Die Wies ist durch diese Anlage der Fenster und Pfeiler als eine Lichtkirche gestaltet. Die Arkadenbogen über den Säulenemporen in der Windrose, die sich ungefähr zu acht Meter Breite und in den Diagonalachsen zu ungefähr vier Metern dehnen, sind so hoch in dem Umgang angelegt, daß durch alle rückwärts liegenden Oculi das Sonnenlicht ungehindert einströmen kann. In Günzburgs Frauenkirche war diese Querachsen-Fensteranordnung vorgebildet. Doch liegen dort die kleinen Oberfenster der Diagonalachsen über der Kämpferlinie, (Abb. 74) in der Wies sind sie zur einheitlichen Wandkomposition heruntergezogen.

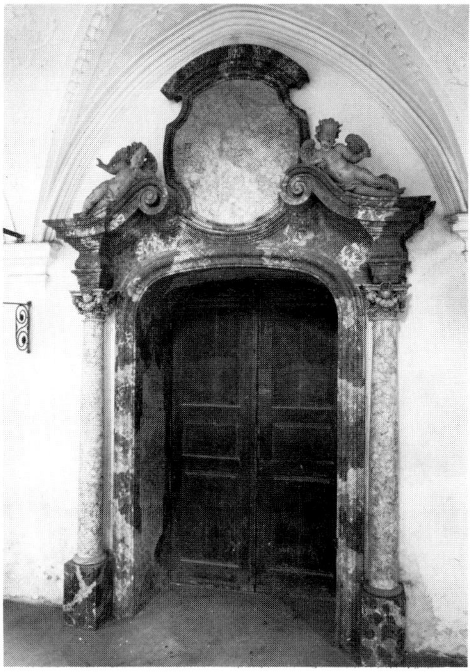

108 Buxheim, Brüderchor, Stuckportal, um 1710

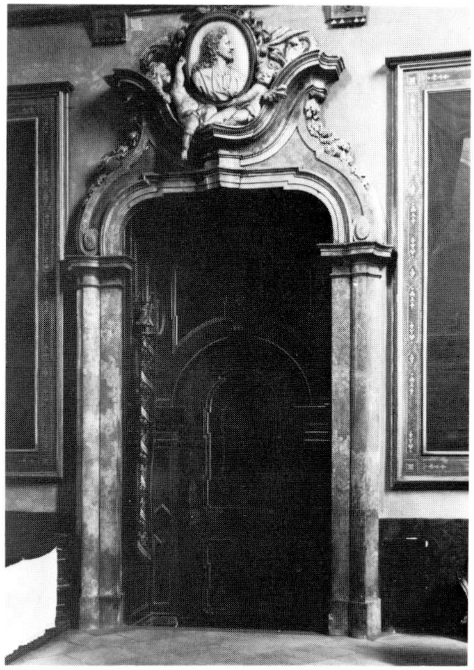

109 Augsburg, Kath. Hl. Kreuz, Sakristeiportal, um 1715/17 (Zuschreibung)

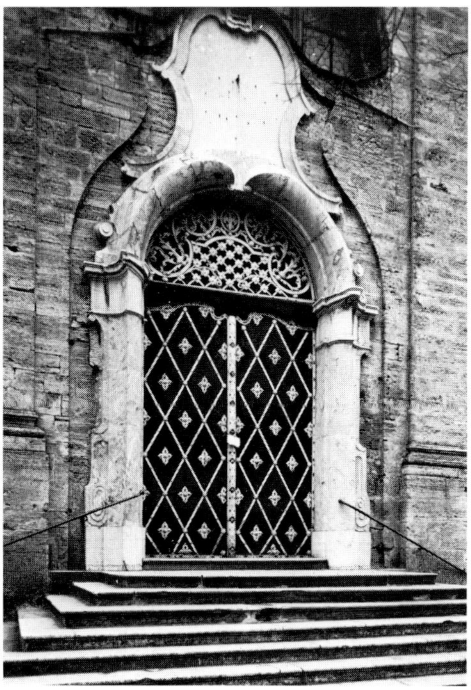

110 Landsberg, Jesuitenkirche, Hauptportal, gegen 1753/54 (Zuschreibung)

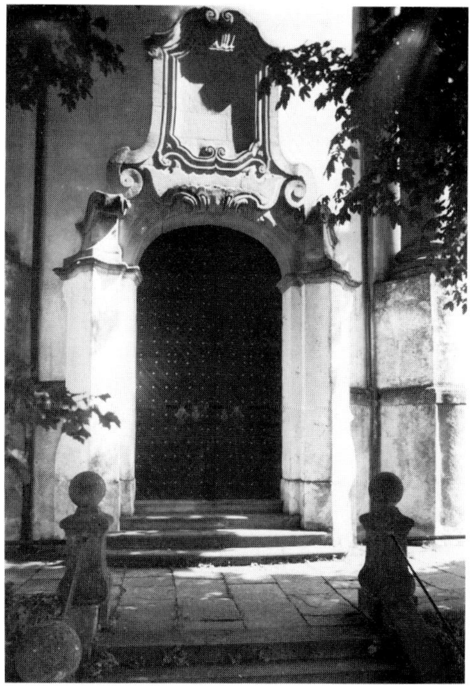

111 Wies, Hauptportal, um 1752/54

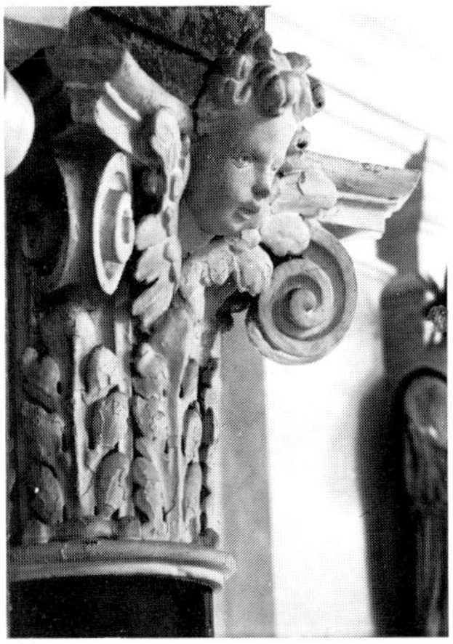
112

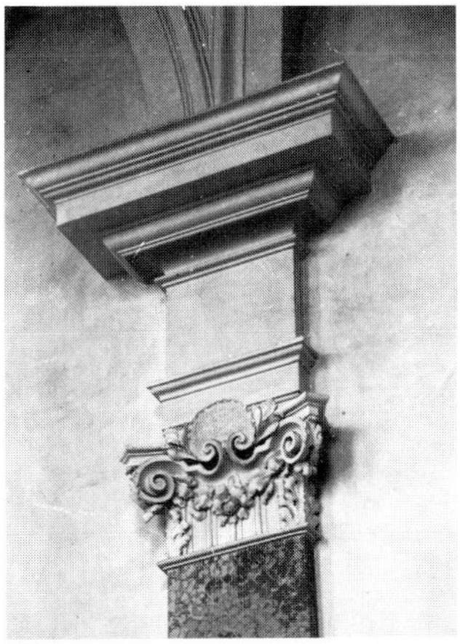
113

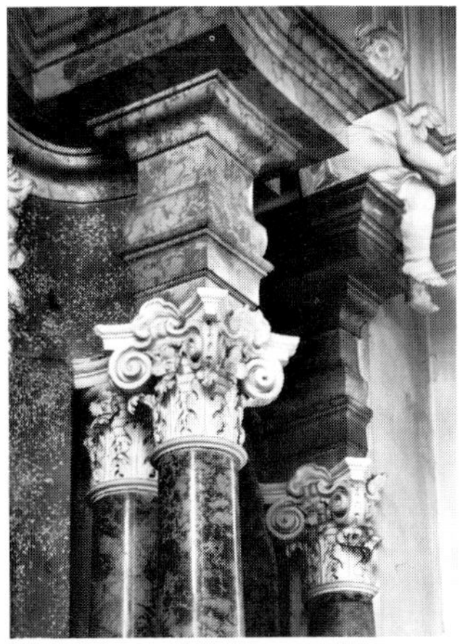
114

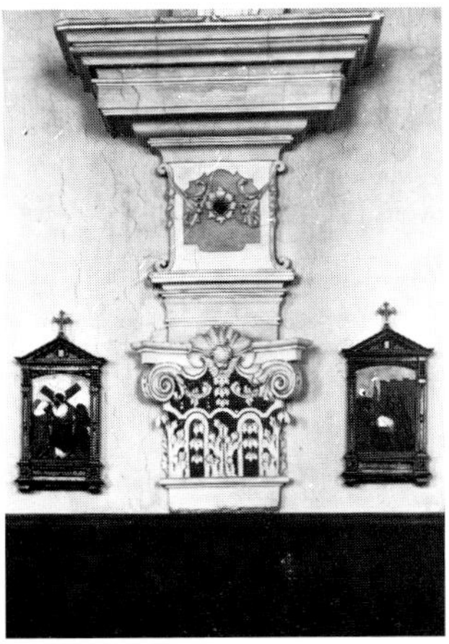
115

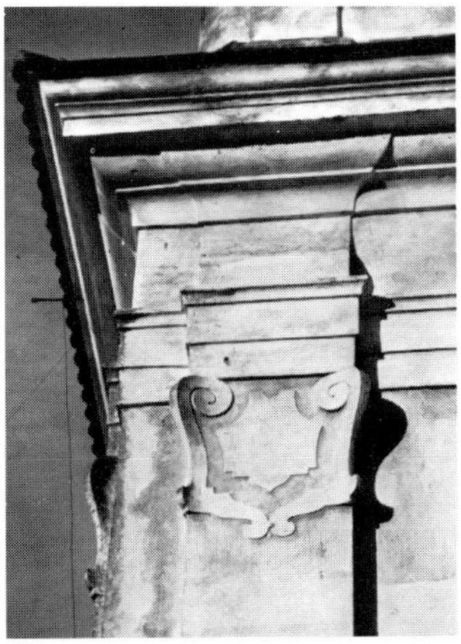
116

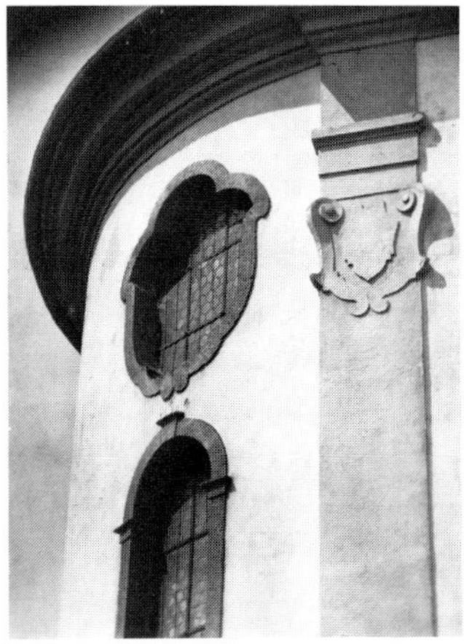
117

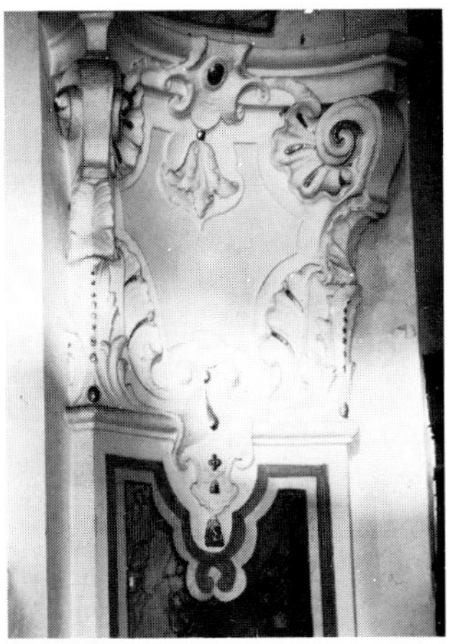
118

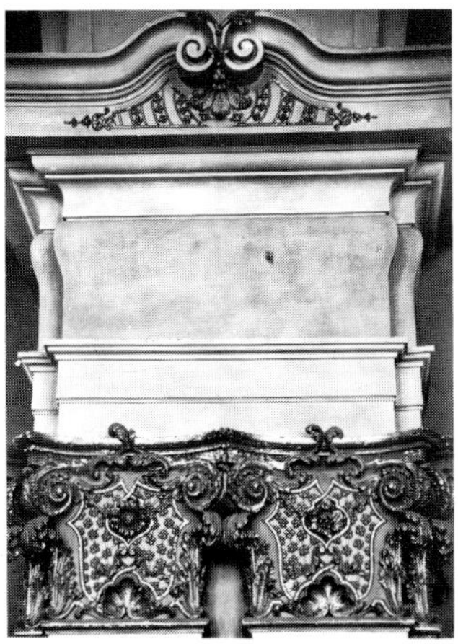
119

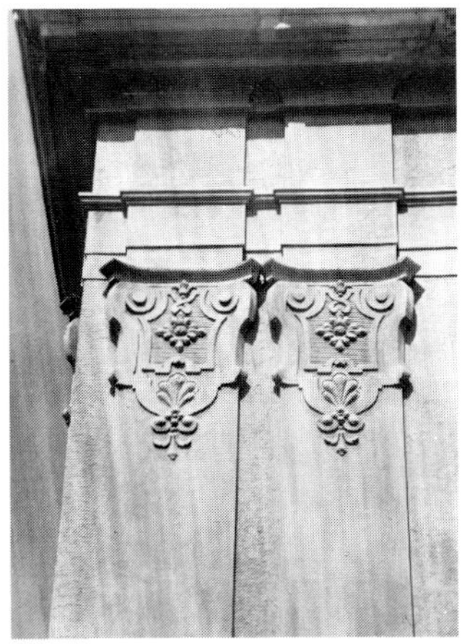
120

Kapitäle D. Zimmermanns: 112 Wemding, Sebastians-Altar 1713 – 113 M. Medingen, Langhaus, ab 1716 – 114 Füssen, Christkindl-Kirche, Hochaltar, gegen 1720 – 115 Wörishofen, Nonnenempore, 1722/23 – 116 Buxheim, Pfarrk., ab 1726 – 117 Siessen, Chor, 1726/29 – 118 Schw. Gmünd, Treppenaufgang im Kloster, um 1725 – 119 Siessen, Langhaus, 1726/29 – 120 Steinhausen, um 1730/32

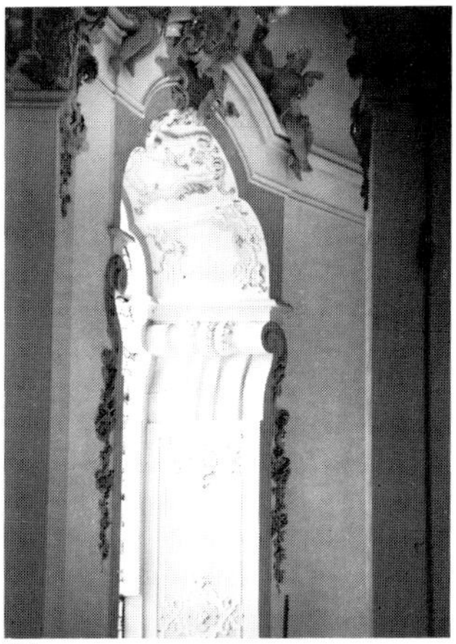
121

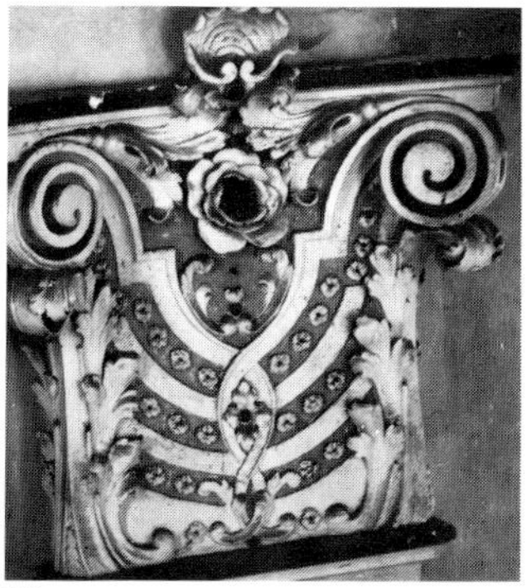
122

123

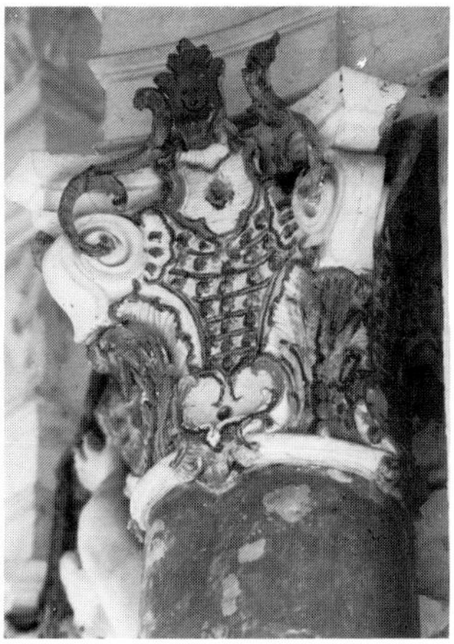
124

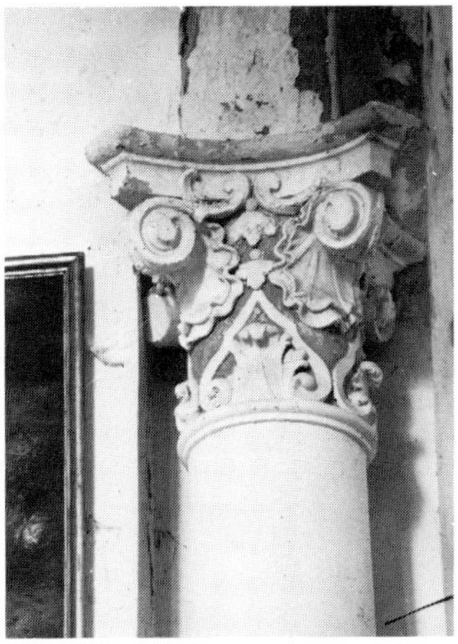
125

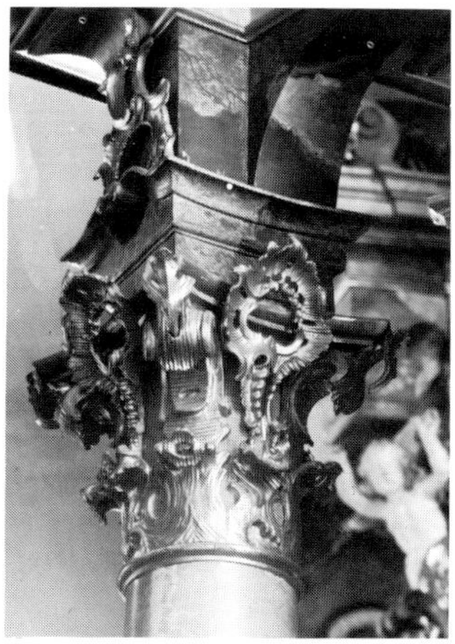
126

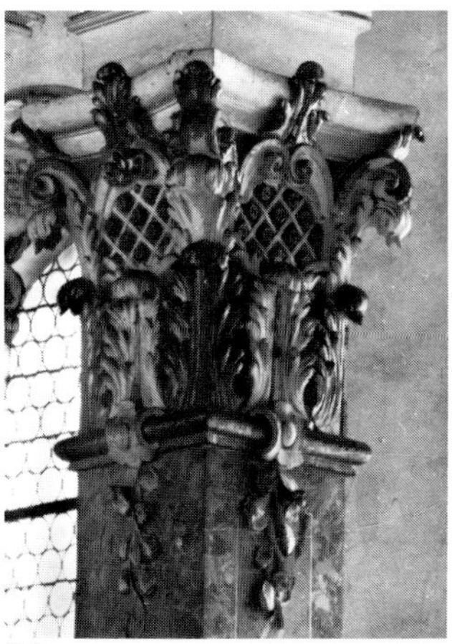
126a

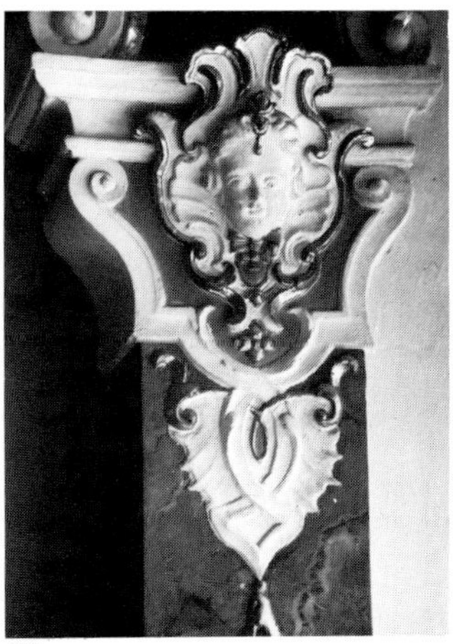
127

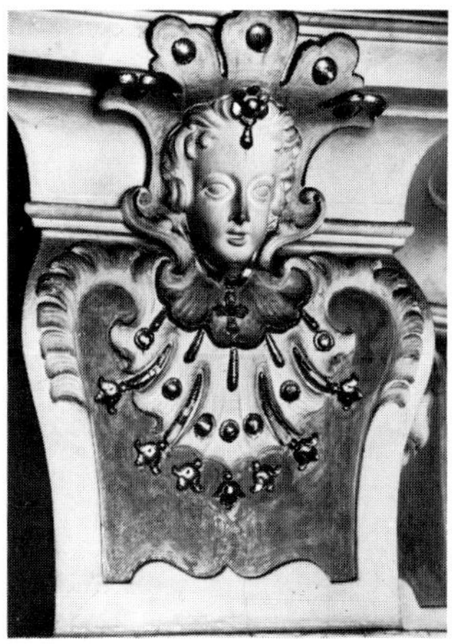
128

121 Steinhausen, Langhausfenster, um 1732 – 122 Buxheim, Pfarrk., Langhaus, Kapitäl, um 1732 – 123 Steinhausen, Langhaus, um 1732/33 – 124 Buxheim, Anna-Kap., um 1738/39 – 125 Pöring, Choreingang, ab 1739 – 126 Günzburg, Hochaltarkapitäl, um 1739/40 – 126a Günzburg, Ost-Chorpfeiler – 127 Günzburg, Nonnenchor, um 1739/40 – 128 Günzburg, Pfarrk., um 1739/40

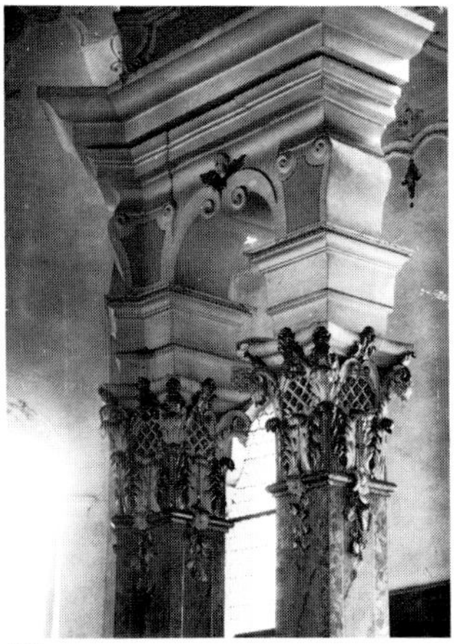

129

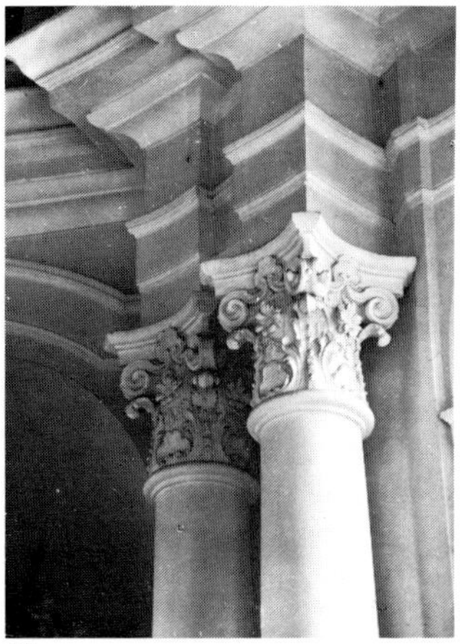

130

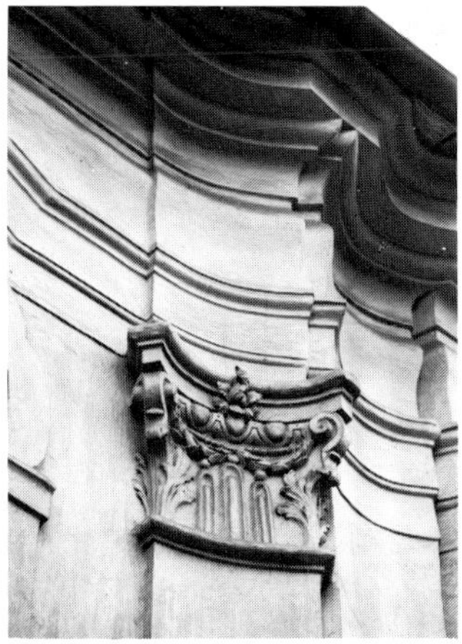

131

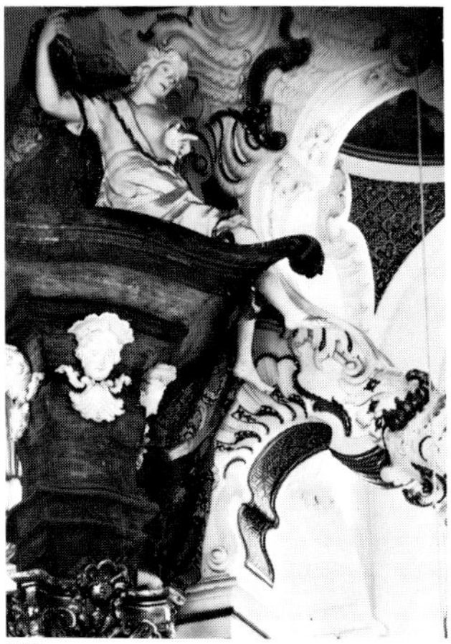

132

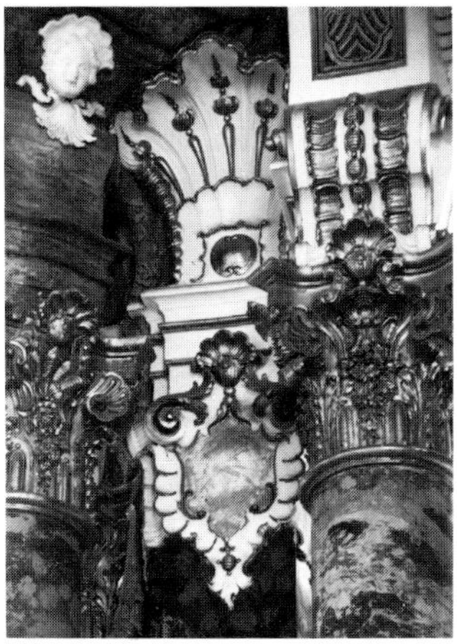

133

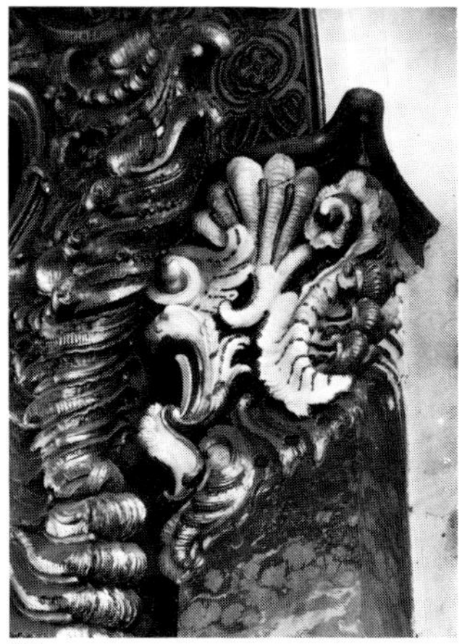

134

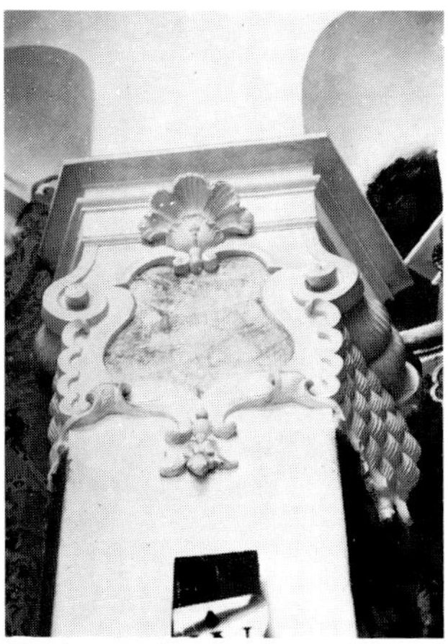

135

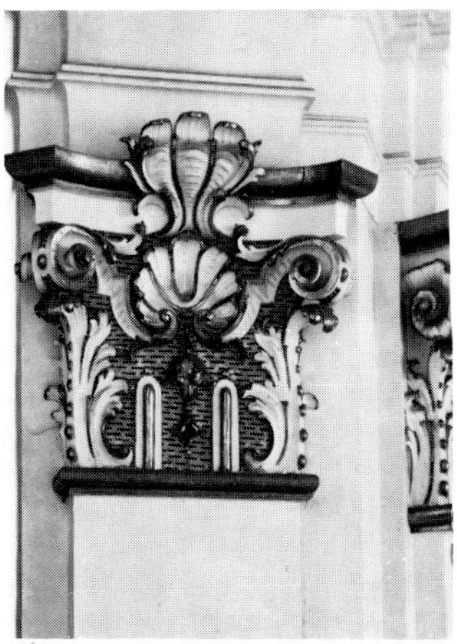

136

129 Günzburg, Chorpilaster, um 1739/40 – 130 Landsberg, Johannes-K., Langhaus, ca. 1742ff. – 131 Johannes K., Fassaden-Detail, ca. 1742/50 – 132 Wies, Hochaltaraufzug-Detail, um 1748/49 – 133 Wies, Hochaltar-Aufzug, Blick nach Innen, Südseite, um 1748/49 – 134 Wies, Kapitäl neben Rahmen des Hochaltarbildes, um 1748/49 – 135 Wies, Kapitäl hinter dem Hochaltar an Eck-Schräge, um 1748/49 – 136 Wies, Kapitäl am Chorbeginn, Nordseite, frühestens 1749, spätestens 1754

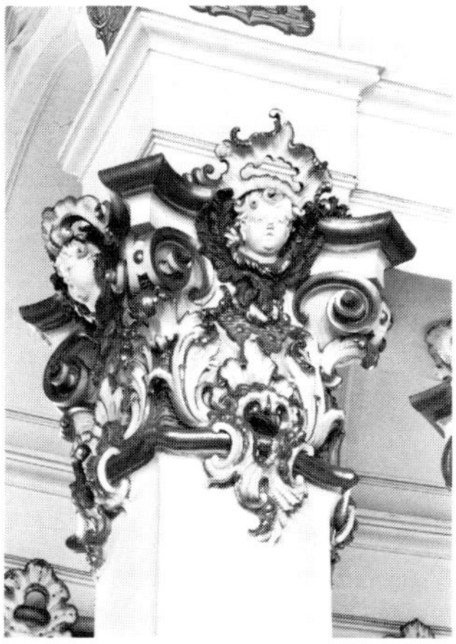  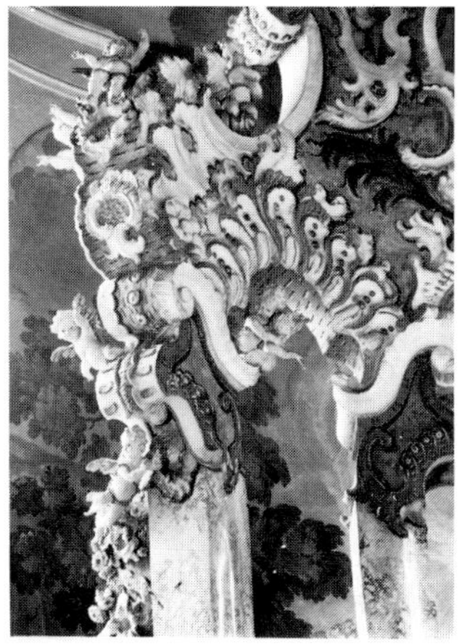

137 Wies, Langhauskapitäl, um 1753 · 138 Wies, Kapitäl der Chorsäulen. 1748/49 · 139 Landsberg, Johannes-K., Hochaltar-Aufzug-Detail

Diese Beobachtungen, die nur als Beispiele stehen, legen die Verbundenheit der Wies mit dem Gesamtwerk D. Zimmermanns und sein stetes Ringen um Vervollkommnung dar, so daß wir sein sich fortbildendes und wandelndes Formgestalten verfolgen können. Man darf auch der kleinsten Form nachgehen: die nasenartige, spitze Ausladung der oberen birnförmigen Fenster in der Querachse der Wies (Abb. 170) erscheint schon in einem kleinen Rundfenster in der Klosterkirche Buxheims (ca. 1709). Sie tritt morphologisch angewandt auch in den vier Kanten der Säulen in der Wies auf. Die Dreifenstergruppe wurde im Prinzip innerhalb der Wessobrunner Bauschule schon 1663 am Chor in Steingaden vorgebildet, in Vereinfachung schon am Anfang des 17. Jahrhunderts.

Wahrscheinlich ist die Wieskirche, soweit elektrische Lichtmesser dies je nach Zeit und Sonne beweisen können, die hellste und durchlichtetste Kirche des 17. und 18. Jahrhunderts in Deutschland. Um so bemerkenswerter ist die Tatsache, daß der Chor der Wies im oberen Teil noch lichter ist als das Gemeindehaus. Der süddeutsche Barock hat diese Lichtführung aus liturgischen Erwägungen in vielen Kirchen durchgeführt.[62] Der Architekt übernahm dieses Programm auch zur Steigerung des Raumeindruckes. Ein heller Chorraum wird an das Langhaus rascher und wirkungsvoller angeschlossen als ein dunkler. Der Chor erhielt deshalb mehr und dichter zusammengestellte Fenster als das Langhaus. Die Lichtführung unterstützt Raumtendenzen und Farbführung. In der Wies wird die ästhetische Wirkung gesteigert, da der Eintretende durch die Emporenanlage zunächst alle Lichtquellen im Chor verdeckt sieht im Gegensatz zur Offenheit im Gemeinderaum.

Das Oval ergibt im Zusammenhang mit den großen Fenstergruppen, daß der Raum stets durchlichtet ist, so daß bei »der Gnadenblum auf der Wies« die Sonnenstrahlen durch der Sonne bzw. Erde Kreislauf vom ersten Hahnenschrei bis zum letzten Aveklang in diese sich öffnende Blüte fallen und sie zu Wärme und Blühen erwecken. Da die Sonne sich wendet, ergeben sich die kreisenden Lichter und das stets wundersame Spiel der Durchsonnung, auf die D. Zimmermann geachtet hat. Seine vierkantigen Säulen z.B. sind auch im Hinblick auf das Licht- und Schatten-Schauspiel geformt worden. Vieles wird Zimmermann, der Bäume nur im Abstand vor der Kirche geplant hat (Abb. Nr. 152), berechnet haben. Viele Lichtspiele bilden sich im Wandel durch den Jahreslauf der Sonne. Zimmermann setzte auch das Reflexspiel ein.

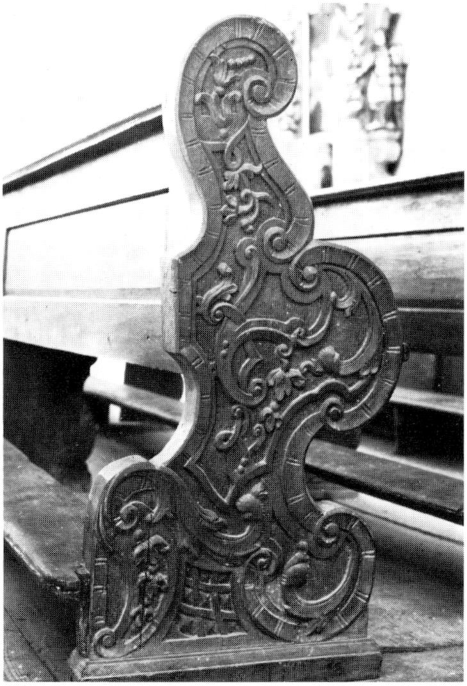

140

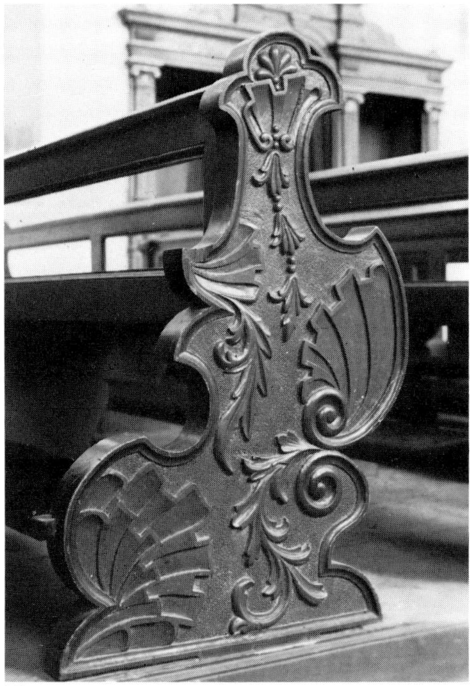

141

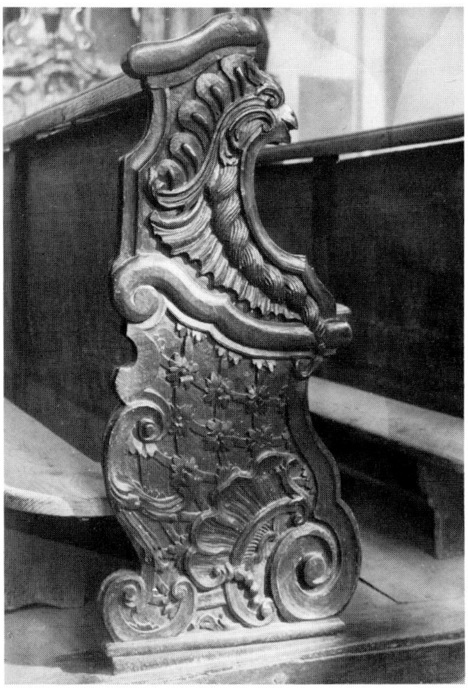

142

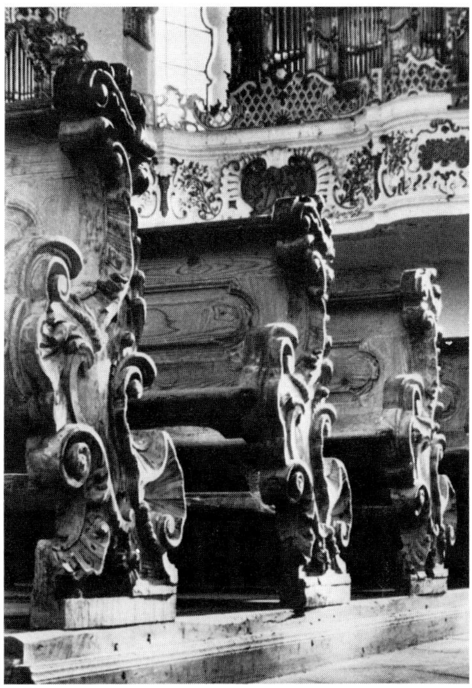

143

Gestühlwangen D. Zimmermanns: 140 Pöring, Laiengestühl, Holz, 1739f. · 141 Ingenried, Stuhlwange, 1745f. · 142 Günzburg, Stuhlwangen vor 1750 · 143 Wies, Stuhlwangen, um 1754

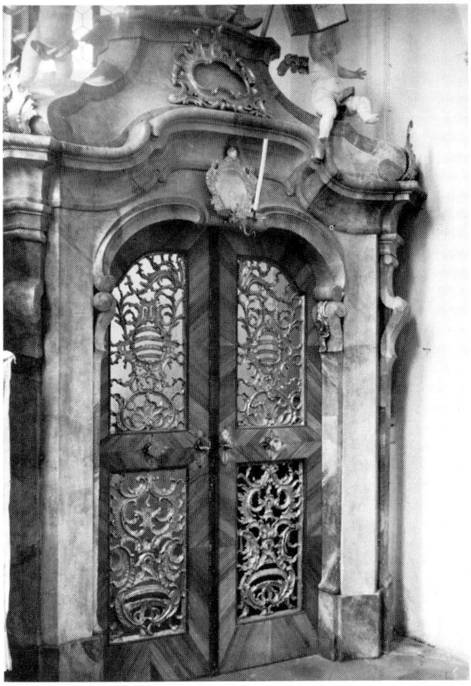

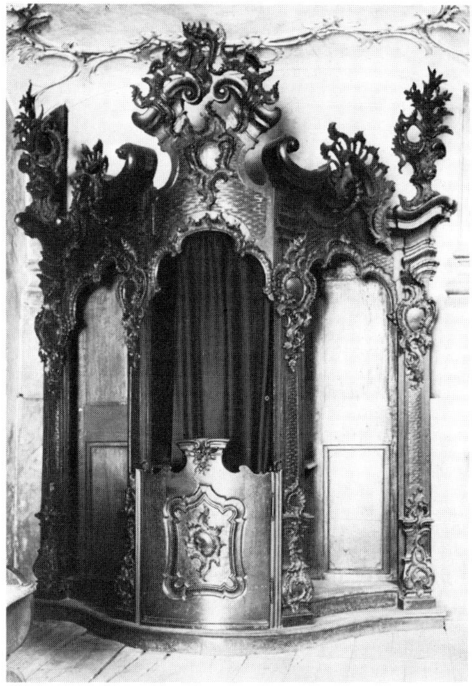

144 Gutenzell, Sakristeieingang am Hochaltar, Zuschreibung, um 1760 · 145 Landsberg, ehem. Dominikanerinnenkirche, Beichtstuhl, nach 1760 (Zuschr.)

Ein bemerkenswertes Anliegen war D. Zimmermann die besondere Beleuchtung aller Fresken, d. h. der Farben, so daß er das Spiegelgewölbe im Oval in der Mitte fast flach formte, damit die Sonnenstrahlen auch noch den farbigen Regenbogen treffen können. Einmalige Beleuchtung für den Stuck schuf er für die Deckenöffnungen im Chor.

Die Stukkatur
Der Tast-Sinn als Element des Rokoko

Die Bezeichnung Stukkator-Architekt wurde seit Ende des 19. Jahrhunderts für den Baumeister gewählt, der selbst stuckierte, z. B. für J. J. Herkommer. Bei einigen Architekten des Rokoko innerhalb der Wessobrunner Bau- und Stukkatorenschule erfüllt diese Angabe diesen getrennt erscheinenden Tatbestand zweier Disziplinen, da bei ihnen die Tätigkeiten des Stuckierens und des Bauens in eine Einheit angenähert wurden. Dominikus Zimmermann begann als Marmolierer und Stukkator. Der Stuck, d. h. der gefärbte, war für ihn Lebenselement. Als er zu bauen anfing, setzte er dieses in seiner architektonischen Tätigkeit ein. Schon seine ersten Altarsäulen 1707 sind aus Stuck gefertigt. Er erlebte den Bau nicht nur als festes Gefüge von Mauern, sondern er bemühte sich, ihn als möglichst formbares Gebilde zu modellieren. Das Knetbare, Verformbare, das plastische Gestalten des Stucks versuchte er auf das Bauen zu übertragen. Ein Bauer in der Wies, der von D. Zimmermann noch eine Erinnerungsgabe besaß, berichtete, daß sein Großvater erzählte, D. Zimmermann habe sich in der Bauhütte in der Wies eines Kirchenmodelles aus Gips bedient. Betrachtet man die abgemuldeten Laibungen der Fenster (Abb. 170) oder erinnert man sich der Säulen bzw. Freipfeiler, erkennt man den Stukkator, der auch als Architekt im Prinzip und in der Masse Stuck in die Architektur hineinträgt und Mauer und Stuck fast gleichbedeutend bearbeitet. Die Mauer bzw. der Stein wird dem Stuck angeglichen. Eine Grenzziehung zwischen Mauer und

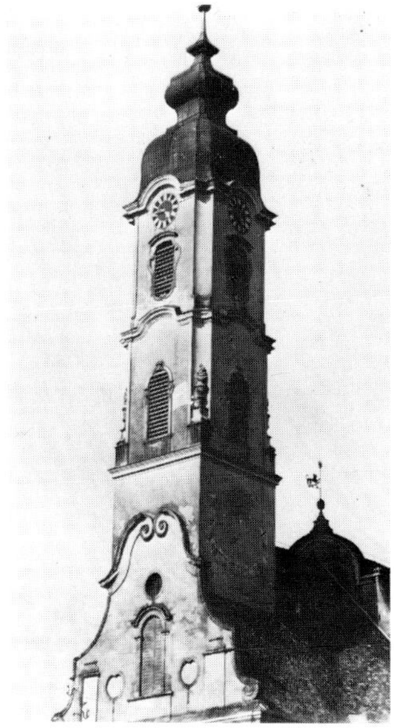
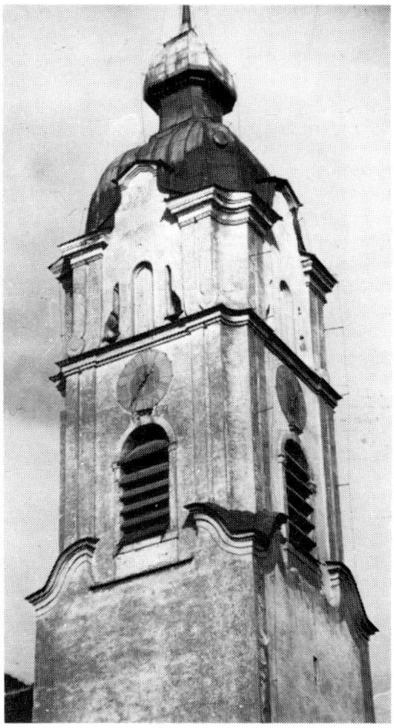
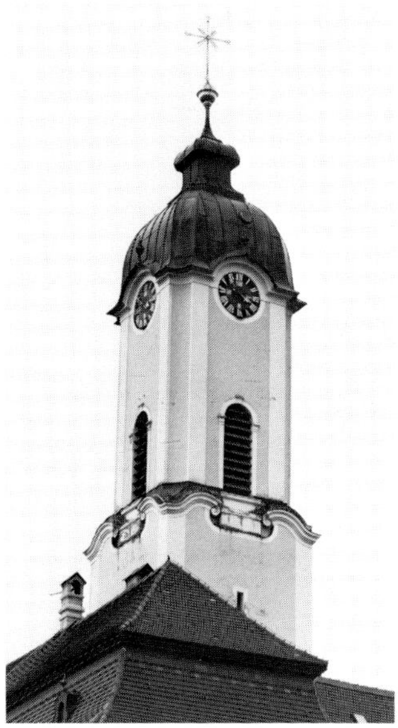

Drei Türme D. Zimmermanns: 146 Steinhausen, um 1730 · 147 Günzburg, 1736 · 148 Wies, 1746/49

Stuck ist in der Wies fast unmöglich. Die Rocailleformen aus Eisen (z. B. bei Gittern) oder in den Holzaufsätzen von Beichtstühlen beweisen, daß der Stuck in der 2. Hälfte des 17. und im 18. Jahrhundert bis zum Klassizismus das tonangebende Element war, dessen Möglichkeit des Verformens auch auf Mauer, Holz und Eisen übertragen wurde. Die Herkunft vom schmiegsamen Stuckornament ist deutlich zu erkennen. Für Holz, Eisen und andere Materialien trat eine Verfremdung ein.

Die kühnste Begegnung von Architektur und Stuck, von Mauer und Gips erreichte D. Zimmermann im Chor der Wieskirche (Farbt.): die Öffnungen am Beginn des Deckengewölbes erscheinen als durchbrochene Mauern. Auf den Stuckmarmorsäulen ist Gebälk aus Stein aufgeschichtet. Die Bogen und Girlanden, die wie Steinmasse erscheinen, bestehen aus Holz, Holzkohle, Draht, Gips, Kalbshaaren usw. und sind an der Oberfläche stuckiert. Die Mauerwand ist Stuck und der Stuck erweckt den Eindruck einer Mauerwand.

Diese Verfremdungen und Täuschungen, die hochqualifizierte und wirkungsvolle Werke erschaffen, haben im bayerisch-süddeutschen Rokoko ihren tiefen Sinn und ihre eigene Stellung. Für die Stucksäulen im Chor fehlte aus finanziellen Gründen der Marmor. Dieser wurde aber auch grundsätzlich – wie aus Berichten jener Zeit hervorgeht – abgelehnt, da der Marmolierer nach der Ansicht des 18. Jahrhunderts mit seinen prachtvollen Stuckmarmorierungen die Natur übertrifft. Dies gilt im besonderen für die grau-blauen Emporensäulen, die nach der Überzeugung der Zeitgenossen eine Farbgebung und Schönheit erreichten, die kein Marmor besitzt. Hier gilt im Land mit wenig Marmorbrüchen nicht die Verfremdung und Täuschung, sondern ein neuer Akt entstand, der Wetteifer mit der Natur, der Wetteifer zwischen Baumeister und Stukkator und der Wetteifer innerhalb der Verwendung und der Anwendungsprinzipien einzelner Materialien.

Neben verschiedenen Gründen erklärt sich die Vorliebe zum Stuck aus dessen sehr nahem Verhältnis zum Ornament. Für Barock und Rokoko war die Urform künstlerischen Ausdrucks, der für sie Lebenselement war, das Ornament. Es ist deshalb ein Hauptbestandteil süddeutscher Rokokokunst. Es wurde abstrakt geometrisch und vegetabilisch ausgebildet. In der Wies tritt das

Pflanzenornament gegenüber älteren Arbeiten D. Zimmermanns zurück. Der Ornamentstuck erhob sich bis zur eigenen Kunstform. Die schöpferische Kraft für das Ornament war so stark, daß es in den weiten Bereich des Dekorativen überging und von dort sich öfters selbständig machte: Grundrisse und Bauten wurden ornamental. Sind einerseits eigene Ornamentformen wie Roll- und Knorpelwerk, Kartusche und Rocaille ausgebildet worden, so entstand auch ein Übergreifen auf Altäre (D. Zimmermanns Hochaltar in Landsberg St. Johannes) und in das Gebiet der Architektur. Eine gebaute Kirchenarchitektur als Ornament gelang dem Ornament nicht, doch griff es in das Dekorative des Rokokokirchenbaus. Hier erreichte die Wieskirche den Höhepunkt.

D. Zimmermann verstand Dekoration nicht als Dekor, als Ausschmückung. So wie das Ornament hochstilisiert wurde und in andere Bereiche übergriff, so weitete und vertiefte sich im 18. Jahrhundert auch das Dekorative: als Gegenteil zur reinen Konstruktion einer Kirche, die in manchen Zeiten im Vordergrund stand (z. B. im 20. Jahrhundert). In der Verselbständigung des Ornaments und in der Dekoration als Haltung und Stilelement ist der Stuck beheimatet.

Hinzukommt das Formbare des Stucks. Spätbarock und Rokoko, zu dem im landläufigen Sinn für das »bayerische Rokoko« die Régence hinzugenommen wird, richten die Natur nach ihren Formwünschen aus. Bäume werden beschnitten, Gärten in das dekorative System gestellt. Der Stuck ist das leicht formbare und bevorzugte Element. Alles Harte, Eckige und Schwere soll im 18. Jahrhundert vermieden werden.

Stein und Stuck zählen zu den Mineralien. So werden die Möglichkeiten mit dem formbaren Stuck in die Architektur übertragen: die Übergänge sind nicht oder kaum erkennbar.

Diese Vorherrschaft des Stucks als nachgiebige, geschmeidige Masse wird fast zum Symbol bayerischen Rokokos. Die höfischen Innenräume und besonders die Kirchen dürften nicht nur als »Bild« eines malerischen Stils gesehen werden, so sehr auch das Malerische effektiv auftritt: in österreichischen Kirchen setzte es sich ausgeprägter durch als in süddeutschen. Die reiz-volle Arbeit mit dem Stuck bedingt ein hochentwickeltes Tastgefühl und nur der, der Stuckgebilde im Nacherleben abtastet, verspürt ihren Puls und Nerv. Sie sind der Plastik und Raumplastik zugeordnet. Obwohl die Wieskirche in hohem Maße »malerisch«, »Bild« ist und sein will: mindestens in gleichem Maße ist sie plastisches Stuckphänomen, das vom Körpergefühl, vom Atem, vom Rhythmus, vom Tastsinn und vom Eros erfaßt sein will.

In diesem Bereich äußert sich das Spezifische des bayerischen Rokokos und der Wessobrunner Bau- und Stukkatorenschule. Hier wird das Körperliche intensiver und blutwärmer erlebt als im stark rationalen französischen »Ornament«, obwohl ihm Bayern und D. Zimmermann entscheidende Anregungen verdankt. Doch die Aufnahmeart und Weiterbildung entscheidet. Eine natürlichere, erosverbundenere Lebensentwicklung, die auch die für Stuck bereiten Wände kost und die das Spiel einsetzt, schuf das bayerische Rokoko, als dessen Hauptwerk, da es, im Gegensatz zur Amalienburg im Nymphenburger Park, vom Volk getragen und als Kirche aufgenommen ist, die Wies gilt. Die eminent starke plastische Begabung des bayerischen Voralpenlandes wurde von den Kräften des Malerischen nicht überwunden.

Eine umfassendere Entfaltung begegnet in der Wies: Es ist nicht nur das ausgebildete architektonische Element, in dem Baukraft, Symbol und Geistigkeit sich durchsetzt, und das malerische und koloristische Empfinden, sondern auch der einsingende Rhythmus bis zur Musikalität und das besonders ausgebildete Tastgefühl, das in der Wies eingeschlossen ist.[63] Der seltene Grad der Höhe einer Kultur äußert sich auch am lebendigen und vergeistigten Einsatz der Sinne.

Das bayerische Rokoko hatte Geist und Religion wie Auge, Ohr und Tastgefühl eingesetzt. Ungemein viele Strukturen und Schichten im Menschen wurden erfaßt und hervorgehoben, wie es nur in wenigen Hoch-Zeiten möglich ist. Das Suggestive der Wies greift deshalb den ganzen Menschen an.

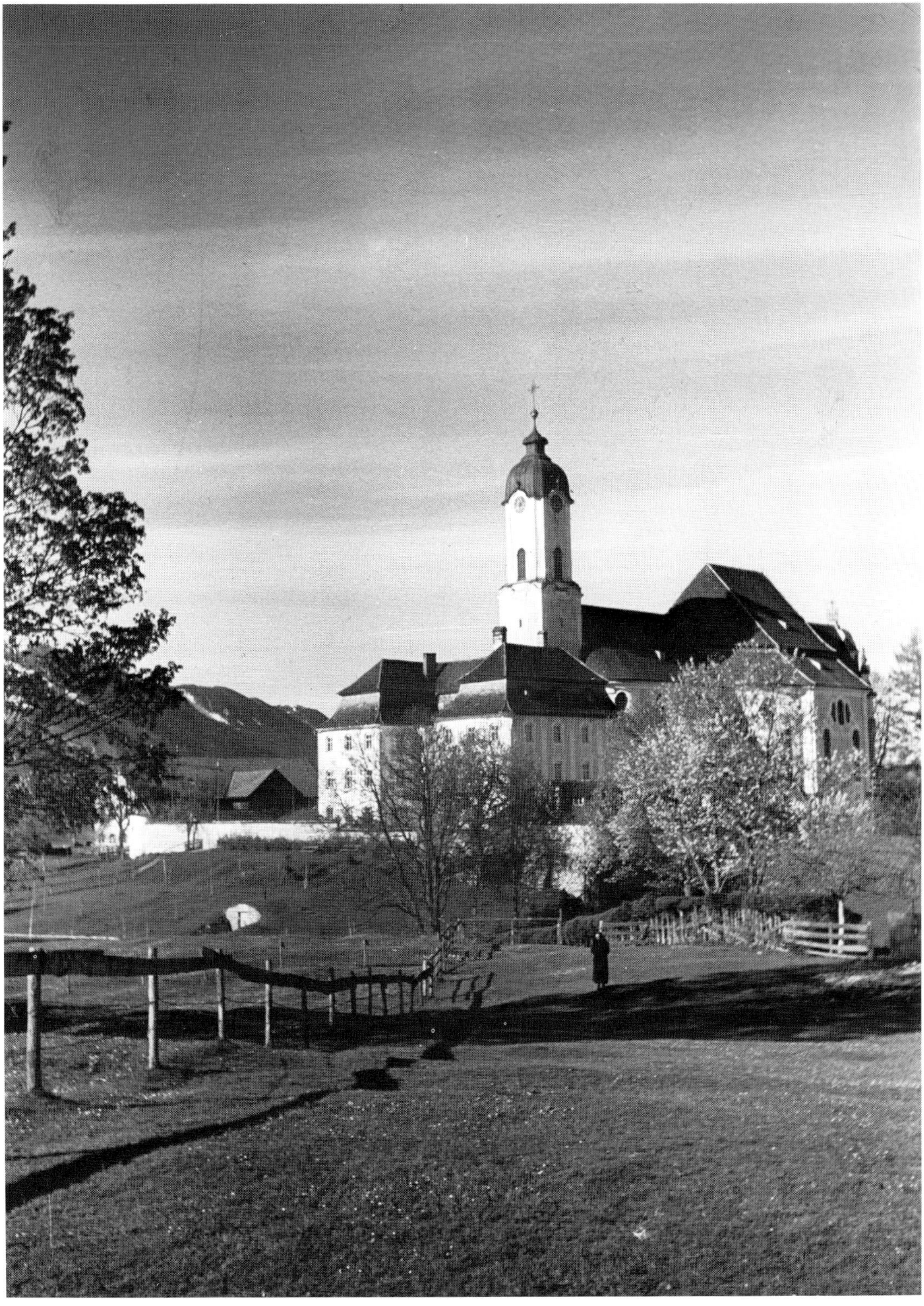

149 Wies, Südseite mit Priesterhaus

DIE KULTAUSSTATTUNG IM BAU

Führung

Die Kultausstattung in der Wies ist mit dem Bau unzertrennbar verbunden. Auch der Stuck ist in das Kultprogramm miteinbezogen. Die Beschreibung kann nur in Verbindung mit dem Bau erfolgen.

In den letzten Bänken erhält der Eintretende einen günstigen Überblick. Die Doppelstützenreihe im *»Ovalraum«* ergibt einen um eine Stufe erhöhten Wallfahrts- und Prozessionsumgang. Auf den aufsteigenden Sockeln der Säulenpaare stehen zwischen ihnen erhöht in der Mittelachse die dekorativ gestalteten Figuren der vier abendländischen Kirchenväter Ambrosius mit dem Bienenkorb, (rechts), Hieronymus mit Totenkopf, Augustin mit dem Herzen (links) und Gregor der Große mit der Taube. (Abb. S. 114, Nr. 178/79) Der Allgäuer Anton Sturm schuf sie breit, um eine Wandfläche zu erhalten, die sich über ihnen frei für den Lichteinfall öffnet. Die vier verschieden gestalteten Kopfbedeckungen wirken vor allem in den Schatten fast arabeskenhaft. In der überfüllten Kirche erscheinen die Heiligen aus dem Volk hervorgegangen und hervorgehoben. Das plastische Element im Raum ist dann verstärkt. An den Säulenpaaren im Westen sind entsprechend Blumenvasen mit schmückenden kleinen Englein aufgestellt: Ein höfisches Motiv in den Kirchenraum übersetzt. Die Vasenform entsproß D. Zimmermanns blühender Phantasie. (Vgl. Abb. 174).

Aus den reich geformten, vergoldeten, korinthisierenden Kapitälen (Abb. 137) schauen Engelsköpfchen mit Flügeln, für die bis heute kein Meister festgestellt werden konnte. Die der Ovallinie sich angleichenden Architrave über den beiden Säulen bestärken den Raumcharakter, umsomehr, weil sie die in Dreiecken aufsteigenden Zwickel für das Gewölbe tragen. Da sie zurückversetzt sind, wird der Gewölberaum breiter. Auf den Flächen erscheinen in Kartuschen mit locker zusammengesetzten Voluten und C-Bögen auf gelbem Grund in Grisaillemalerei Englein, die die acht Seligkeiten (zwischen Erde und Himmel) darstellen. Die Konturlinien sind rot geflammt.

Zwischen den Zwickeln öffnen sich schmiegsam behandelte Arkadenbogen, die an der Wand über den aufsteigenden Wandpilastern wiederholt werden. Sie liegen höher als die Fenster und sind deshalb den Tag über stets im Wechsel belichtet. Da die Bogen in der Windrose ungefähr acht Meter, die in den Diagonallinien ungefähr vier Meter breit sind, entsteht ein wechselnder Reigen. Vergoldete Rollwerke schäumen in den großen Bogen aufwärts, in den kleinen abwärts. Vornehme Zieraten schmücken diese aufstrebenden Säulen-Pfeiler in gelenktem Spiel von Licht und Schatten. Diese hell belichteten Arkadenbogen sind eine der genialen Raumleistungen D. Zimmermanns. Hier erreichte er Organhaftes in Stein und Stuck, eine sanfte Höhen- und eine rhythmische Weiterführung, Ausklang, Musikalität im Raum, die genauen Takten folgt.

Blickt das Auge über Säulenpaare und Zwickel, die sich fächerartig breiten, empor, beenden in der Querachse Balkönchen wie sich neigende Baumwipfel den Höhenzug. (Abb. 173) Eine überraschend hohe Linienführung vom Erdboden bis in das Gewölbefresko hinein überkreuzt die wohlige Breite und Weite des Raums. Über den anderen Zwickeln erscheinen Blumenvasen D. Zimmermannscher Prägung in Volutenhöhlungen (Abb. 171) Die Linien der ausholenden großen Arkadenbogen werden über ihnen zwischen den Balkönchen variiert wiederholt, wie ein Thema einsingender Melodie.

Waren die Balkönchen bzw. Brüstungen in Steinhausen Blendstücke, hat sie hier Zimmermann ausgebaut. Wie im Rokoko stehen auch heute noch bei Festgottesdiensten hier die Bläser und Flötisten.

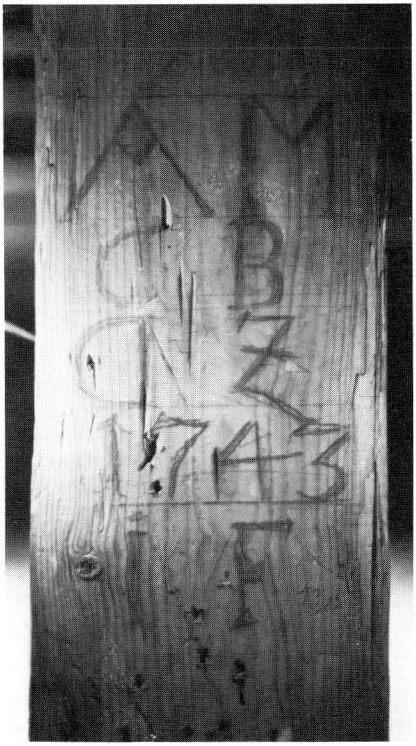

150 Wies, Balkeninschrift D. Z. 1743

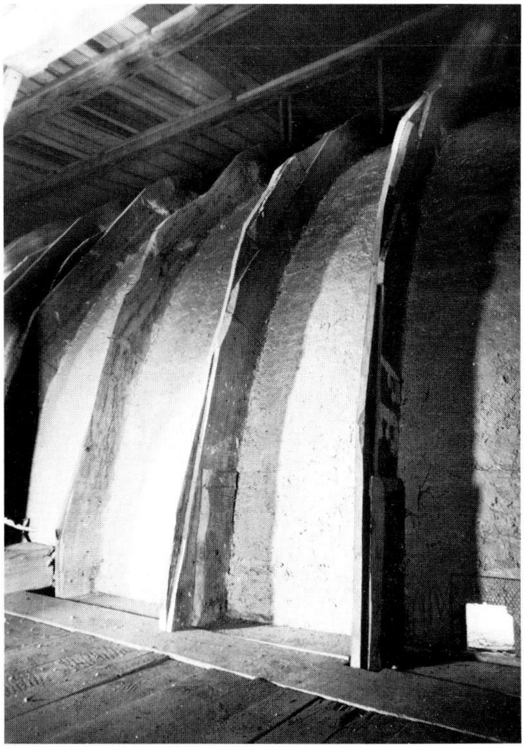

151 Wies, Gewölbedetail Langhaus, um 1751/53

Die hohe Meisterschaft D. Zimmermanns als Stukkatorarchitekt äußert sich an der Behandlung der Übergangszone von den Attikastücken zum Gewölbe. Hier verwächst Mauer und Stuck ineinander. Über dem reich verkröpften, oftmals gewellten, durch das Oval sich ziehenden Kämpfergebälk erscheinen die vorgeschobenen Brüstungen und die sich vertiefenden Nester für Vasen.

Vor allem in den Festsälen der Schlösser ist die Schöpferkraft und Eigenart der Baumeister an der Gestaltung dieser Übergangslinie erkennbar, die zu den subtilsten Aufgaben jeder Phase in einer Stilentwicklung des Spätbarock und Rokoko erhoben ist. Erst hier erreichte D. Zimmermann trotz der Fülle der einzelnen Formen die ihm vorschwebende Leichtigkeit. Hier entscheidet nicht mehr ein Teil, so wichtig er sein mag, da kein falscher Ton einfallen darf, sondern der Gesamtcharakter des Dekorativen als Hochziel. Es sind der Blaue Saal der Amalienburg (Cuvilliés), der Gartensaal auf freien Stützen im Schloß zu Würzburg (Balth. Neumann) und der Salon ovale im Hôtel de Soubise in Paris (heute Archives Nationales) von Boffrand zu vergleichen, um unter den elitären Leistungen europäischen Rokokos die Höhe und einmalige Schöpfung D. Zimmermanns festzustellen: für Raum und Dekoration.

Bunte Farbe tritt in diesem Klang Weiß-Gold erst bei den bunten Englein auf, die aus den Balkönchen hervorschauen. Die Farbe ist prinzipiell dem Fresko vorbehalten. Zu den heimlichen Spannkräften in der Wies gehört das Erdbraun der gebeizten Beichtstühle und die offene Holzfarbe der Stuhlwangen. Erst allmählich setzt Steigerung und Farbe ein, um in der Höhe des Himmels zu kulminieren. Sie ist dem hell strahlenden Raum entsprechend licht und locker.

Die Gesamtfläche des *Spiegelgewölbes*, das der Mitte zu fast eben ist, reißt den Himmel auf. Auf

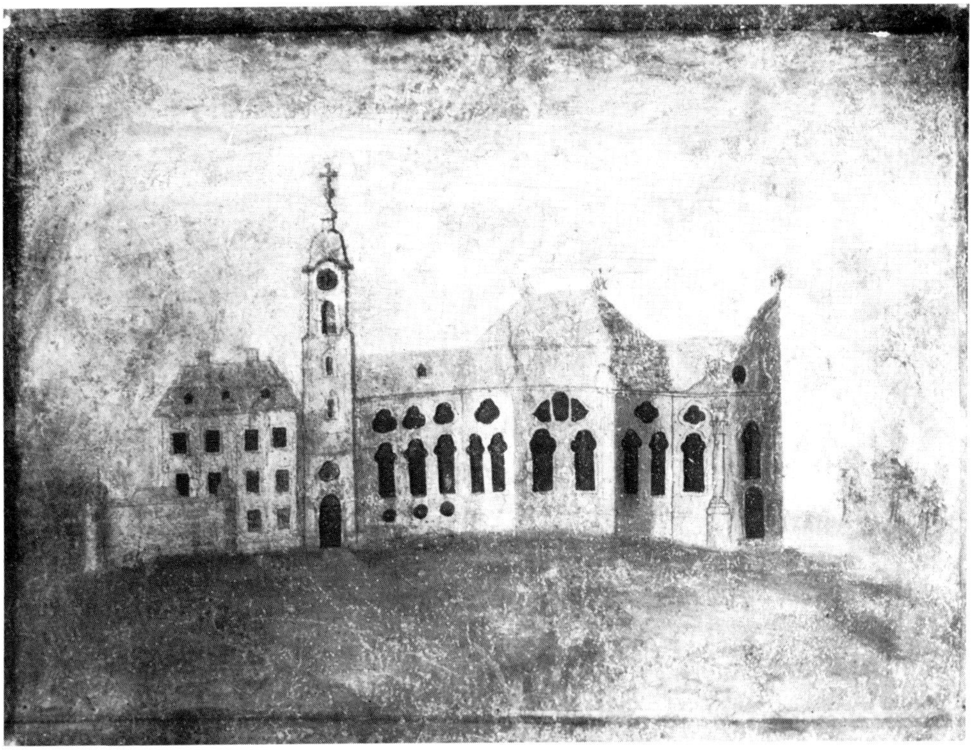

152 Wies, Nordseite der Gesamtanlage, Aquarell von D. Zimmermann, zwischen 1743–1750. Karton, 67,5 cm breit: 48 cm hoch, Wasserfarben (Privatbesitz)

dem zwischen den Balkönchen sich wölbenden und in die Mitte ausgreifenden, in den Spektralfarben leuchtenden Regenbogen der Herrlichkeit Gottes und des Zeichens seines Bundes thront nach mittelalterlicher Darstellungsüberlieferung Christus. Führte er früher Schwert und Lilie, so erhebt er hier die rechte Hand, um auf ihn zu hören und die linke weist auf die Quelle der Erlösung, sein im Tod gebrochenes Herz: der Mittelpunkt des Gemeinderaumes. Christus erscheint noch nicht als Richter, sondern in verklärter Gestalt des Auferstandenen und des zum Himmel Aufgefahrenen und ruft auf. Der Engel links unten bläst noch nicht, das Engelpaar auf der rechten Seite setzt eben an. Der Richterstuhl am Chorbogen ist noch unbesetzt; der Engel am oberen Kuppelrand breitet erst den blauen Baldachin aus.

Diese Einstellung bedeutet eine nicht zu übersehende theologische Änderung im überlieferten katholischen und evangelischen Bildkodex. Sie ist charakteristisch für das hochentwickelte Rokoko, das Christus öfters als Guten Hirten (auch in der Urkapelle der Wies), dann als Salvator und Richter darstellt und das seiner Lebenshaltung gemäß auch in der Religion das Milde und von der Liebe aus Gütige bevorzugt. Die Liebe ist das Leitmotiv der Wieskirche in geistigen und symbolischen Bezügen. Ihr entspricht auch in dieser Struktur die sanfte, alle Härte vermeidende Formung aus einheitlichem Weltbild.

Um Christus sind die zwölf Apostel mit Paulus und die durch Attribute gekennzeichneten neun Chöre der Engel, die Apostel am Gewölberand und die Engel im Licht Gottes geschart, aber vor dem Weltgericht erscheinen noch nicht die Scharen der Heiligen. Für die überlegte theologische Programmatik zeugt ebenso die Gruppe unter dem Regenbogen: links steht Maria, rechts die Schar der Erzengel mit Gabriel, Raphael und Uriel. Maria ist weiß gewandet, strahlend wie die Frau der

Apokalypse und mit Flügeln versehen. Links von ihr erscheint der Erzengel St. Michael, der Besieger der aufrührerischen Engel. Hinter den Erzengeln liegt am dunklen Boden Luzifer, der höchste der Engel, mit Flügeln, durch seinen Abfall gestürzt. Die Farben sind hier dunkler. Steht Michael »zur Rechten«, ist er »zur Linken Christi« niedergesunken. Er kann durch die guten Engel Christus nicht sehen und aufnehmen: die Strafe der Hölle. Die Theologen erbaten von J. B. Zimmermann die Darstellung eines Programms, das wichtigste Lehren der Kirche über Weltgeschehen, Erde, Himmel und Hölle umfaßt.[64] Befand sich der Hinweis auf das Weltgericht im Mittelalter am Ausgang der Kirche, so umgreift es jetzt – hier in Verbindung mit der Liebe Christi, die zuwartet – die Himmelsdecke des Gemeinderaumes.

Gegenüber dem Thron Christi, der mit den ähnlich roten »Stühlen« an Kanzel und Abtempore in theologischer und farblicher Verbindung steht, malte J. B. Zimmermann das verschlossene Tor zur Ewigkeit. Es ist über dem einzigen Westeingang in die Kirche symbolkräftig angebracht: so sicher als der Kirchenbesucher durch die Türe die Kirche verläßt, wird er vor die Türe der Ewigkeit gestellt. Schlagen beim Richterthron die Engel oben die Bücher des Lebens auf, fällt vor dem Tor der Ewigkeit der Gott der Zeit, Chronos, nieder, während ein Engel zur Türöffnung herbeieilt. »Tempus non erit amplius (Ap: 10. V:6).«

Die Anordnung des Freskos erhielt nicht die Staffage eines Weltgerichts, sondern eines Einblickes in den Himmel. Wie im Chor verzichtet J. B. Zimmermann auf Architektur und Architekturteile der Welt: Thron und Tor zählen zum Reich des Himmels. Eine weitgedehnte, sich öffnende Welt wird vorgestellt, die das rhythmische Oval nicht belastet. Vielleicht erklärt das zunehmende Alter von J. B. Zimmermann (69 Jahre alt als Freskant des Chors, 74 Jahre beim Auftrag für den Gemeinderaum) die Tatsache, daß das Chorfresko geballter, farbenprächtiger und qualitätvoller gemalt ist als das Ovalfresko.

Die *Fresken im Prozessionsumgang* beginnen links rückwärts mit der Berufung des sündigen Zöllners Matthäus, der als 1. Evangelist, der Überlieferer der Frohbotschaft, war. Über dem Seitenaltar die Verleugnung Christi durch Petrus, den der Herr liebevoll anblickt. Dann verzeiht Christus der Samariterin am Brunnen. Unter dem Chorbogen mit dem Blick zur Abendmahlstätte die reuige Maria Magdalena beim Gastmahl wohl des Pharisäers Simon. Auf der rechten Seite vorne die Berufung des Zöllners Zachäus, sodaß Christus bei ihm einkehrt (Evangelium des Kirchweihtages). Christus verzeiht Dismas, dem reuigen Schächer (eine sehr ernste Szene). Das Gleichnis vom unfruchtbaren Feigenbaum, der ausgerissen wird. Doch endet das Gleichnis bei dem erwähnten Matthäus 21,22: »Alles, was ihr im Gebet erfleht, werdet ihr empfangen, wenn ihr glaubt«. Jesus verzeiht der Ehebrecherin. Über der Orgel: König David, (mit Harfe), der die Ehe gebrochen hat, nimmt die Bußpredigt des Propheten Nathan an. Mit einer Ausnahme der Warnung (Aushauen des unfruchtbaren Feigenbaumes) werden dem Wallfahrer in sieben Szenen die Verzeihung Christi gegenüber Männern und Frauen, Zöllnern und Königen, Juden und Heiden aufgezeigt, daß er die Armen und Sünder zu sich nimmt.

Wird schon bei David das Thema der Reue angeschlagen, wird dieses in den kleinen Bildern der *Beichtstühle* signifiziert in den Gleichnissen des Pharisäers und Zöllners, des Guten Hirten, der das verlorene Schaf heimträgt, und des verlorenen Sohnes. An Strafe erinnert auch hier das Gleichnis vom unbarmherzigen Knecht.

Die beiden *Seitenaltäre* der Bruderschaften sind in das gleiche Thema einbegriffen: auf der Süd-(Männer) Seite berichtet J. Mages von der Reue des Petrus (sign. 1756). Seitlich stehen die Figuren des hl. Norbert, des Stifters des Prämonstratenserordens, und seines Freundes, des hl. Bernhard von Clairvaux O. Cist., des Leidensmystikers. Den Abschluß bildet die Figur der Weisheit mit Zepter und Auge Gottes, denn die Reuigen stehen im Bereich der Weisheit. Am linken Seitenaltar (Frauenseite) zeigt J. G. Bergmüller (1756 sign., nicht 1765) die büßende Maria Magdalena. Die Statuen der Büßerinnen Margareta von Cortona (1728 heilig gesprochen) und M.

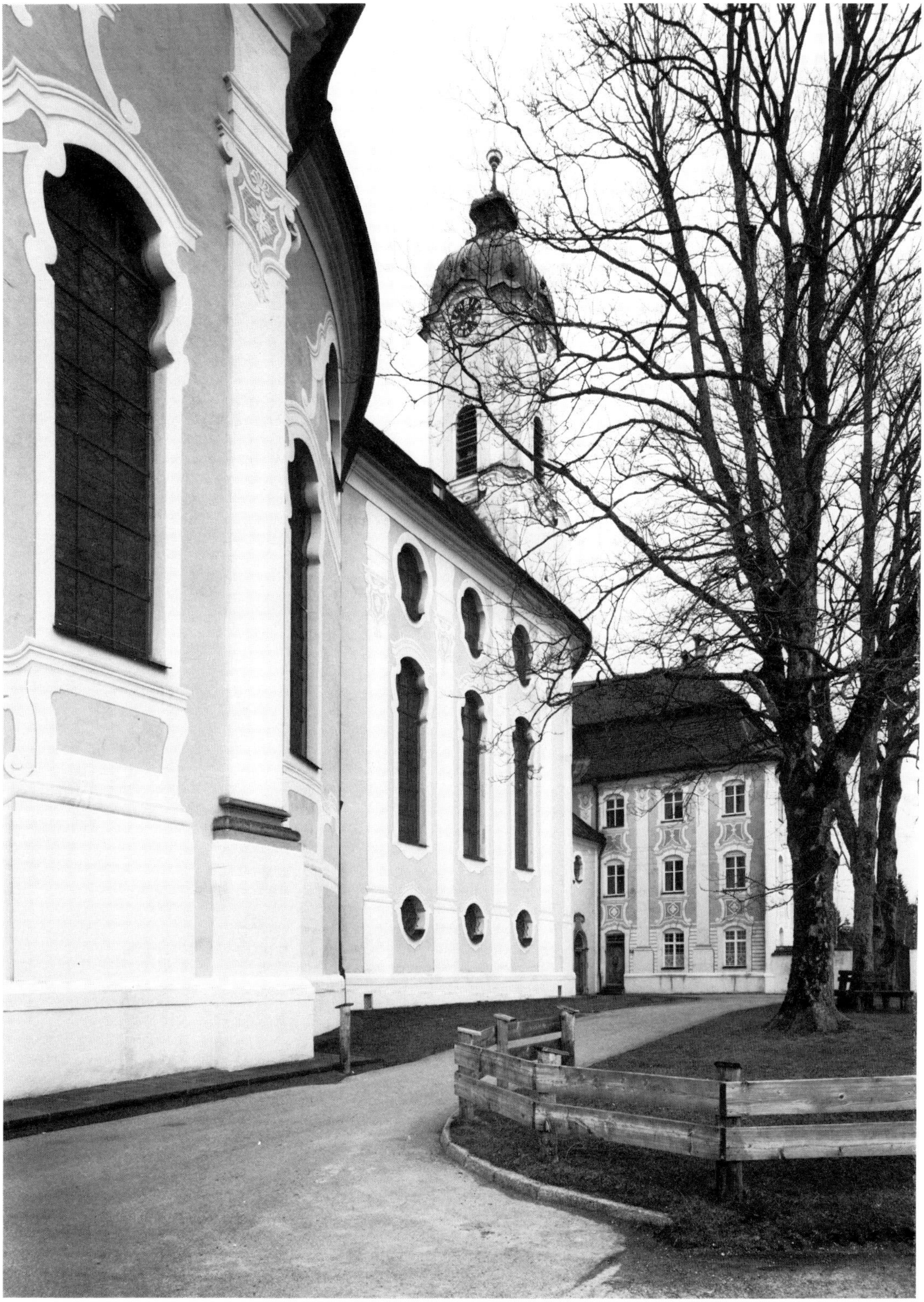

153 Wies, Außenansicht Südseite mit Chor und Priesterhaus (Abtflügel)

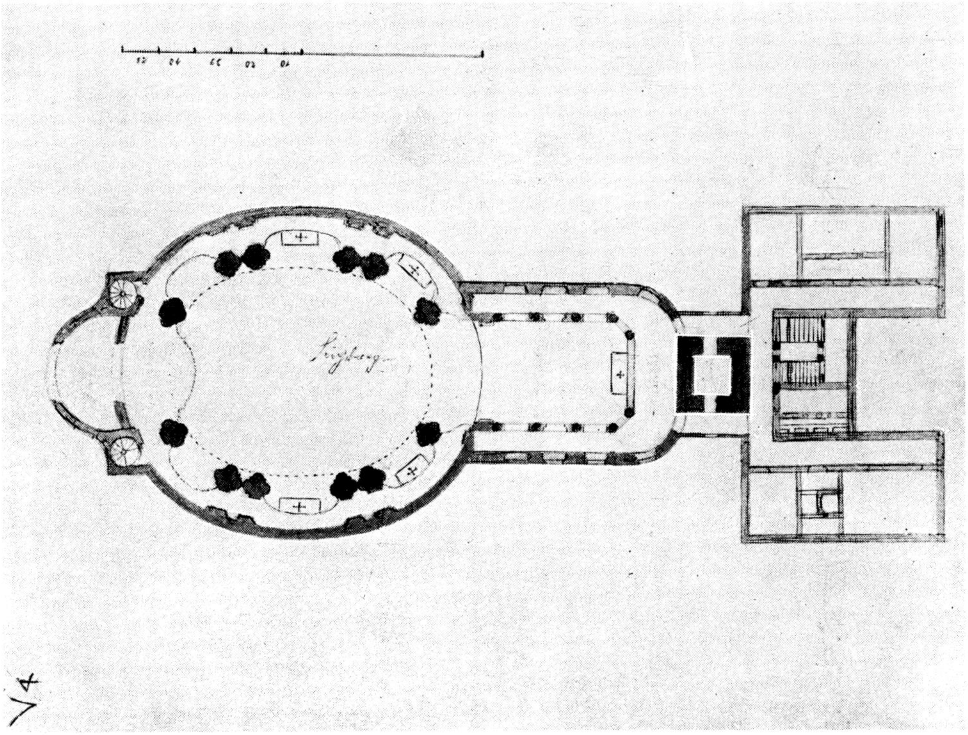

154 *Wies, 1. Originalentwurf des Grundrisses von D. Zimmermann um 1743 (verbrannt im Bischöfl. Archiv Augsburg)*

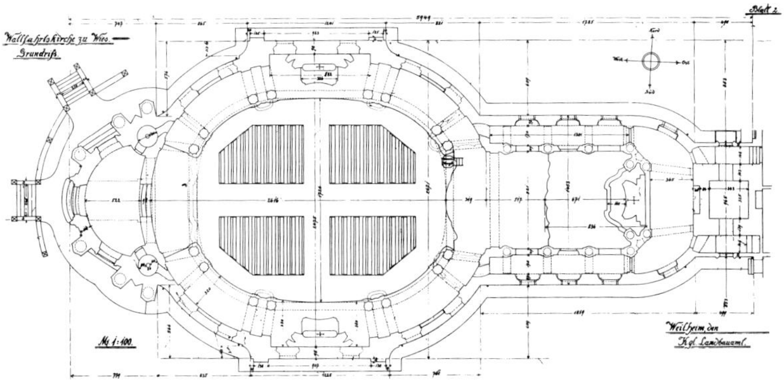

155 *Wies, Grundriß des Landbauamtes Weilheim mit Maßangaben*

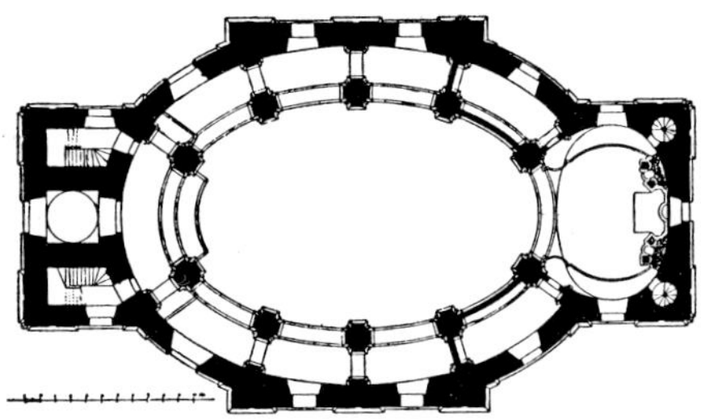

156 *Steinhausen, Wallfahrtskirche, Grundriß*

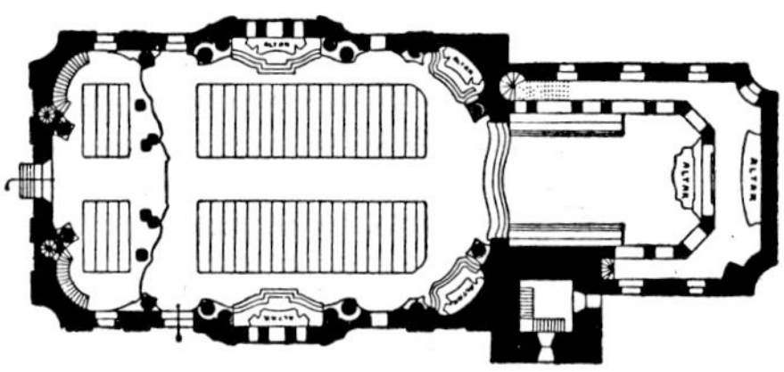

157 *Günzburg, Frauenkirche, Grundriß*

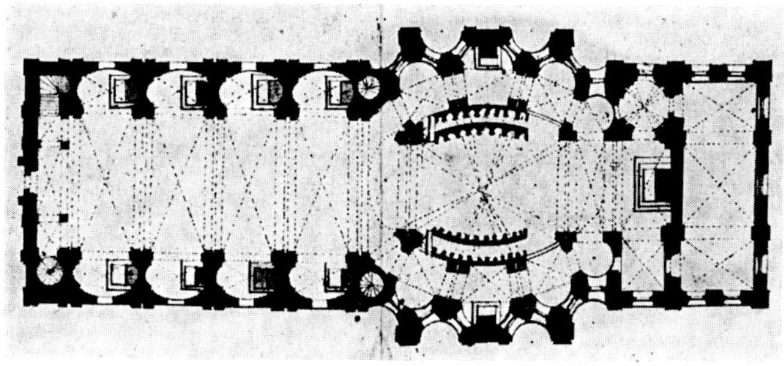

158 Mappe Auer Lehrgang I S. 166/167 rechts Kirche mit Ovalmönchschor, Kaspar Moosbrugger zugeschrieben

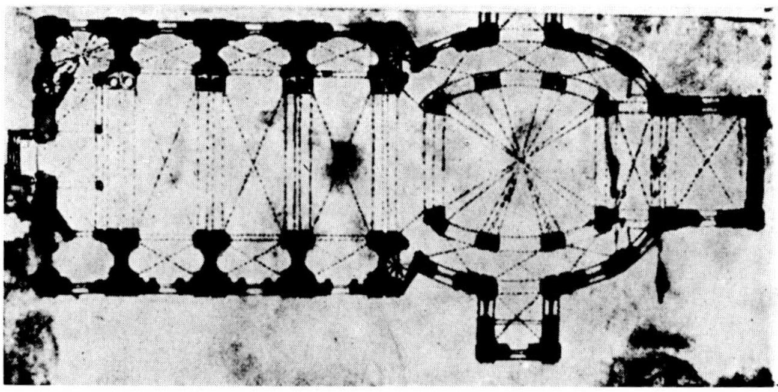

159 Grundriß mit Ovalchor, K. Moosbrugger zugeschrieben, vor 1696, in Luzern, Graph. Sammlung der Zentralbibliothek

Magdalena schuf wohl Anton Sturms Werkstätte. Im Auszug dieses Armenseelen-Bruderschaftsaltars erscheint Abraham mit Hirtenstab. Engel tragen die Seelen der Verstorbenen in seinen Schoß: ein Hinweis auf Gottes Barmherzigkeit. (Lk 16,23–24)

Obwohl der Ovalraum als Architekturerlebnis geschlossen empfunden werden kann, ragt der Chor und der Hochaltar in die Mittelachse herein. Diese Belastung wird zum Teil durch die beiden hohen Seitenaltäre in der Querachse abgefangen. Bei näherem Zusehen wirken sie durch ihren geschichteten Aufbau und dessen flüssige Formen sowie durch die erhellende Fenstergruppierung leichter. Weder vor noch nach der Renovation überzeugten diese emporstrebenden Altäre durch ihr Material, noch durch ihre Farbgebung, obwohl sie von D. Zimmermann entworfen und von einem seiner engeren, langjährigen Mitarbeiter Dominikus Bergmüller aus Türkheim gefertigt wurden. Nicht das letzte Jahr der Ausstattung (1756 bei der Kirchweihe) entschied, sondern die Geldnot. D. Zimmermann hatte sich wohl auserlesenere Altäre gewünscht. Eine Kritik hätte hier einzusetzen. Um so mehr hätten diese Altäre besonders überlegte und differenzierte Renovationen gefordert.

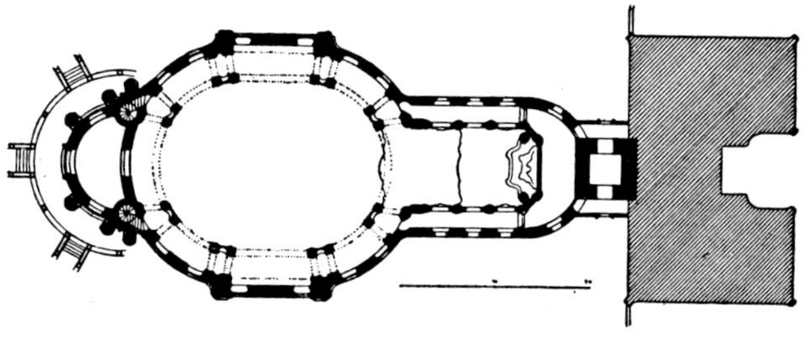

160 Wies, vereinfachter Grundriß zum Vergleich zu Steinhausen und Günzburg

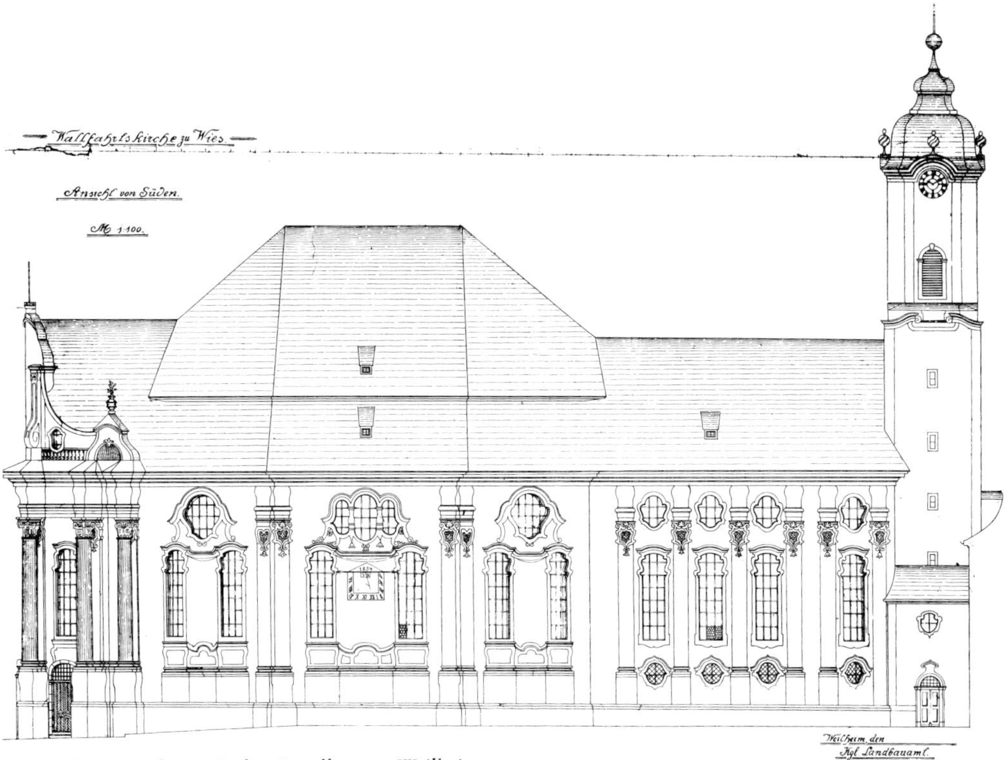

161 Wies, Ansicht von Süden, Landbauamt Weilheim

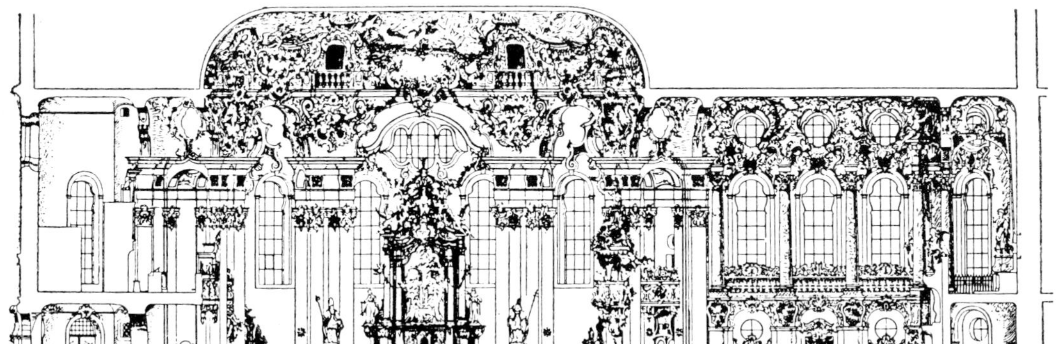

162 Wies, Längsquerschnitt

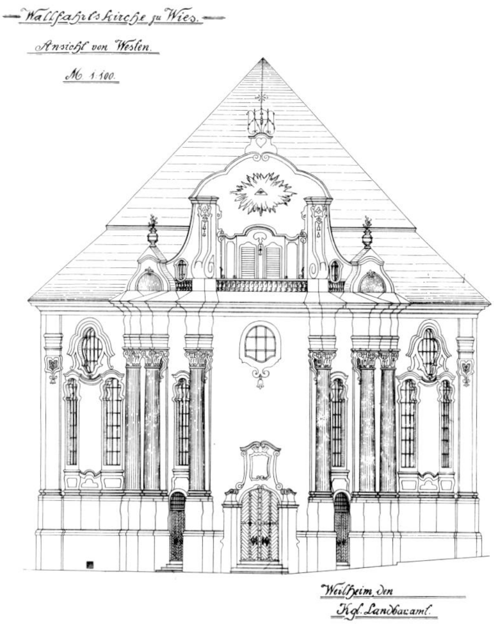

163 *Wies, Ansicht von Westen*

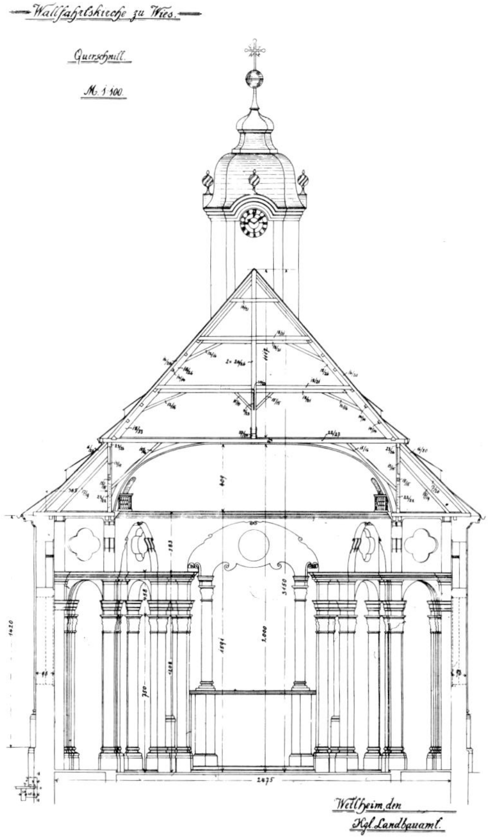

164 *Wies, Querschnitt*

D. Zimmermann schloß den Chor – außer den früher genannten Fakten der roten und blauen Farben und des Lichtes – meisterhaft durch *Kanzel* und *Abtempore* an. Die durch den Hochaltaraufbau durchgeführte Chorempore wird über den Prozessionseingang herausgeführt bis an den Rand des inneren Ovals der Säulenpaare. Das Ende der Chorempore bilden Kanzel und Abtstuhl. Am Anfang steht auf ihr hinter dem Hochaltar ein zweiter, kleiner, von D. Zimmermann entworfener Altar. Hier zelebrierte der Abt seine Privatmesse. Der anliegende Gang führte unmittelbar in seine Gemächer. Kanzel und Abtempore sind mit dem Chor verbunden.

Eine besondere und einladende Wirkung für den Eingang erreichen Kanzel und Abtempore durch ihre schräge Stellung, die sie zu Gelenkstücken ausrichtet. Durch diese Schrägstellung und die schlanken, belichteten Säulenpaare, vor denen Kanzel und Abtempore als Wandstücke wie die Figuren der Kirchenväter verwendet werden, erscheint in der perspektivischen Verkürzung ihre Last erleichtert.

Das vitalste Kunstwerk der Kirche ist die Kanzel. Mit einer selbst gegenüber Asam bestaunenswerten Dynamik türmt der alternde Meister die Formen empor: am lebhaftesten auf dem Schalldeckel. Der Formenkraft entspricht die rauschende Symphonie der Farbe. Sattes Rot mischt sich mit Alt-Gold und Grün und Silber. Die Evolution ist vom Thema aus gegeben. Der Sturm des Heiligen Geistes senkt sich wie am Pfingsttag über den geweihten Prediger. Oben erscheint im Spiegel unverwelklicher Schönheit das Auge der Dreifaltigkeit, die das Gesetz gibt. Die letzte Quaste ist von dem Wehen der herabfliegenden Taube des Geistes, dem Unterpfand der Wahrheit und Liebe, erfüllt. An der Brüstung leuchten die goldenen allegorischen Frauengestalten

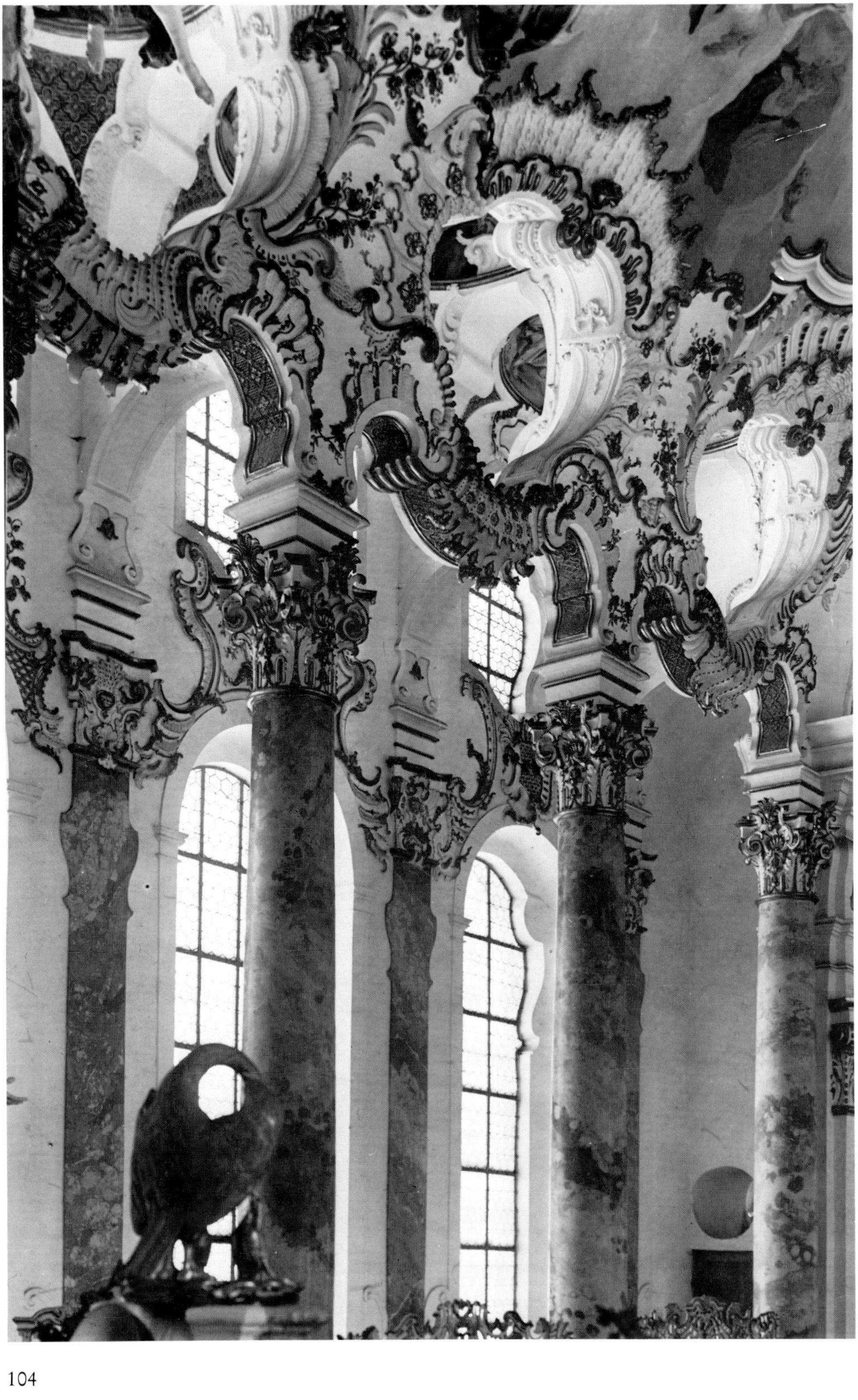

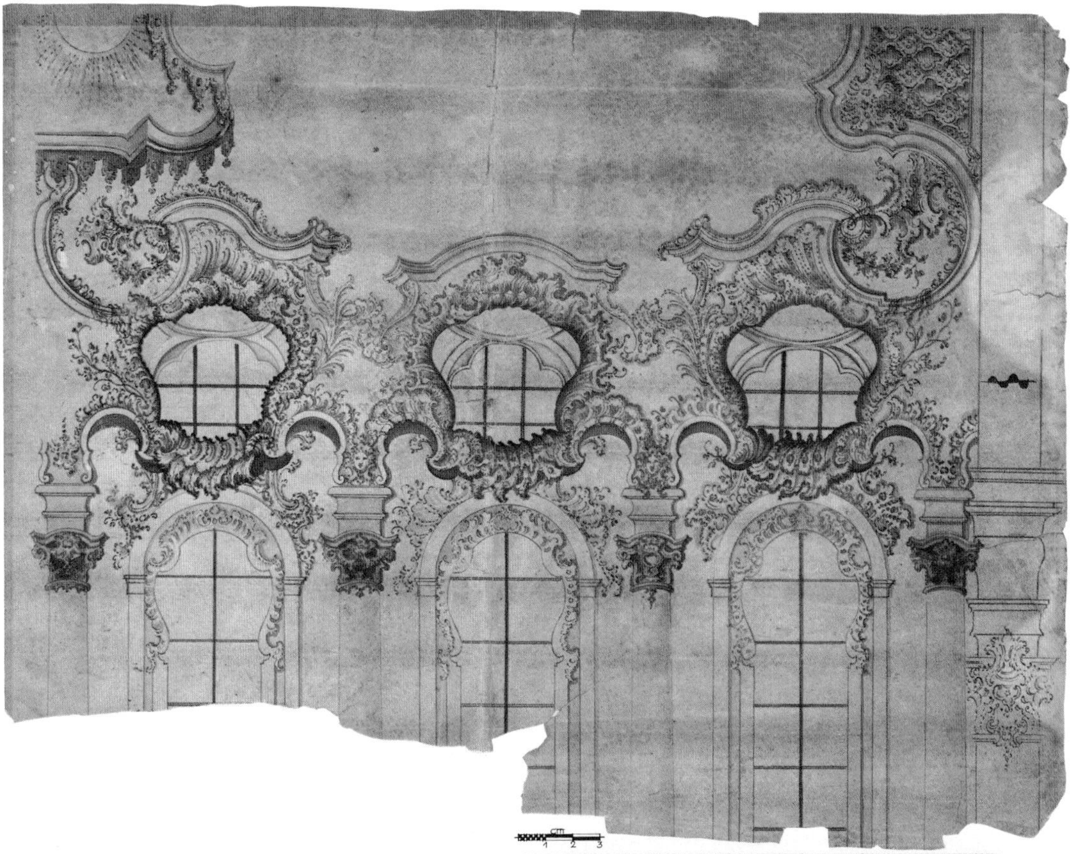

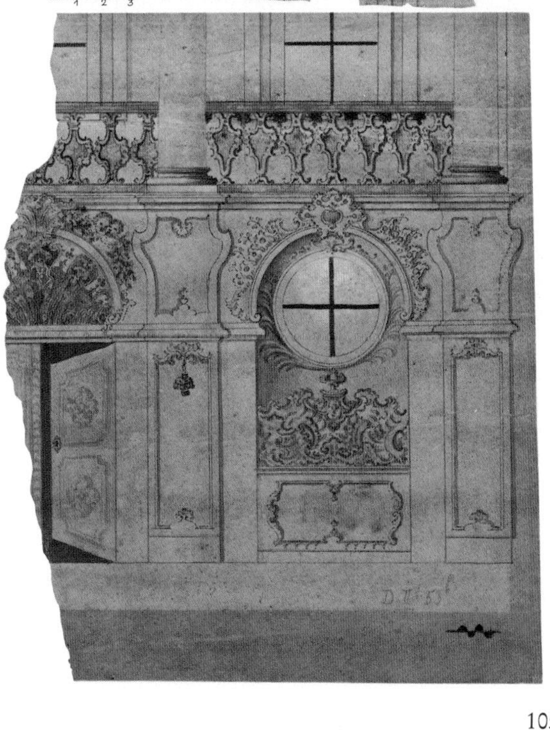

III Wies, Vorentwurf für Südseite des Chores, 33:34 cm und 27:22 cm, Feder, farbig getönt zwischen 1744/48. In Weilheim, Städt. Museum

◁
165 Wies, Südseite im Chor

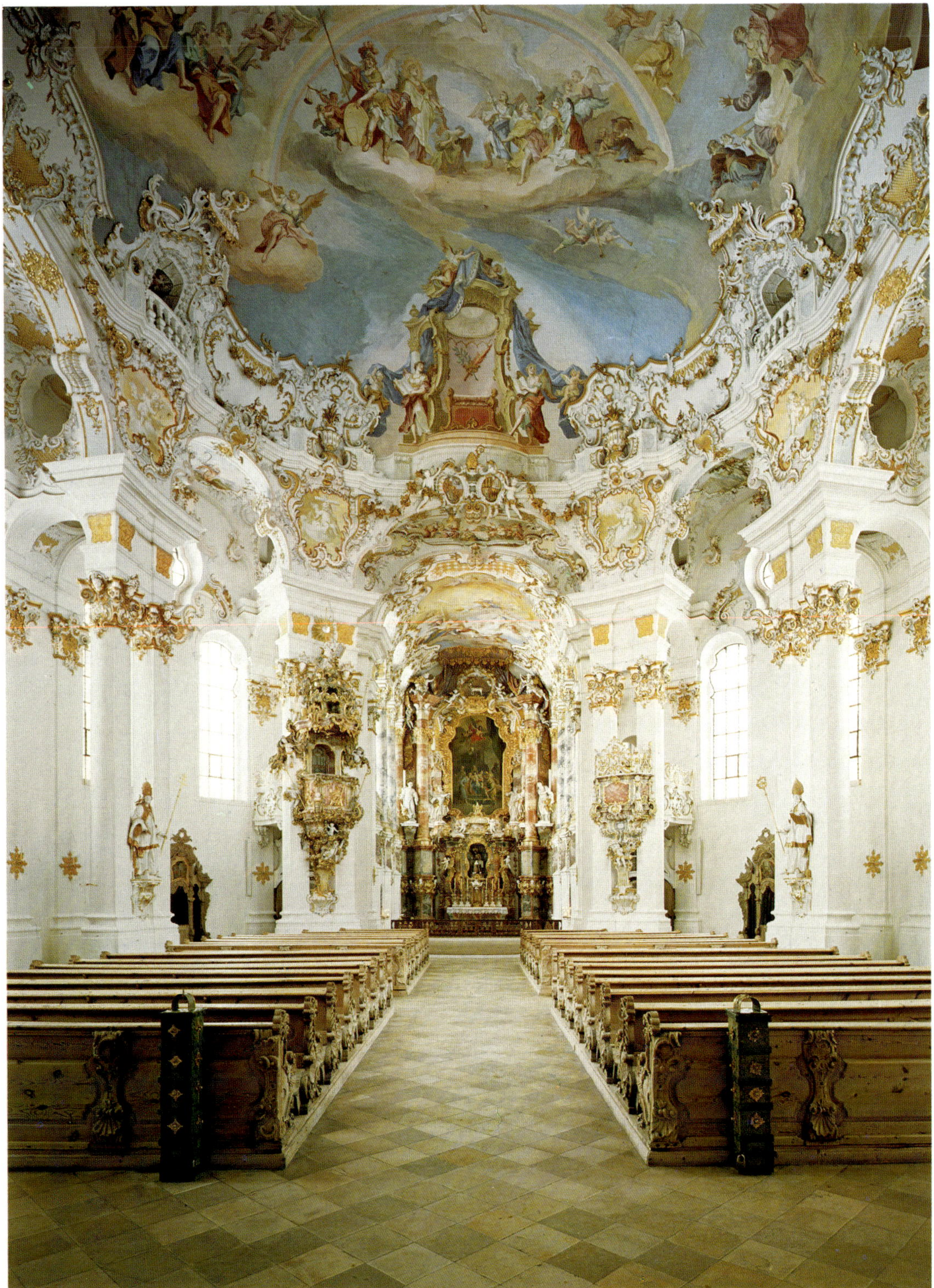

IV Wies, Raumblick zum Hochaltar

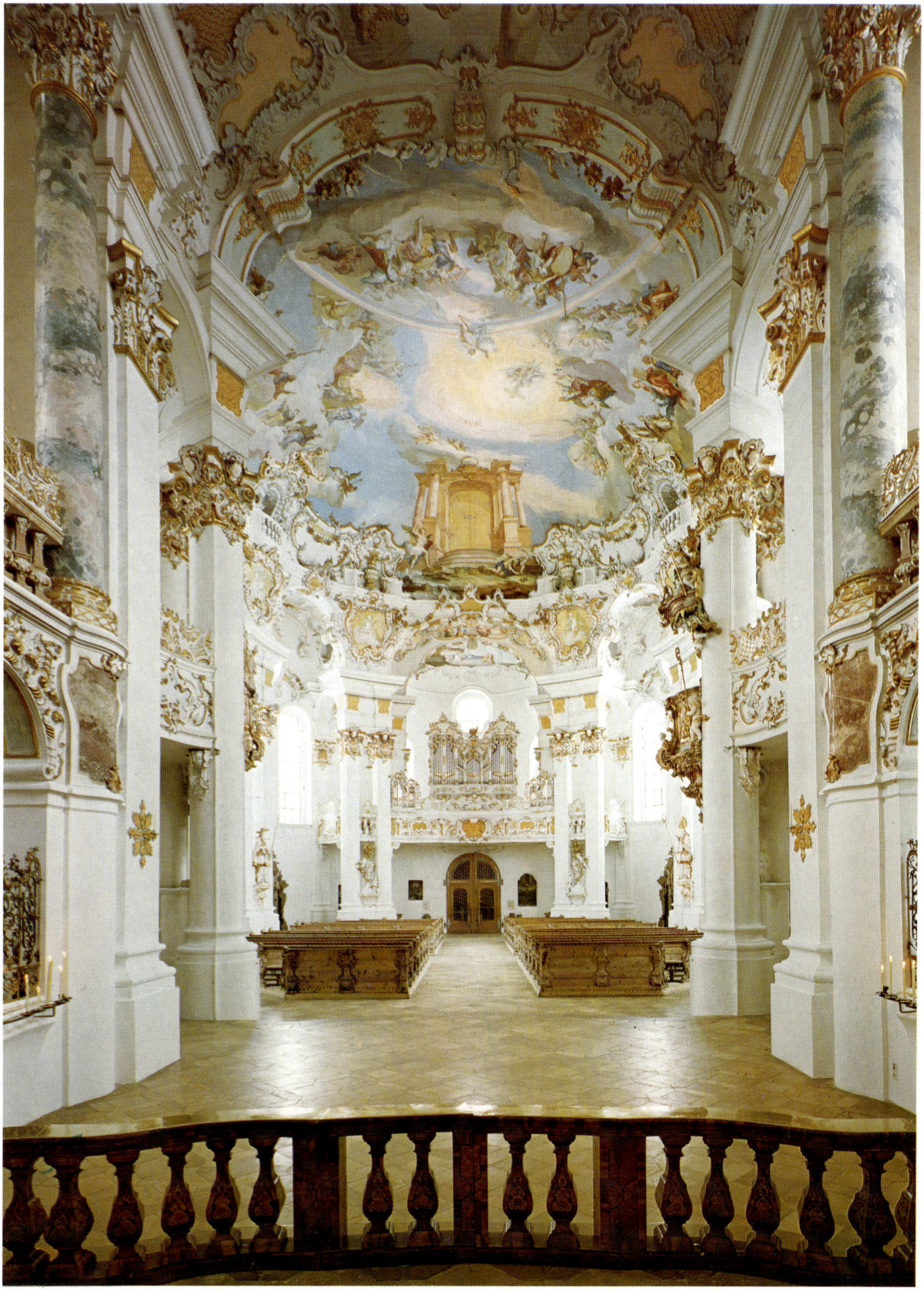

V Wies, Raumblick nach Westen auf die Orgel

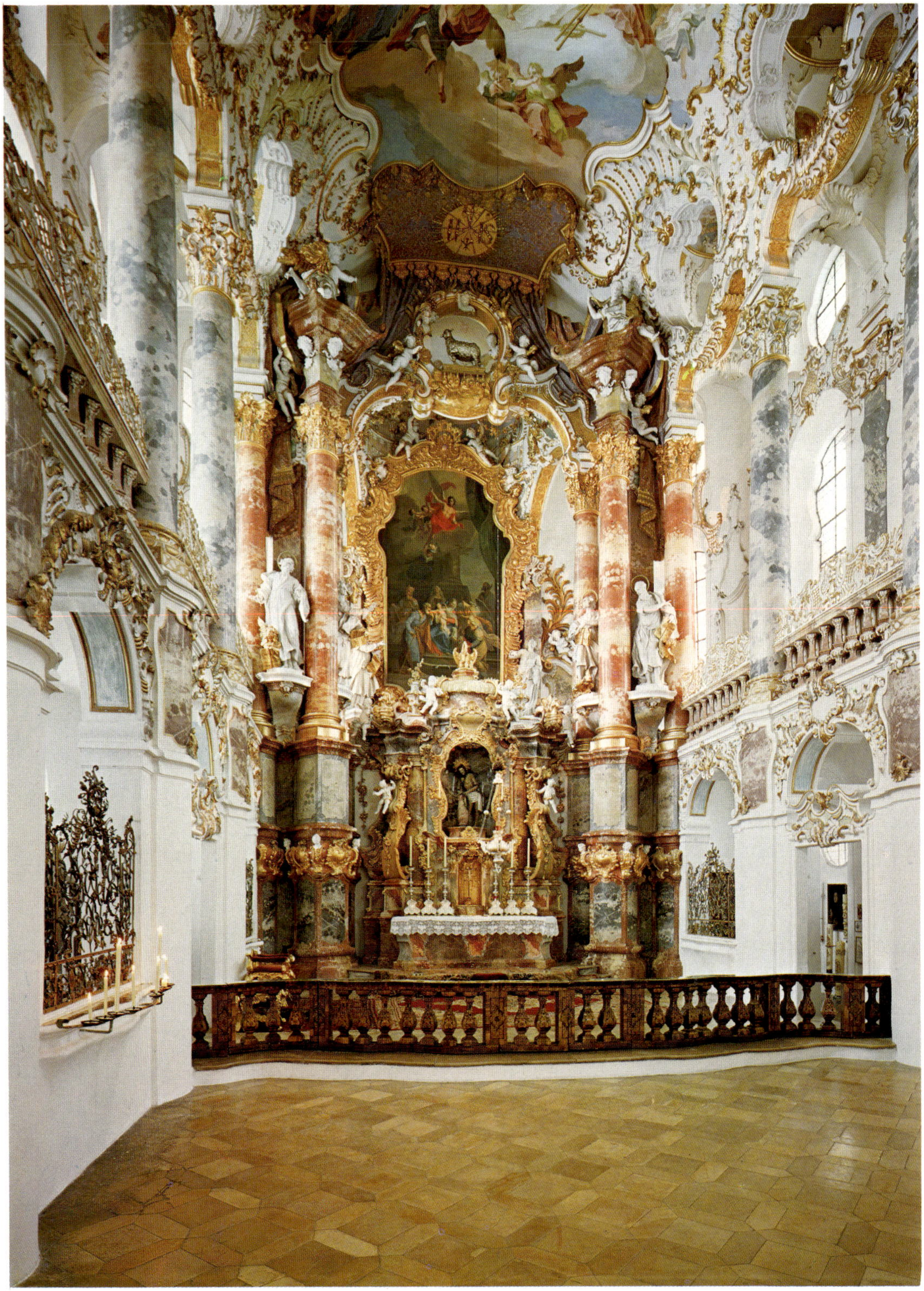

VI Wies, der Hochaltar

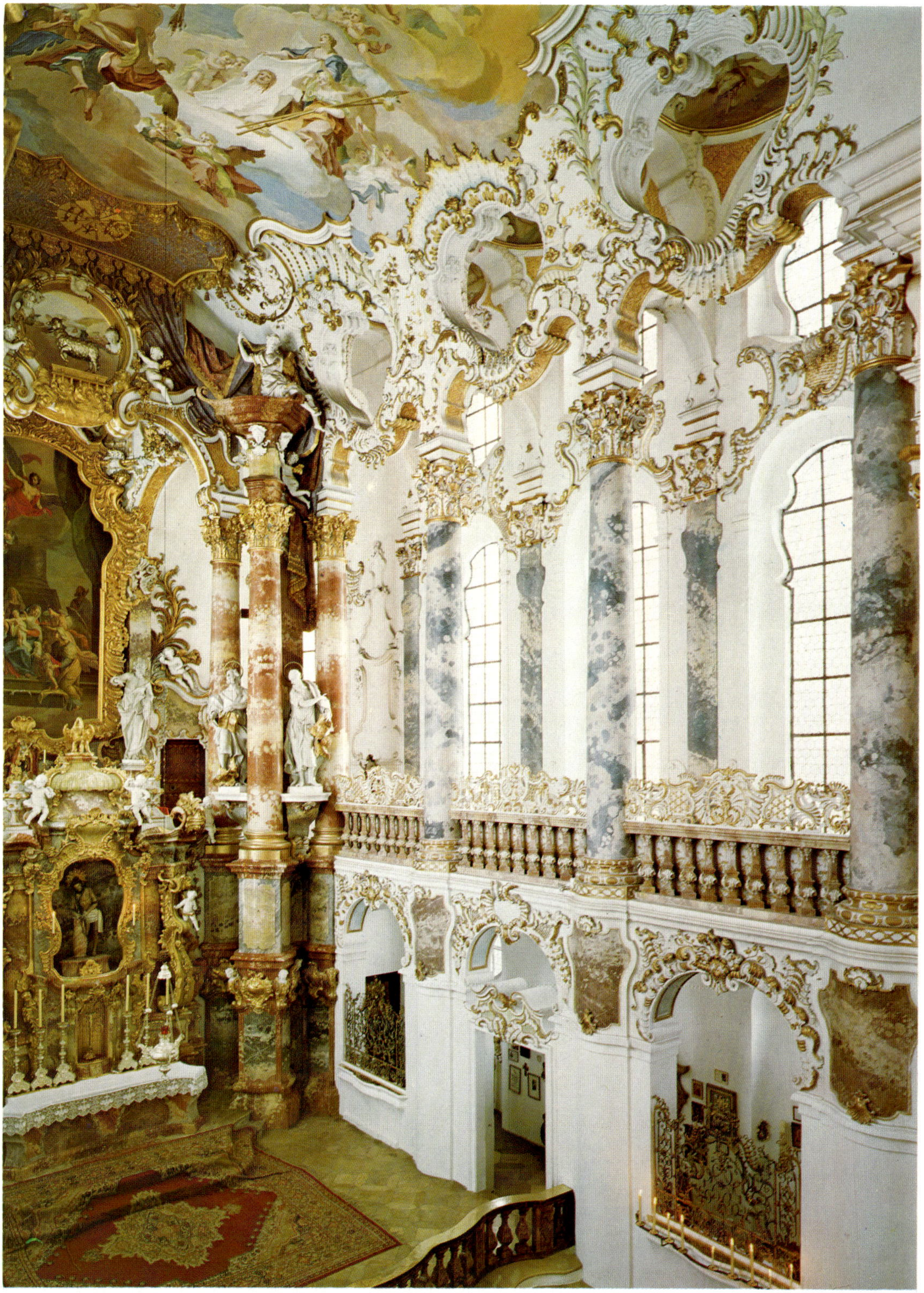

VII Wies, Die Südseite des Chores (vgl. Farbtafel III)

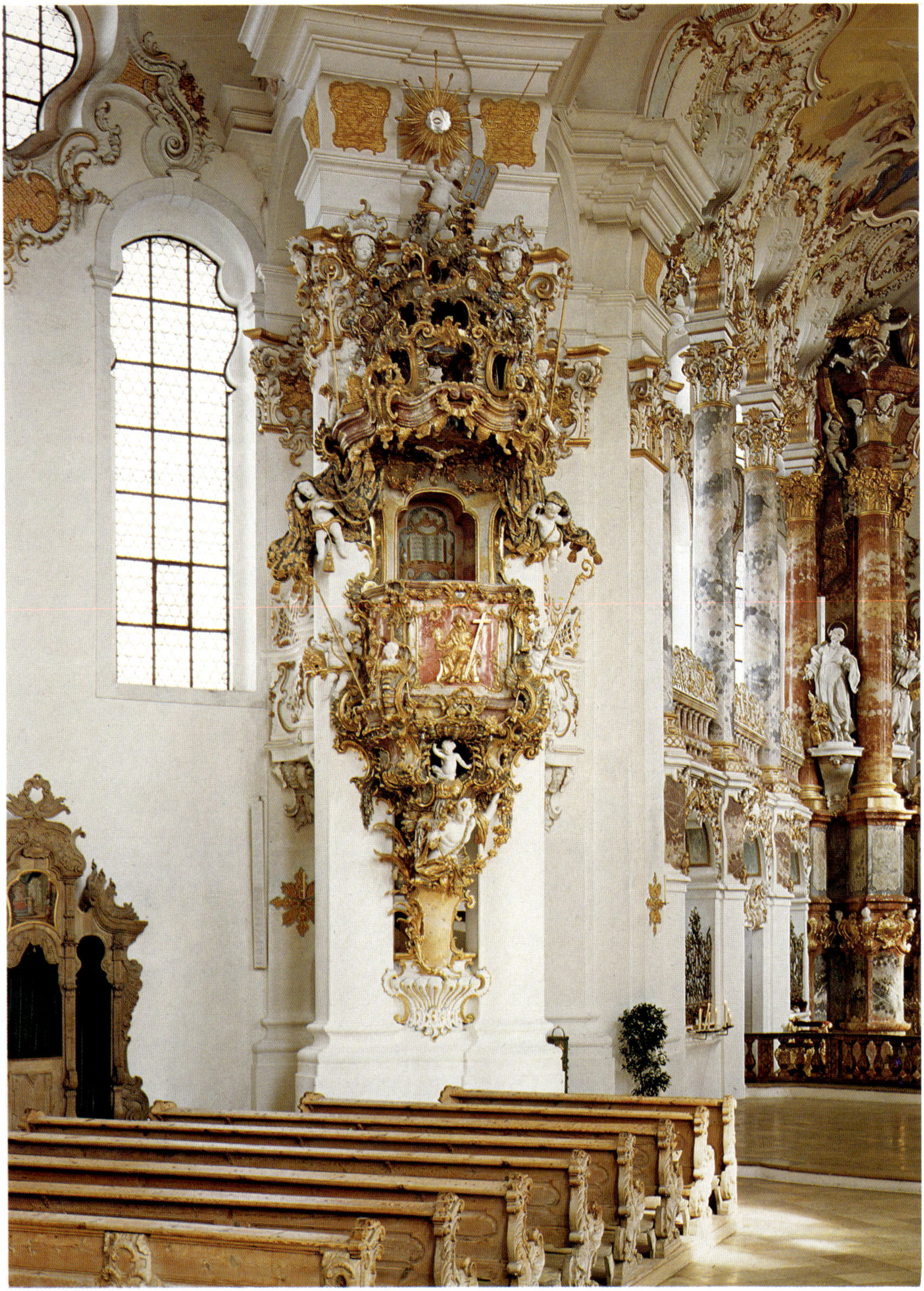

VIII Wies, Die Kanzel

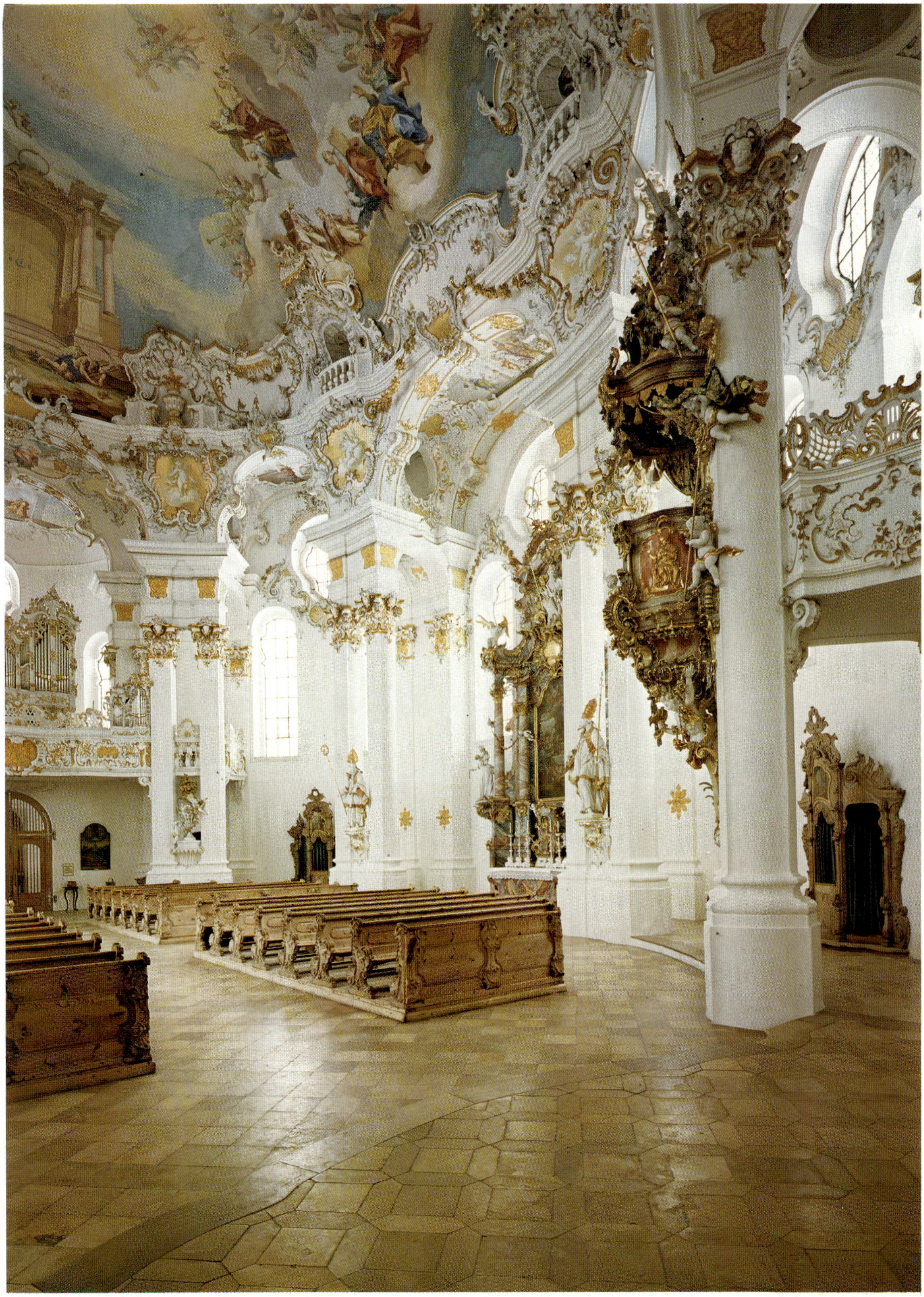

IX Wies, Nordseite des Langhauses

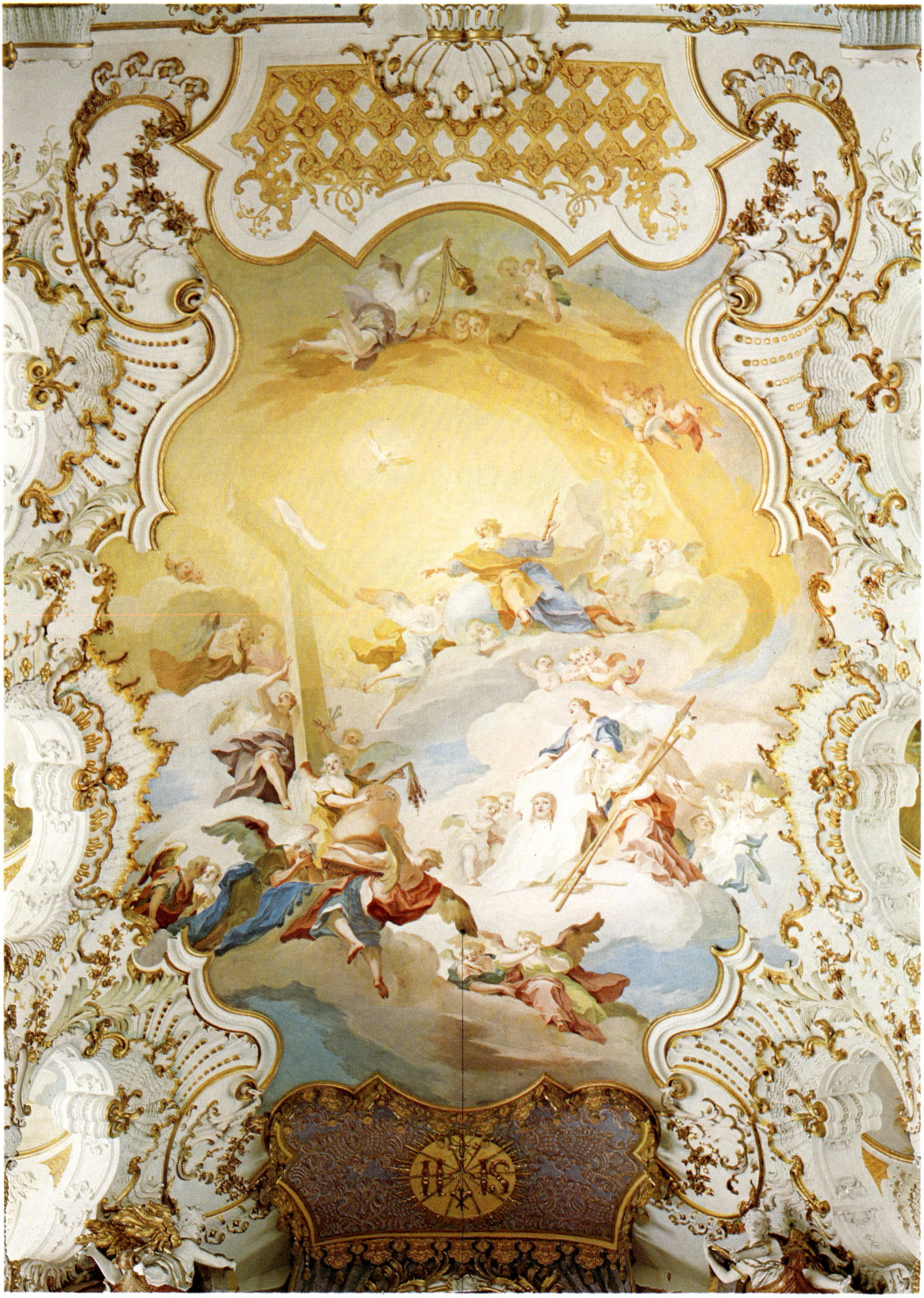

X Wies, Das Chordeckenfresko von Johann Baptist Zimmermann 1748/49

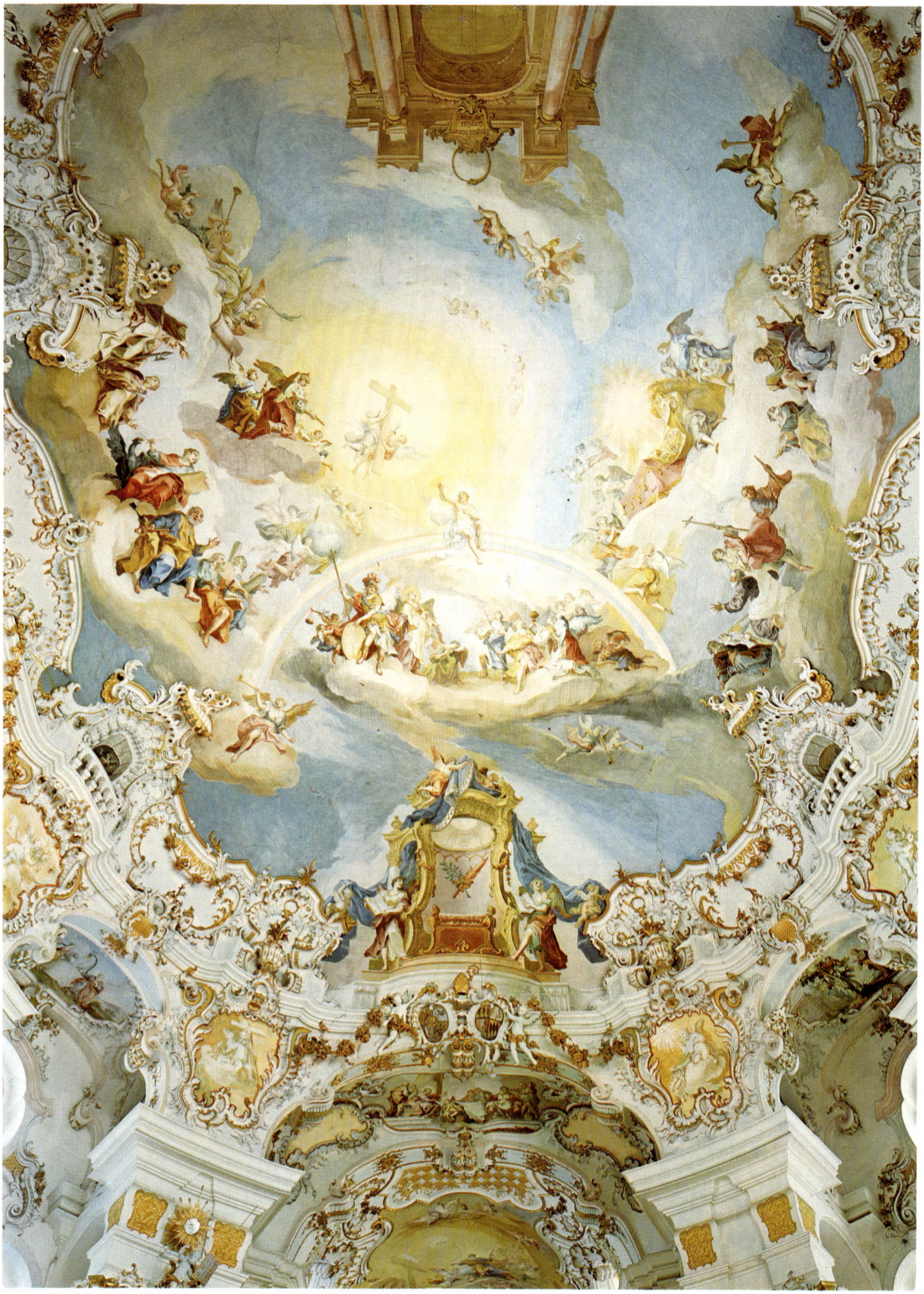

XI Wies, Das Langhausfresko von Johann Baptist Zimmermann 1753/54

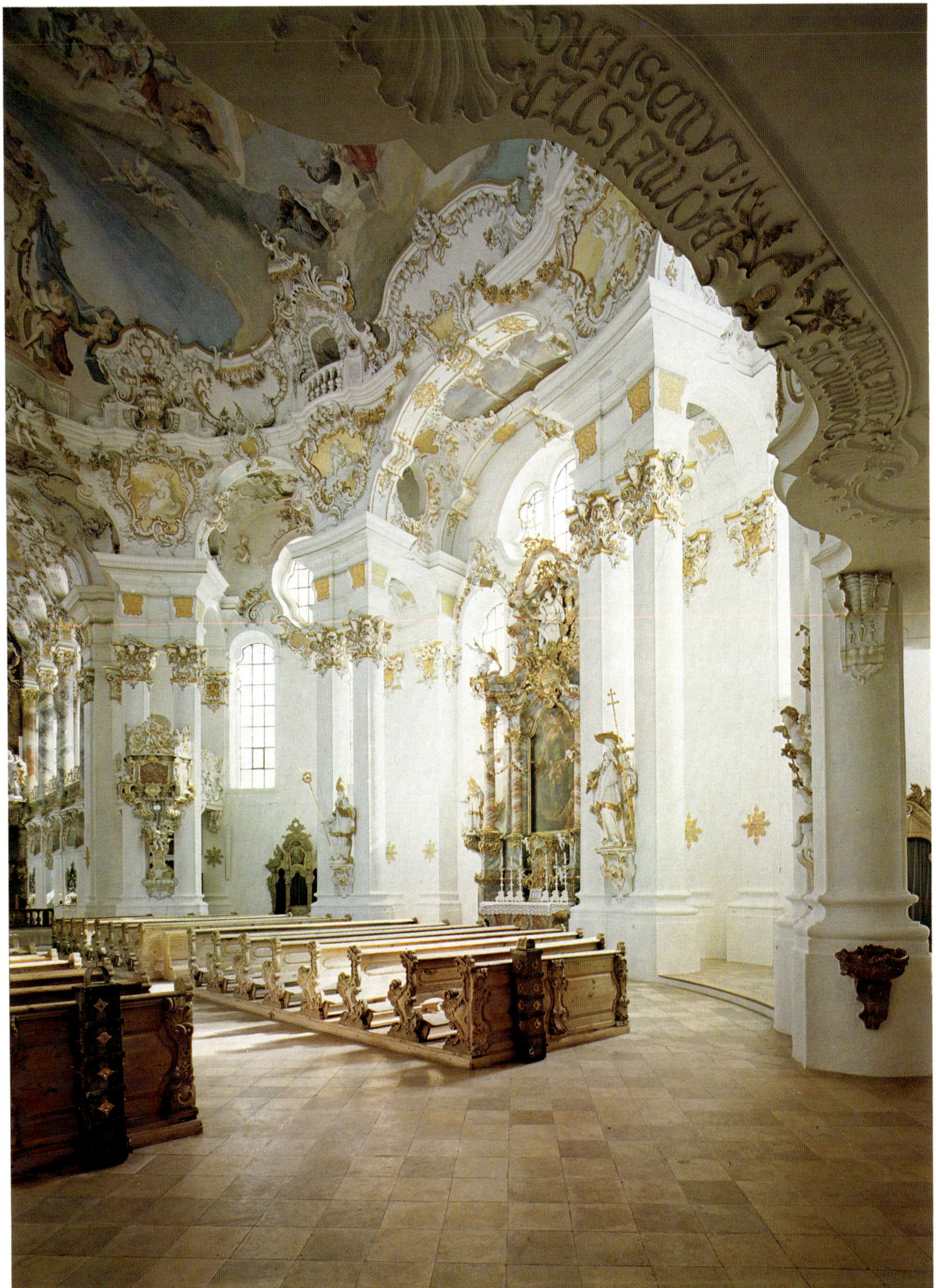

XII Wies, Blick am Eingang von Südseite des Langhauses und Chor

von Glaube, Hoffnung und Liebe auf. Englein tragen die Attribute der von der Reformation angegriffenen Kirchenväter. Die Überlieferung tritt zur Frohbotschaft hinzu. Am Kanzelknauf bezaubert das urchristliche Symbol des Delphins mit dem Christkind (wohl die schönste Kinderfigur in der Wies); eine männliche Gestalt fängt das rauschende Wasser des Lebens auf und gibt es weiter. Diese Symbolik ist noch nicht eindeutig geklärt. Fließendes Wasser und ähnliche Formen wie in der Wies gebraucht D. Zimmermann auch in seinem ungefähr gleichzeitig entstandenen Hochaltar der Johanneskirche in Landsberg. Trotz aller Phantasie und schäumenden Formenwelt bildet die Grundform der Kanzel ein Doppelquadrat mit oben und unten gleich auslaufendem Dreieck. Kurz vor dem Untergang der Sonne glüht dieses für Zimmermann beispiellose, formenströmende Werk rot-golden auf. Die Gestaltung kann, wie Vergleiche einzelner Formen zeigen, nur von D. Zimmermann stammen. Leuthenmayr überlieferte als ausführende Kraft einen der besten Mitarbeiter D. Zimmermanns, Pontian Steinhauser.

Die gegenüberliegende Abtempore ist das einfachere, ausbalancierende Gegenstück, das der Spätbarock bis nach Schlesien angewandt hat. Die Signatur AS lautet allgemein für den Stuhl der Äbte von Steingaden.

Der Kanzel und Abtempore entsprechen an der Westempore, die leichter erscheinen will, die *Orgelvorwerke,* die mit den silbernen Pfeifen des Hauptwerkes (von Jäger aus Füssen 1756/57) ein ähnlich geschlossenes Bild ergeben und zum Westbau hinführen.

Der *Chor* als die Wohnstätte des eucharistischen Christus und des Aufenthaltsraumes des Gnadenbildes bietet die letzte Steigerung in der Wies. Obwohl in der Höhe hellstes Licht flutet, umfängt zunächst ein leichtes Dämmern, da der untere Teil des Chores festgefügt ist und nur kleinere Öffnungen Licht vermitteln, das von den hier in die Außenmauern eingesetzten Oculi einströmt. Hierher eilen die bedrängten Wallfahrer mit ihren Bitten; hier sind die Kerzen entzündet, hängen die Votivtafeln (von denen nur ein ganz kleiner Rest gerettet wurde), hier wird zu Christus an der Geißelsäule gebetet, wird an der Kommunionbank, die mit verschiedenen Holzarten eingelegt und mit Tuschzeichnungen geschmückt ist, das Abendmahl als Brot des Lebens empfangen. Dieser enggezogene Chor, um den sich ein Umgang und darüber die geöffnete Empore legt, ist das Herz der Wieskirche.

Wird der Tabernakel auf D. Zimmermanns Altarmensa geöffnet, glänzt der goldene Kelch in tiefroter Einhüllung. An der *Geißelsäule,* die Bruder Lukas Schweiger »mit ernsthaftem Affekt« 1732 geschaffen, steht Christus blutüberströmt, in duldender Hingabe, die Augen auf das Volk gerichtet. Auf lindgrüner Korbblüte erscheint der Pelikan, der mit seinem Herzblut seine Jungen nährt. Auch hier wählte der Spätbarock ein antikes, verchristlichtes Symbol und verweist mit ihm auf Christus. (Abb. Farbtafel I S. 2, F VI S. 108)

Wie am Hochaltar in Vilgertshofen, dessen Keimanlage D. Zimmermann großartig aufblühen läßt, ragen im Vordergrund zwei überaus hohe Stuckmarmorsäulen auf verdoppelten Untergeschoßen, die den Altar einschließen, auf. Rückwärts und seitlich schließt sich ein architektonischer Pilasterkern mit je drei Säulen an, die verschiedene Kapitäle erhielten, z. T. erkennbarster Form D. Zimmermanns. Seine Hand läßt sich an vielen Formstücken nachweisen. Der Umgang ist miteinbezogen, um einen Tiefenraum zu erreichen, den eine Flachkuppel mit Engelsfresko überwölbt. Er erschließt sich in kreisförmiger, belichteter Öffnung, in dem das Lamm Gottes (in Silber) auf dem Buch mit den sieben Siegeln erscheint. (Apokalypse) Ein großer, in den Raum ausgreifender Baldachin, der dem König zusteht, umhüllt die großen Kompositionen. Während der Altar in roten Farben aufgebaut ist, erhielt der Baldachin blaue Tönung: rot und blau sind die überlieferten majestätischen Farben. (Abb. VI S. 108)

Zwischen den Säulen stehen vier weißgewandete Evangelisten-Stuckfiguren, die Egid Verhelst d. Ä. (nach Lipowsky) in bewegter, vergeistigter Lebendigkeit vorzüglich geschnitzt hat. In ihren Evangelienbüchern sind die Stellen aufgeschlagen, in denen Christi Blut als Sühnegabe erwähnt

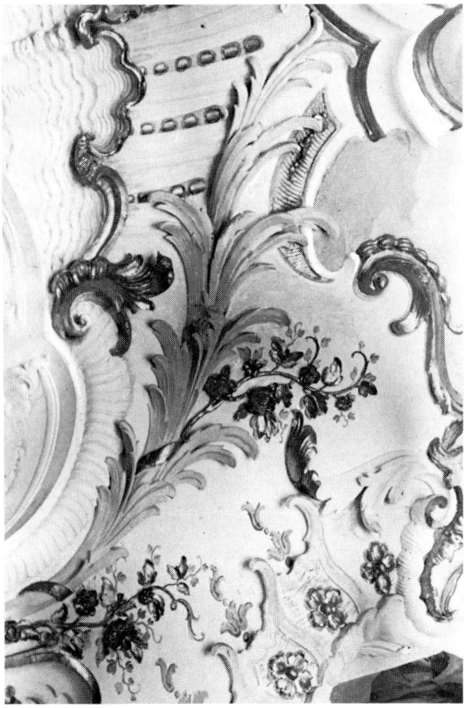

166 Chor, Stuckdetail neben Gewölbedurchbruch

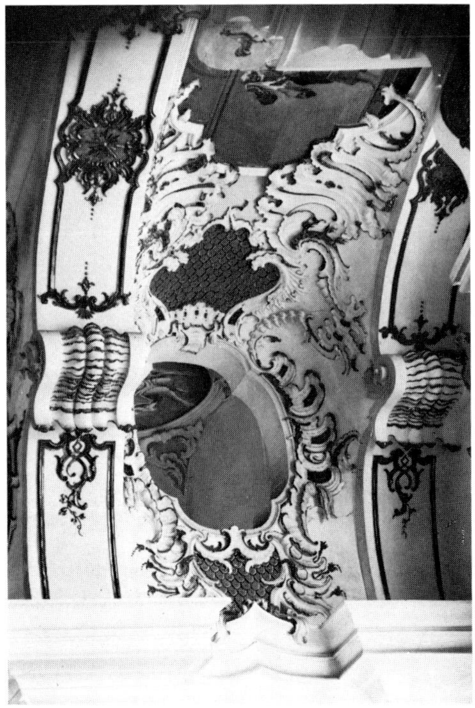

167 Langhaus, Gewölbedurchbruch im Umgang

wird. In diesen Gedankenkreis, daß Jesus Mensch geworden ist und sein Blut geopfert hat, schließt sich das gut gemalte, signierte Hochaltarbild des Münchner Hofmalers B. A. Albrecht ein. Maria zeigt – in nachtridentinischer Überlieferung – ihr Kind dem Volk, umgeben von der hl. Sippe und dem Kirchenpatron Joseph. Die zwei Propheten Malachias und Isaias, die Jesus vorhergesagt haben, (aus dem Stamm Davids) und sein Leiden gehören zum Programm des bemerkenswerten »Mausoleum Davidis« (Inschrift am Hochaltarbild), in dem die betonte Christologie der Kirche im Chor ihren Höhepunkt erhält.

Der Blick gleitet empor zum geöffneten Chor. Je drei Joche führen vorwärts. Statt Pfeilern verwendet D. Zimmermann Säulen: sicherlich als edlere und gleitendere Form als der Pfeiler, vielleicht auch als Herrschaftszeichen. Im Dämmerraum erscheinen die Farbkartuschen an den unteren Partien der aufwachsenden Säulen rot-violett, die Säule selbst ist grau-blau meisterhaft stuckiert und gewachst. Farbige Wandpfeiler an der Außenwand entsprechen der Säulenreihe. Wie im Umgang des Gemeinderaumes verbinden kleine Tonnen, die steingewölbt sind und die die abgestützte Last nach der Baulehre der Gotik tragen. Hierüber sind nochmals Öffnungen angebracht. Auch auf den Säulen ruht das Holzlattentonnengewölbe des Chores auf. In der einsetzenden Schräge (von ca. mindestens 30°) sind die vielbesprochenen Öffnungen (ungefähr in Vierpaßform) angebracht. D. Zimmermann dürfte hiefür kaum ein Vorbild gekannt haben; er erhielt keine Nachahmung. Hinter ihnen liegen die geschweiften Oberfenster der Außenwand. Blickt man schief empor, kann man die sechs Fresken der Wunder und Heilungen Christi in den Kuppeln des hohen Umganges erkennen, die nur zum Teil von J. B. Zimmermann selbst gemalt wurden: rechts Heilung des Lahmen, in der Mitte Auferweckung des Lazarus, vorne Heilung von zwei Blinden; links Heilung eines Kranken (des 38jährigen Kranken?), Dämonenaustreibung,

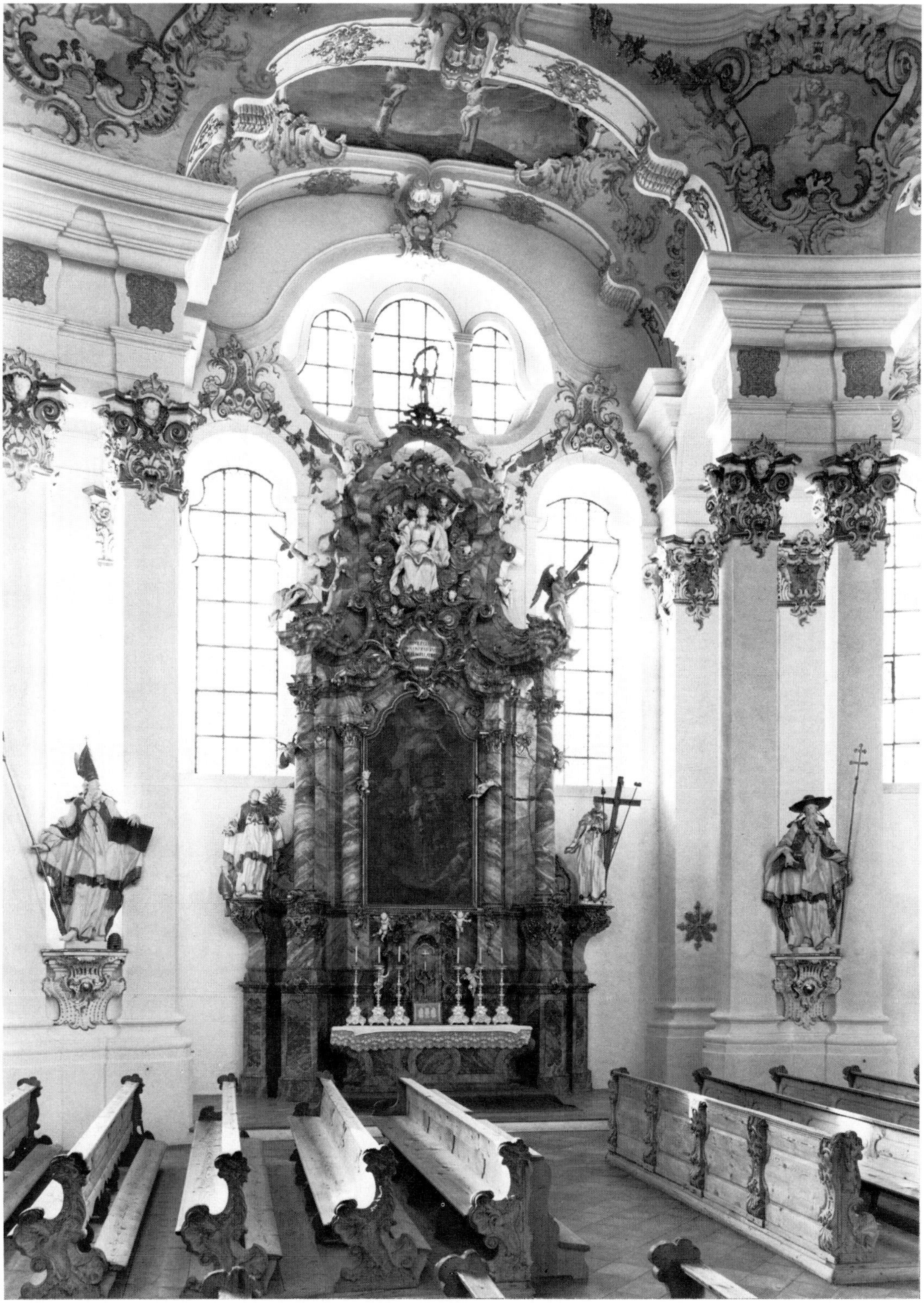

168 Wies, südlicher Seitenaltar im Langhaus, 1754/56

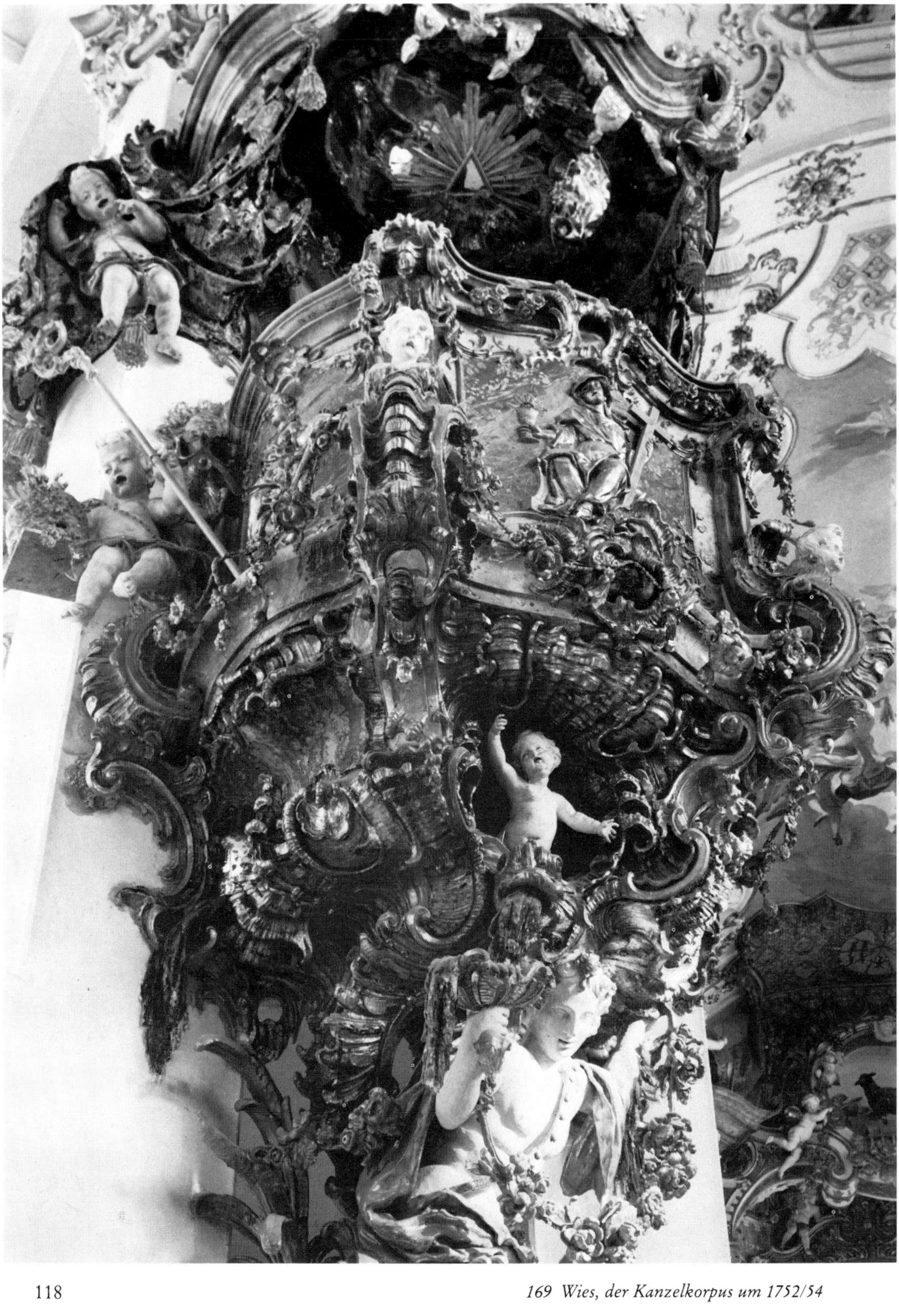

169 Wies, der Kanzelkorpus um 1752/54

Befreiung eines Lepra-Kranken, der ans Haus gefesselt ist. Christi Gewand ist hier stets rot-violett und blau. Die Bilder entsprechen diesem Wallfahrtsraum und seiner Idee, Christus, der gegeißelt wurde und gesühnt hat, vermag zu heilen, zu helfen und er wird verherrlicht.

Das *Deckenfresko*, umgeben von kühnem Rahmen aus verschiedensten Stuckteilen, zeigt zwar die Darbringung der arma Christi, der Geißelsäule, des Kreuzes, des Schweißtuches, der Lanze, des Isopstabes und der Dornenkrone, doch ist der Kern des Themas die Versöhnung Gott Vaters mit der sündigen, durch Leiden und Kreuz Christi erlösten Welt im Beisein des Hl. Geistes. Diese Heilsgewißheit wird dem Wallfahrer vorgetragen und mitgegeben. J. B. Zimmermann erreichte hier hohe Meisterschaft. Der Aufbau der Komposition beginnt rechts unten in schräger Linie mit dunkleren Tönen und leitet zur Geißelsäule, auf deren Fuß der Freskant »Zimmermann pinx.« bescheiden einschrieb und sich emportragen läßt. Mehrere Schräglinien durchziehen das Bild. Die Farben sind großartig verteilt bis zur hellen Lichtglorie Gott Vaters, aber im einzelnen subtil gewählt. Diese feinsten Nuancen des Rot-braun-gelb und Blau finden sich selten bei J. B. Zimmermann in dieser Vollendung. Jeder der größeren Engel ist mit größter Sorgfalt erfaßt in wechselnder Gebärde und in der kaum übertreffbaren farbigen Behandlung der farbwechselnden Flügel. Diese Fläche erarbeitete er allein, im Umgang und im Langhaus halfen mehrere Kräfte, wohl auch sein Sohn Franz und vielleicht sein Schüler Martin Heigl.

Das Auge verweilt ebenso gebannt bei der umgebenden *Stukkatur* des Chores. Dieser Wechsel von Öffnungen und Verschränkungen, von Volutenknoten und sich entspannenden Flächen, von aufwärts strebenden und in die Höhe züngelnden und von abwärts rieselnden Formen, von versprühenden Goldpunkten und sanft behütenden Linien sind persönlichster Ausdruck. Dieses Temperament aus vitalen und sich verändernden Strömungen, dieses übersensible Aufgeschlossensein für Gegensätze in Rhythmik und Tastgefühl – ohne Assonanzen einzumischen – hat Johann Baptist Zimmermann nie besessen, weder Übelhör noch Feichtmayr. Es entscheidet das spezifische Lebens- und Erosgefühl, die Erfülltheit zum intensiven Einsatz vieler Sinne und entsprechend wirkender Kunstelemente. D. Zimmermann besitzt die Fähigkeit, die Gestaltungsmittel aus Tast- und Farbsinn zu einen.

In der französischen und höfischen Stuckkunst sind die Kompositionen homogener, aber auch mehr von Vernunft und Abstraktion geleitet. Wie auf blumenreicher Wiese mischt D. Zimmermann die verschiedensten Formen: seine Wölbungen und Einziehungen, seine schwellenden Erhebungen und sanften Senkungen, seine Kanten und Muldungen. Man vermeint, dem bewegten Spiel seiner sensiblen Hände zusehen zu können. Er überschüttet freudiger, konzessionsloser und erregbarer als sein Bruder. Dieser konnte nicht diese verschiedensten Formen an den Chordurchbrechungen so dicht nebeneinandersetzen und die ungleichmäßigen naturbedingten und abstrakten Formen nebeneinander und ineinander wachsen lassen. (Umschlagbild) Da blüht ein edler Zweig neben flachen Bandornamenten, da sind Rosetten und dort urige Verknorpelungen, hier flammen Feuerzungen und dort biegen sich Muschelformen auf, hier herrscht geregeltes Bandornament, dort wuchern herabhängende kleine Versteinerungen, hier sammeln sich straffende Kräfte, dort verströmen sie leise. Diese Phantasie, Urfülle und Mannigfaltigkeit, diese ganz bestimmten Voluten und Verknotungen stammen nur von Dominikus Zimmermann. Nur von ihm kann die Vorzeichnung zum besprochenen Riß des Chorstucks in Weilheim gerissen worden sein. Der höfische Zeichner hat geglättet und nach seiner Vorstellung »kultiviert«, doch D. Zimmermann hat die Formen auf dem Riß verschiedentlich nach seinem Sinn wieder geändert.

D. Zimmermann wurde noch nie in seiner eigengestalterischen und geistvollen Vorstellungskraft und in seiner hohen Leistung als Stukkator genügend gewürdigt, für dessen Fach er seine plastische und architektonische Begabung und seine einzigartigen Scagliola- und Stuckmarmorfarbeneinstellung einsetzen konnte. Die Wies strahlt außerdem seine rasche, stete Ausbildung seiner Einzelformen aus, die sich über Steinhausen, Günzburg und Buxheim St. Anna ergaben.

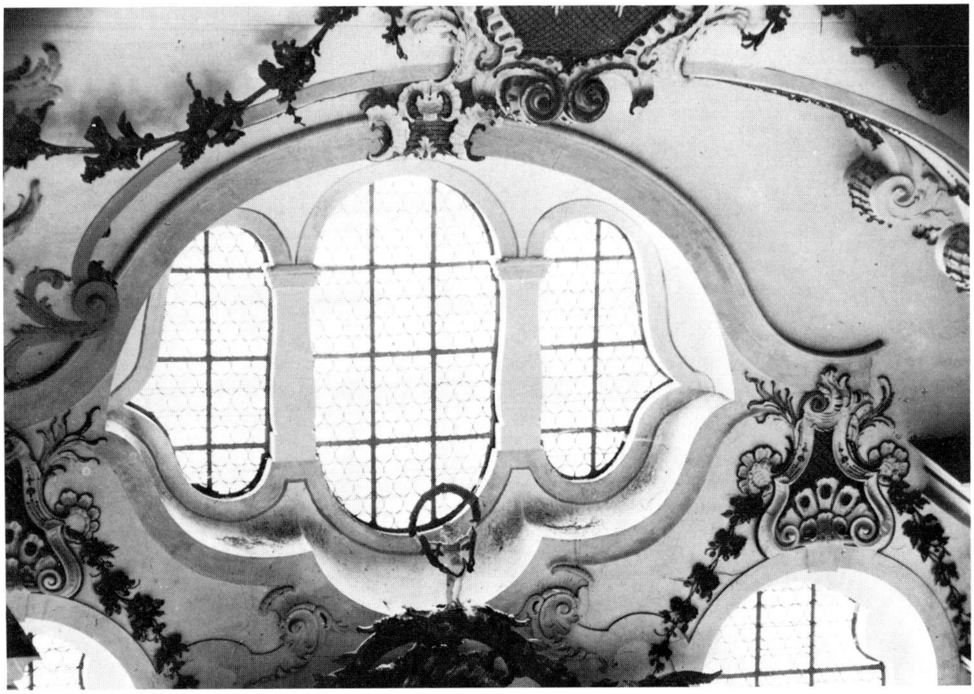

Die *Farbenwelt* von D. Zimmermann ist ebenfalls nach eigenem Farbempfinden gestaltet. Sie unterscheidet sich von Johann Baptist Zimmermann: in Buxheim St. Anna, in den Stuckbereichen von Steinhausen, in Landsberg St. Johannis. In Günzburg war D. Zimmermann mit der Farbgebung nicht zufrieden (Schöttl). Er war zu oft abwesend und der Maler provinziell.

Es ist anzunehmen, daß D. Zimmermann seine Farbenvorstellungen dem Faßmaler genau angab, eventuell in Probestücken selbst durchführte. An Originalität ist seine Farbgebung in den

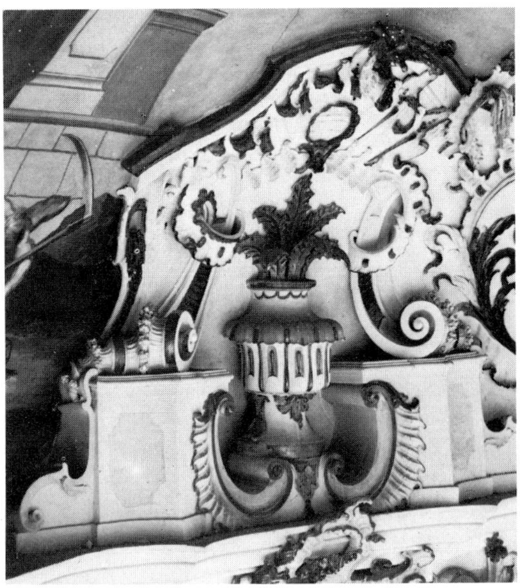

170 Oben: Wies, Langhausmitte, oberes Querfenster als Lichtschale

171 Wies, Langhaus, Nordseite, Vase in Stuck-Architektur-Höhlung unterhalb Ewigkeitstor

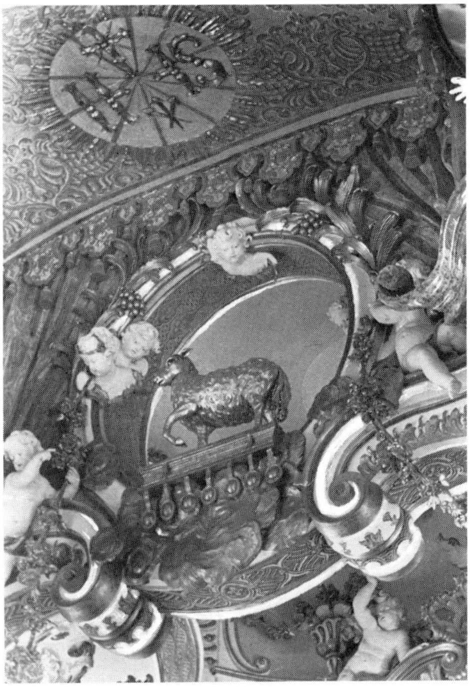

172 Wies, Chor, Gewölbezone, Raumdurchbruch mit apokalyptischem Opferlamm

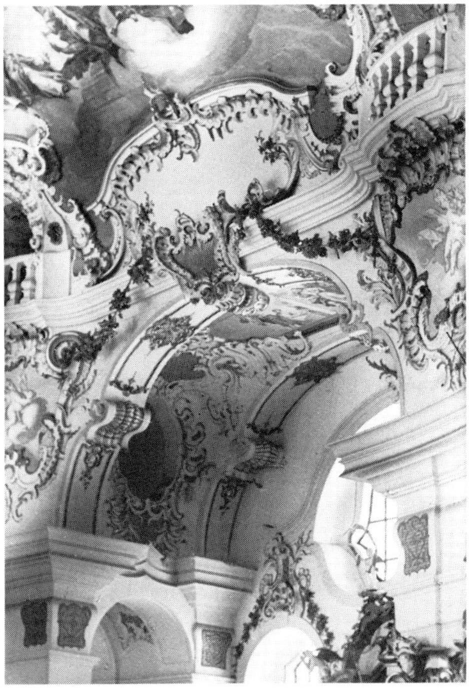

173 Wies, Langhaus, Gewölbezone-Detail

Fischinger Altären und in späteren kaum zu übertreffen, so subjektiv sind sie empfunden. Seine Farben bemalen nicht, sondern berühren, betupfen oder fließen durch, um die Feinnervigkeit seiner Säule, ihre spezifische Rhythmik in den Windungen bloßzulegen und zu erhöhen. Man müßte der Entwicklung der Farbe und der Farben bei D. Zimmermann nachspüren wie der Ausbildung seiner Stuckformen und Auftragungen.

Im Langhaus hält sich D. Zimmermann von der Farbe zurück, da im Chor das Himmlische aufjubelt. Doch hält im Gemeinderaum bereits der Frühklassizismus Einzug, der das Weiß (nicht das chemische des 20. Jahrhunderts) bevorzugt in Verbindung mit Goldlinien und Feldern. D. Zimmermann setzte das Gold noch punktweise wie das Spätrokoko ein, um das zarteste Detail zu erhöhen.

Diese Sonderbehandlung der Farbe äußert sich bei D. Zimmermann am kultiviertesten und erregbarsten in den Durchbrüchen des Chors. Man sprach von »Wiesen der Blumenfeste«, von der »Welt der tausend Wunder«. Der Stuck züngelt in der Mitte wie aufleuchtendes Feuer, fließt in Wellen wie die vom linden Wind bewegte See, rauscht wie vornehmste Seide. Hier sind die märchenhaften Farben Rosa, Lind, Blau, Violett und Gold darübergehaucht. Kein Thronsaal ist festlicher als der Chor der Wies. Über das duftige Haarnetz aus Goldfäden, die prickeln, ziehen leichte Lichtschwaden, manchmal nur Reflexe. Der zarteste Farbenschmelz erhält linde Wärme von tastenden Strahlen der Sonne.

Werte des Stucks, der Farbe und des niemals farblosen Lichts sind als Eigen- und Sonderwerte erkannt und in harmonischer Verbindung eingesetzt.

Nochmals sei ein Blick zum Vergleich auf die Kämpferzone (unterhalb des Freskos) im Gemeinderaum geworfen: zwar zeigen die Balkönchen und Vasen-Höhlen ähnliche Verknorpelungen, von sanftem Wind bewegte Wellen, schäumende und auszackende Bekrönungen, den raschen

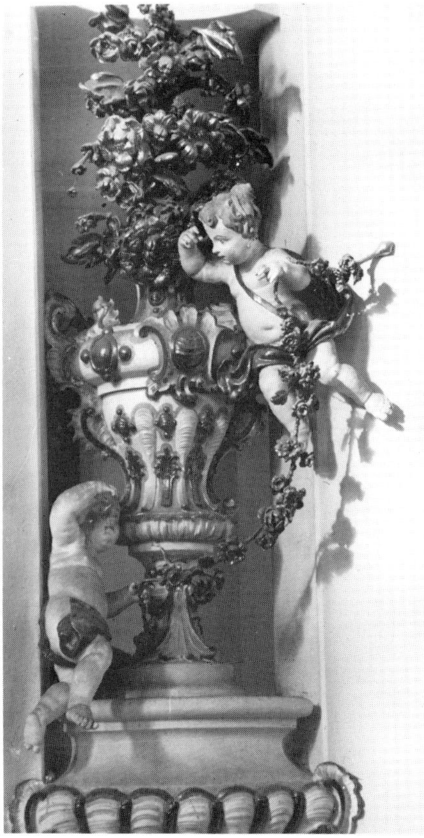

174 Wies, Vase zwischen Langhaus-Säulen

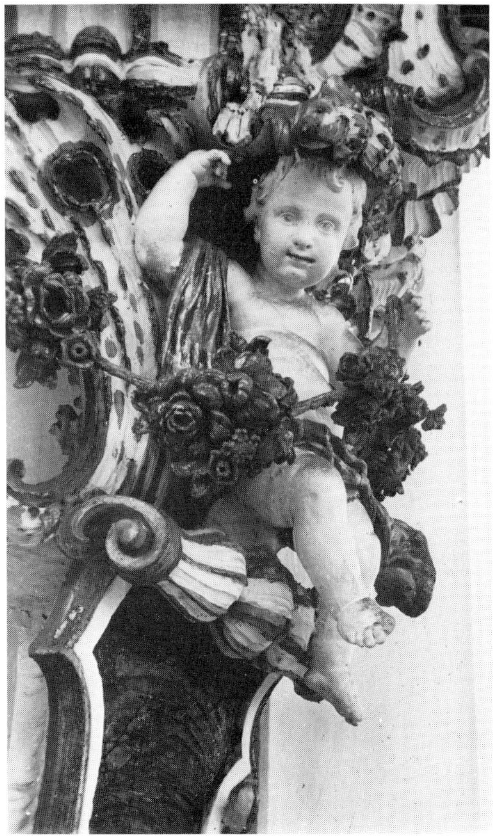

175 Wies, Abt-Oratorium, Detail mit Englein

Wechsel von C-Bogen und Palmenbüschel wie der Chor, doch ist die Gesamtanlage nach bereits vier bis fünf Jahren Pause (1749 – ca. 1753) besänftigter. Der Chor ist als Altarstätte stets reicher gestaltet. Jetzt ist Zimmermann und die Zeit der Stilentwicklung beruhigter geworden, abwägender, aufgeschlossen dem sich nun ankündenden Frühklassizismus. D. Zimmermann führte im Gegensatz zum Chor sanfte Inseln zwischen Akzenten ein: die großen und kleineren weißen Mauerflächen in der Süd- und Nordachse und in den Diagonalecken. Zunächst werden hier die Wellenschläge der Kartuschen am reich profilierten Freskogesims teils mit Rahmenbüscheln (zu den Vasen hin), bald mit verknorpelten C-Bogen (den Balkönchen zu) abgefangen (Abb. 173). Frühklassizistisch sind im bayerischen Rokoko die am oberen Abschlußrand aufgehängten frei schwebenden und vergoldeten Blumengirlanden, die bald am Wappen von Abt Marian Mayr und von Stift Steingaden, bald weiter oben erscheinen und sich um das ganze Oval ziehen. Auch hier zeigt D. Zimmermann in vier bis fünf Jahren stilistische Weiterentwicklung mit sensiblem Gefühl für die Zeitschwingungen. Die Zäsur Chor und Langhaus ist in jedem Detail faß- und fühlbar.

Der Chor hätte nach Aussage des Abtes als Kirche allein bestehen können. Aber er wagte trotz Warnungen den Ausbau des Gemeinderaumes. Abt Marian II. Mayr, ein Landsberger, der D. Zimmermann nahestand, mußte zurücktreten. Er nahm in der Wies seinen Aufenthalt und schrieb mit seinem Ring, glücklich über seinen vollendeten Bau in ein nicht mehr erhaltenes, doch fotografiertes Fenster: Hoc loco habitat fortuna/hic quiescit cor. (Hier wohnt das Glück, hier befriedet sich das Herz). (Nach anderer Meinung stammt diese Inschrift von Abt Michel Gilbert II, dem letzten Abt von Steingaden.) (Abb. 187, 189)

Dominikus Zimmermann blieb ebenfalls in der Wies. Sein Sohn Franz Dominikus heiratete am 9. II. 1750 die verwitwete Wiesbäuerin Maria Lory. Er arbeitete nach der Überlieferung als Palier in der Wies und betätigte sich – wie mancher Künstler des Barock – auch als Wirt auf der Wies.

D. Zimmermann hatte nach dem Tod seiner Frau und der Absage des Klosters Schussenried, ihn als Pfründner und Bauaufsicht für den Klosterbau zu übernehmen, sein Haus in Landsberg verkauft und hatte sich neben der Wieskirche ein einfaches Haus gebaut, das heute noch steht. Hier starb er im 81. Lebensjahr am 16. XI. 1766.

Schon 1750 war ihm Egid Asam, von dem er manche Anregung empfangen hatte, 1753 Balthasar Neumann und am 6. Mai 1766 Johann Michael Fischer vorausgegangen.

*

Die hier eng gesetzten Grenzen lassen das Lebensbild und Werk D. Zimmermanns sowie sein Hauptwerk, die Wies, nur kurz skizzieren. Die Hochschätzung, die er bei den Bürgermeisterwahlen in Landsberg und bei den Bauherren erfuhr, zeugt für seine Beliebtheit. Wenn er auch in Gutenzell erklärte, er hätte als Erbauer der Wies diese »gestuckhadort«[65] und sich deutlich als der Stukkator der Wies bezeichnet, so war er trotzdem ein bescheidener, vielseitig begabter, äußerst sensibler Mensch. Der Tod seiner Kinder und seiner Frau traf ihn hart. Er konnte ein Haus kaufen, aber vermögend wurde Zimmermann nie. Wahrscheinlich hat er zeitlebens die Kostenvoranschläge zu preisgünstig eingereicht, da die gleichen Schwierigkeiten immer wiederkehren. Ihn erfaßte das Werk, die künstlerische Leistung. Durch sein demütiges Votivbild 1757, in dem er kniend für das Werk dankt, erhalten wir eine gewisse Vorstellung von seiner Menschlichkeit und seinem Aussehen. Die Tracht des Bürgermeisters, die er anzog, und seine großen Signaturen in Steinhausen und Wies offenbaren, daß er sich als Persönlichkeit, Architekt und Stukkator einschätzte.

Sein Grab in Steingaden ist unbekannt. Entweder befand sich dieses im Kreuzgang oder er wurde im Familiengrab Lory beerdigt.

Das Lebenswerk Dominikus Zimmermanns ist gut erhalten. Die überwiegende Mehrzahl seiner Altäre, seiner Scagliolen, seiner Stuckarbeiten, Kirchen und Klöster blieb bestehen. Am meisten gefährdet sind seine überraschend subtilen Farben an den Außenwänden und am Stuck. Von den Renovatoren, die die Wies 1904/7 restaurierten, erhielt ich noch persönliche Berichte, wie behutsam sie arbeiteten, so daß die kostbare Farbfassung der Wies dem Original sehr nahesteht. D. Zimmermann leistete Einmaliges in steter Eigenprägung als Scagliolist, als Altarbauer, als Stukkator, als Architekt. Bereits mit 22 Jahren fertigte er die Scagliola-Altäre in Fischingen KT Thurgau, die auch heute nach der ausgreifenden Inventarisierung zu den prachtvollsten und farbempfindlichsten Spätbarockaltären über den Alpen zählen. Er entfaltet sich bis zu den jeweils von ihm neu geprägten Altartypen in Würzburg–Neumünster, Günzburg, Landsberg St. Johannes und Wies. Langsam reifte Dominikus Zimmermann zum Architekten, der in Maria Medingen originell ausgewiesen wird. Da und dort werden von ihm noch Arbeiten bekannt werden, aber das umrissene Bild wird von ihnen kaum wesentlich geändert werden, da Steinhausen, Günzburg und Wies die gültigen Hauptwerke sind.

Der Pfarrherr von Steingaden, der D. Zimmermanns Tod in seinen Matrikelbüchern vermerkte, brachte seine Eintragung mit dem Programm der von D. Zimmermann erbauten Wieskirche in Verbindung: mit dem verschlossenen Tor in die Ewigkeit, (Westseite Langhausfresko), in dessen Haus nun D. Zimmermann eingegangen sei.

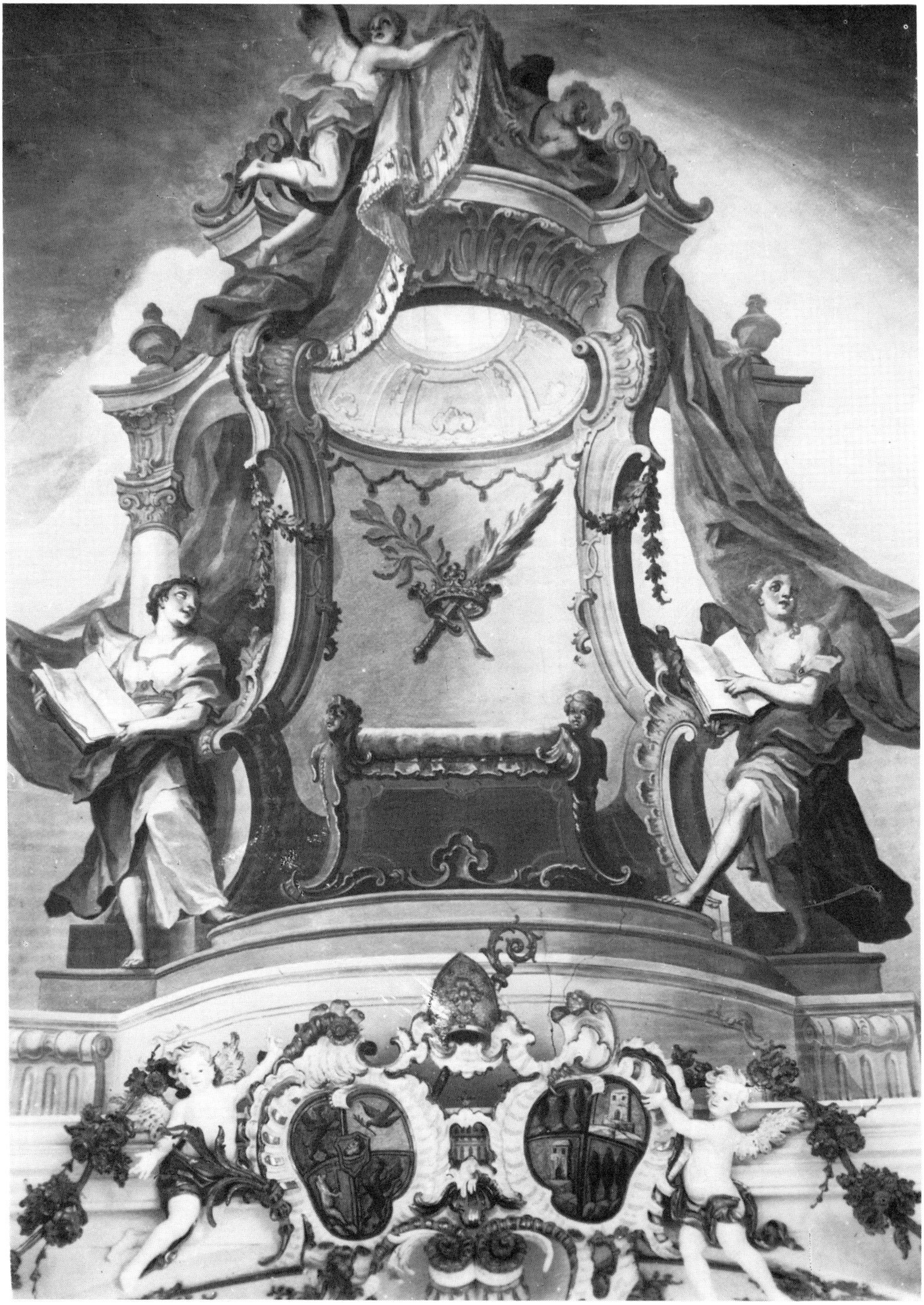

176 Wies, Langhausfresko-Detail, Der noch nicht besetzte Richterstuhl von J. B. Zimmermann, um 1753/54

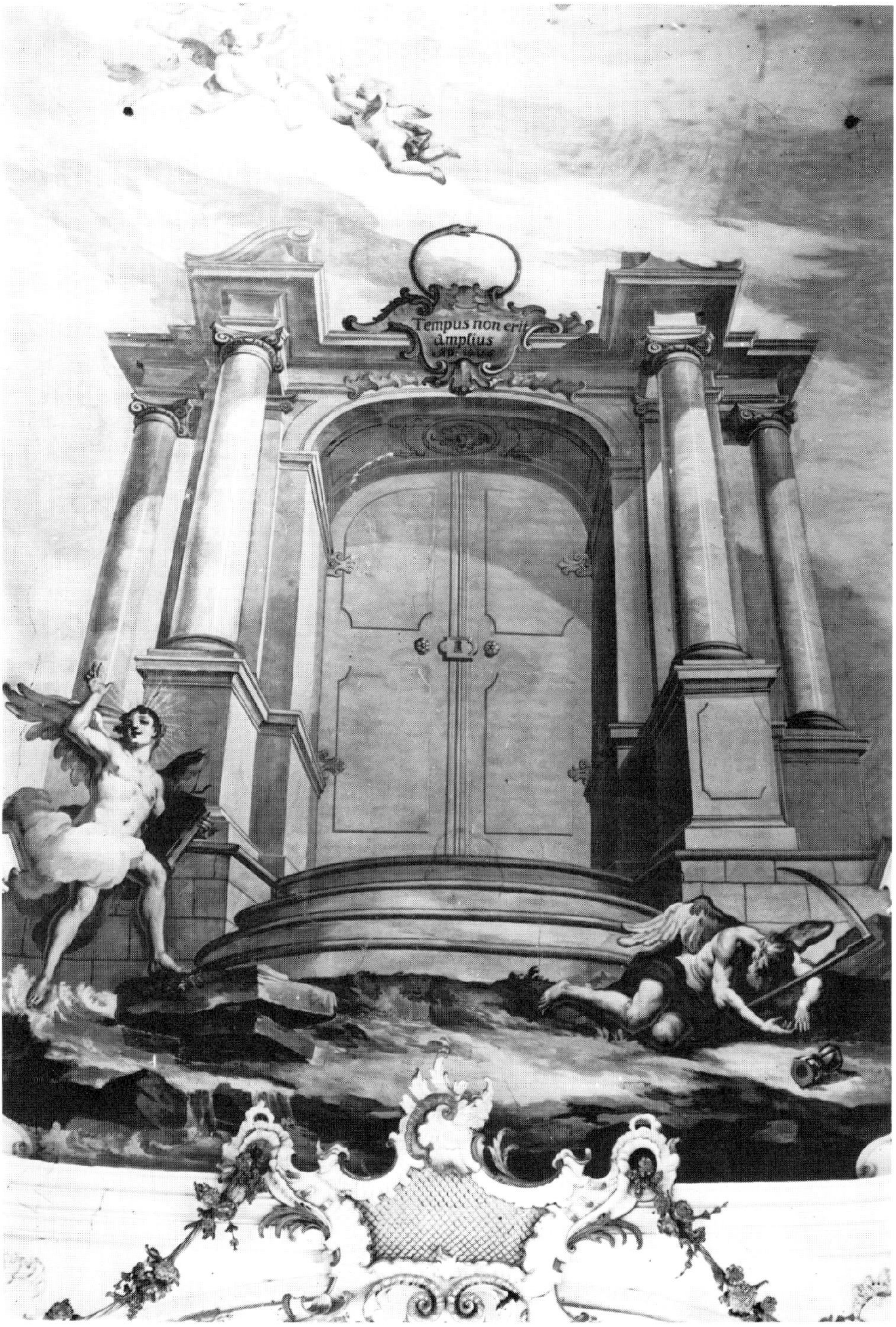

177 Wies, Langhausfresko-Detail, das gegenüberliegende, noch verschlossene Portal zur Ewigkeit

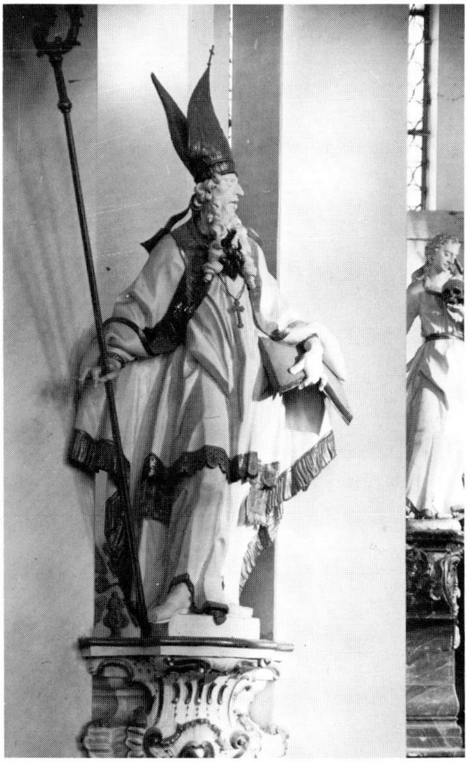

178 Wies, St. Augustin (rückwärts in berechneter Perspektive Figur von M. Magdalena) um 1754

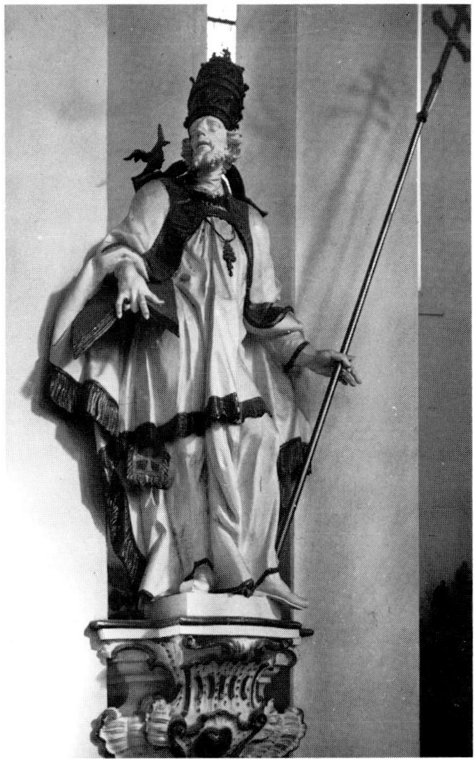

179 Wies, Kirchenvater Papst Gregor d. Gr. von Sturm, beide Figuren auf der Nordseite

Bevor man die Wieskirche verläßt, drängen sich einige Gedanken auf, die zu einem Gesamtbild führen wollen.

Das *theologische Grundthema* der Kirche ergibt sich aus Liturgie, Altar, Gnadenbild, Fresken, Statuen. Eindringlich wird heute nach dem Leitthema, dem Kern, dem Ernst einer Kirche gefragt, vornehmlich bei Bauten, in denen Raum und Ausstattung so sinnenhaft sind wie in einer süddeutschen Rokokokirche.

Das Thema, das den Wallfahrer vom Prozessionsumgang aus zunächst eingrenzt, ist die Abfolge der Büßer und Büßerinnen bei Christus. Das Entscheidende ist die Annahme der Buße und die Verzeihung durch den, der durch sein Blut für alle gebüßt hat. Es sind Szenen der Heilsgeschichte dargestellt, die dem Christen bekannt sind. Im Chorumgang leuchten die Wunder der körperlichen und seelischen Heilungen und die Erweckung des toten Lazarus hinter den schrägen Lichtöffnungen des beginnenden Chorgewölbes auf. Deren Randzonen erscheinen wie kostbare Rahmen. Die Bildfolge ist noch heller belichtet als im Umgang des Gemeindehauses.

Diese Szenen greifen uralte Wallfahrertröstung auf. Sie stammen aus der Zeit und dem geschichtlichen Leben Christi.

Im Hauptfresko thront Christus. Er ruft auf und verweist mit seiner Linken auf sein Herzblut. Hier wirkt die Gegenwart: die christliche Gemeinde erwartet die Wiederkunft des Herrn. Keine Vision eines Heiligen wird eröffnet, sondern die bevorstehende Wiederkehr Christi, der sich jetzt allen zeigt: dies ist der für die anwesenden Gläubigen zutreffende Zeitpunkt.

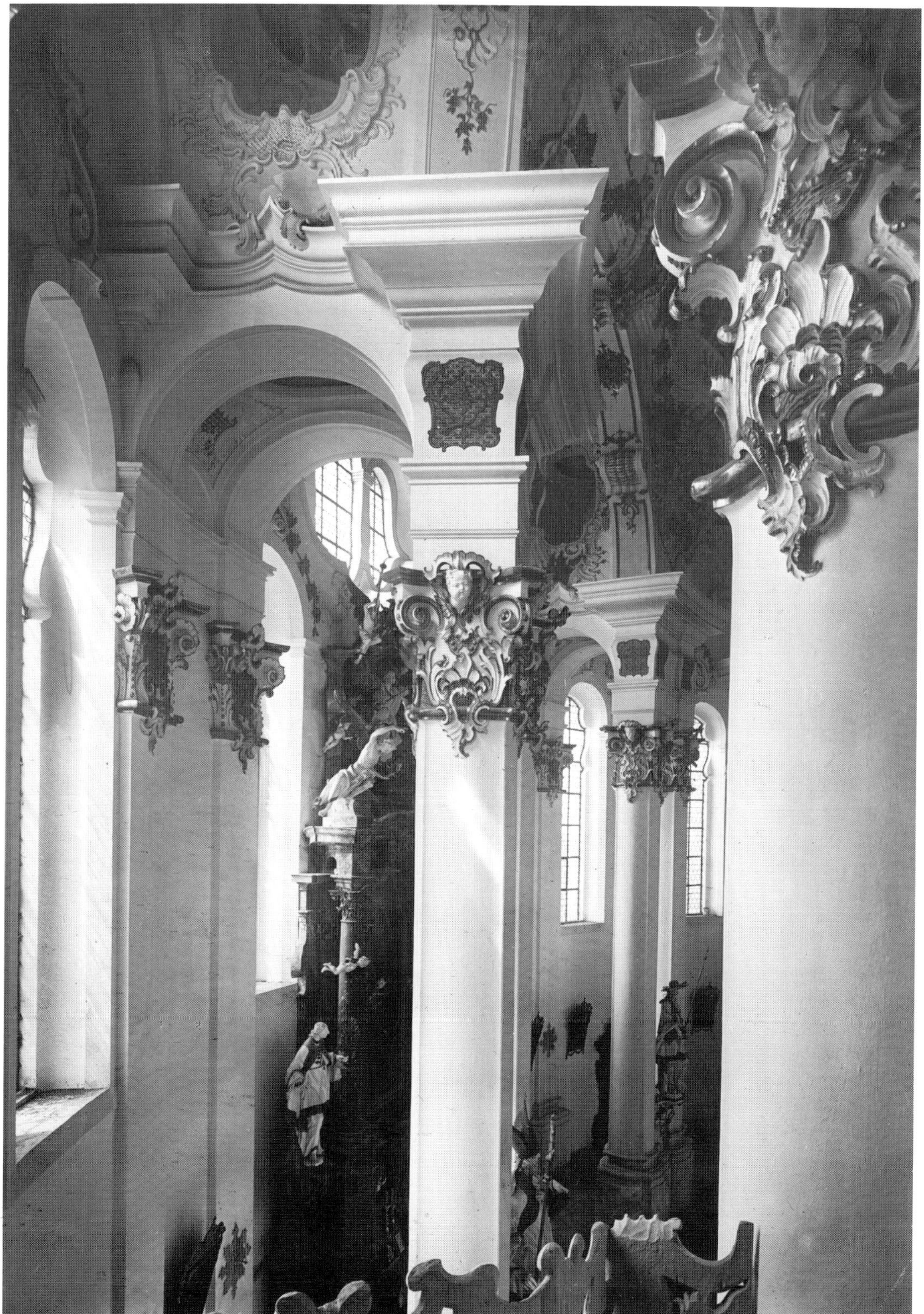

180 Wies, Blick von Orgelempore in linken Chorumgang

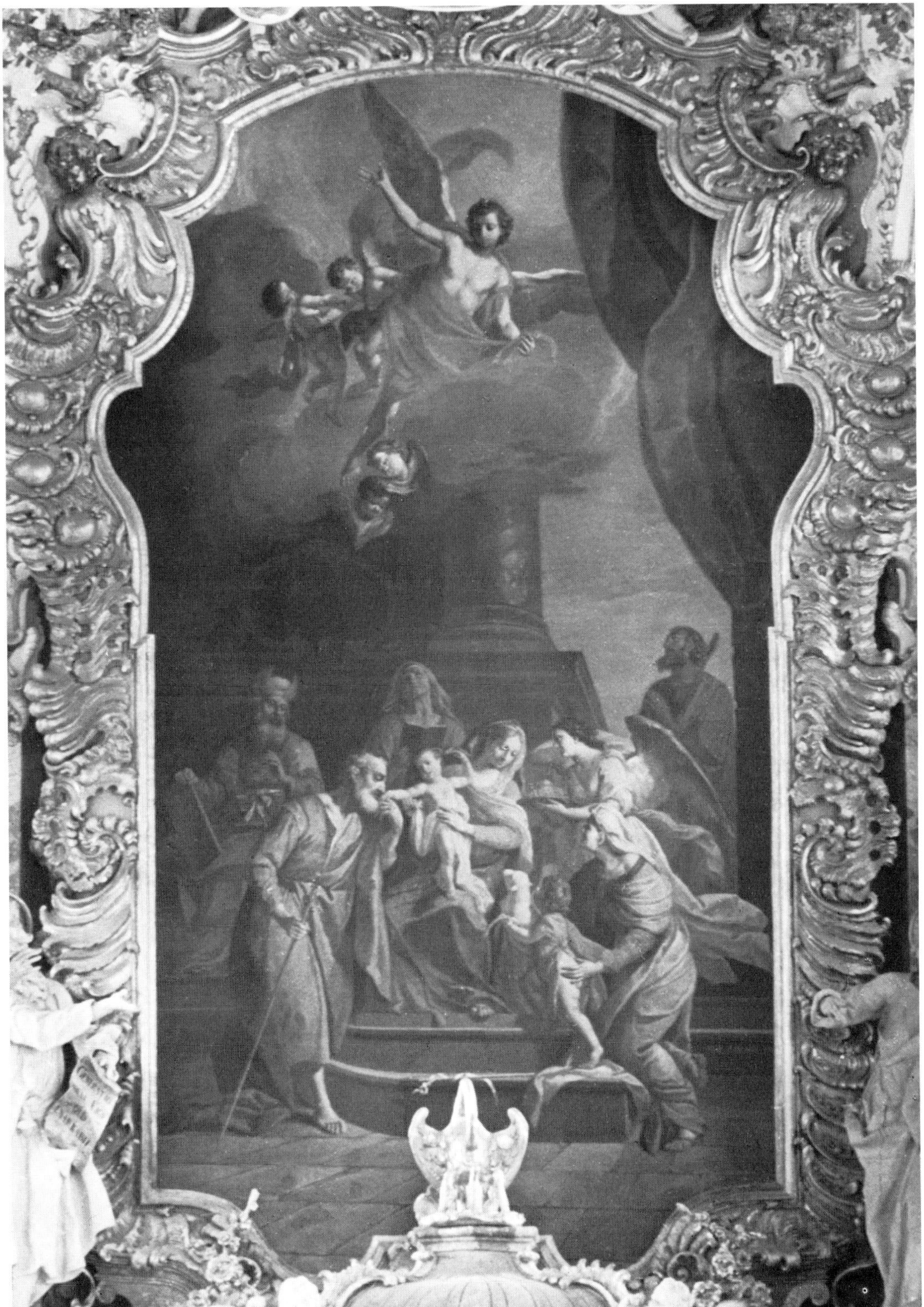

181 Wies, das Hochaltarbild: Maria, aus dem Geschlecht Davids, zeigt das Erlöserkind der hl. Sippe von B. A. Albrecht, 1748/49

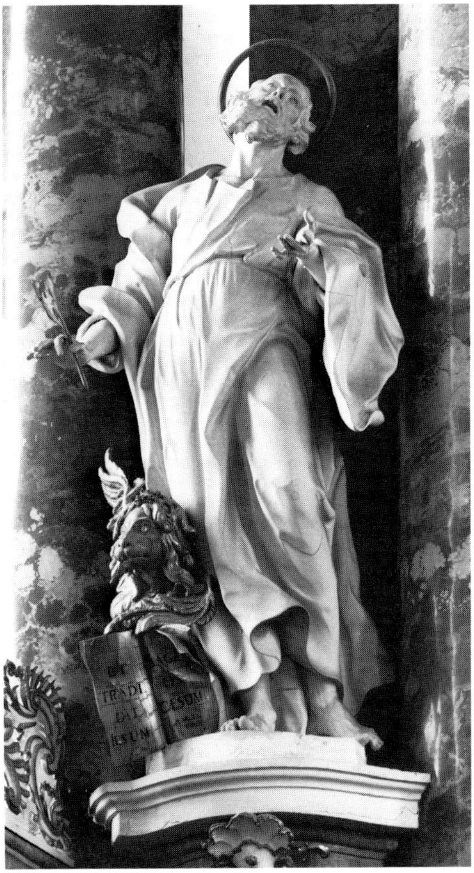

182 Wies, Hochaltar, Figur des hl. Markus von E. Verhelst, um 1749

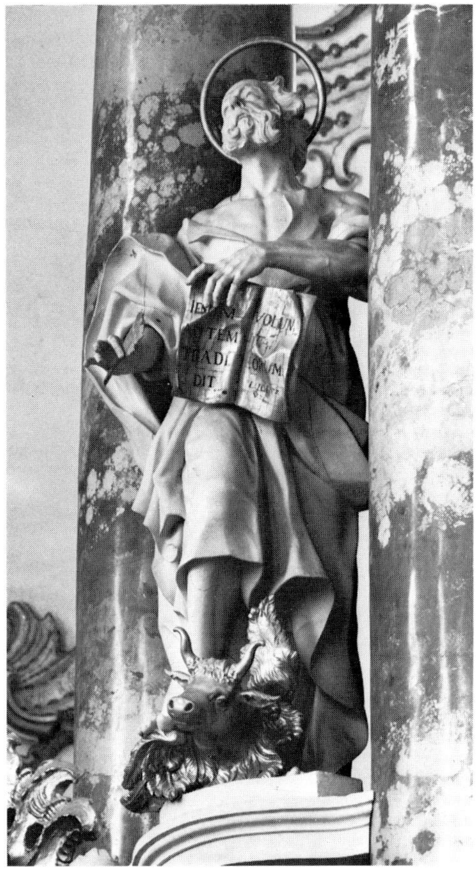

183 Wies, Hochaltar, Figur des hl. Lukas von E. Verhelst

Noch bläst der Engel nicht, ist für den Lebenden das Tor zur Ewigkeit verschlossen und der Richterstuhl ist unbesetzt. Nicht die Zukunft ist dargestellt, sondern die gegenwärtige Situation im Hinblick auf die Apokalypse: die Möglichkeit der Um- und Heimkehr. In diesen weiten Himmel ragt kein Element der Erde und keine Architektur der Menschen. Das Terrestrische ist auf die Gemeinde und deren Raum beschränkt.[66]

Das Chorfresko, ebenfalls ein offener Blick in den Himmel, der sich in der obersten Gewölbezone ohne Verbindungen mit dieser Erde erschließt, stellt die Versöhnung Gottvaters durch die arma Christi (Geißelsäule usw.) vor. Dieser zeitgebundene Akt vollzog sich – nach den Predigern des 17. und 18. Jahrhunderts – nach dem Tode Christi und wird nach theologischer Lehre und liturgischem Gebet durch jeden Gedächtnisgottesdienst durch die Darbringung Christi erneuert. Die Szene ist mit Christi Zeit *und* der Gegenwart unmittelbar verbunden.

Man könnte von visionären Gewölbefresken in Langhaus und Chor sprechen, aber sie entstanden aus christlicher Anschauung, um Bilder der Heilswahrheit der Erlösung aufzudecken. Als visionär wird die Zukunft angesprochen, wenn das Lamm mit den sieben Siegeln (über dem Hochaltar), ein Hinweis auf das Versöhnungsopfer, nach Johannes Ev. erscheint (Off. 5,12; 7,14f.; 13,8; 17,14; 21,22). Da der Glaube den Christen keine Illusion ist, wird in christlichen Kirchen die Annahme einer »illusionistischen Malerei« bei Darstellungen von Heilswahrheiten diesen nicht

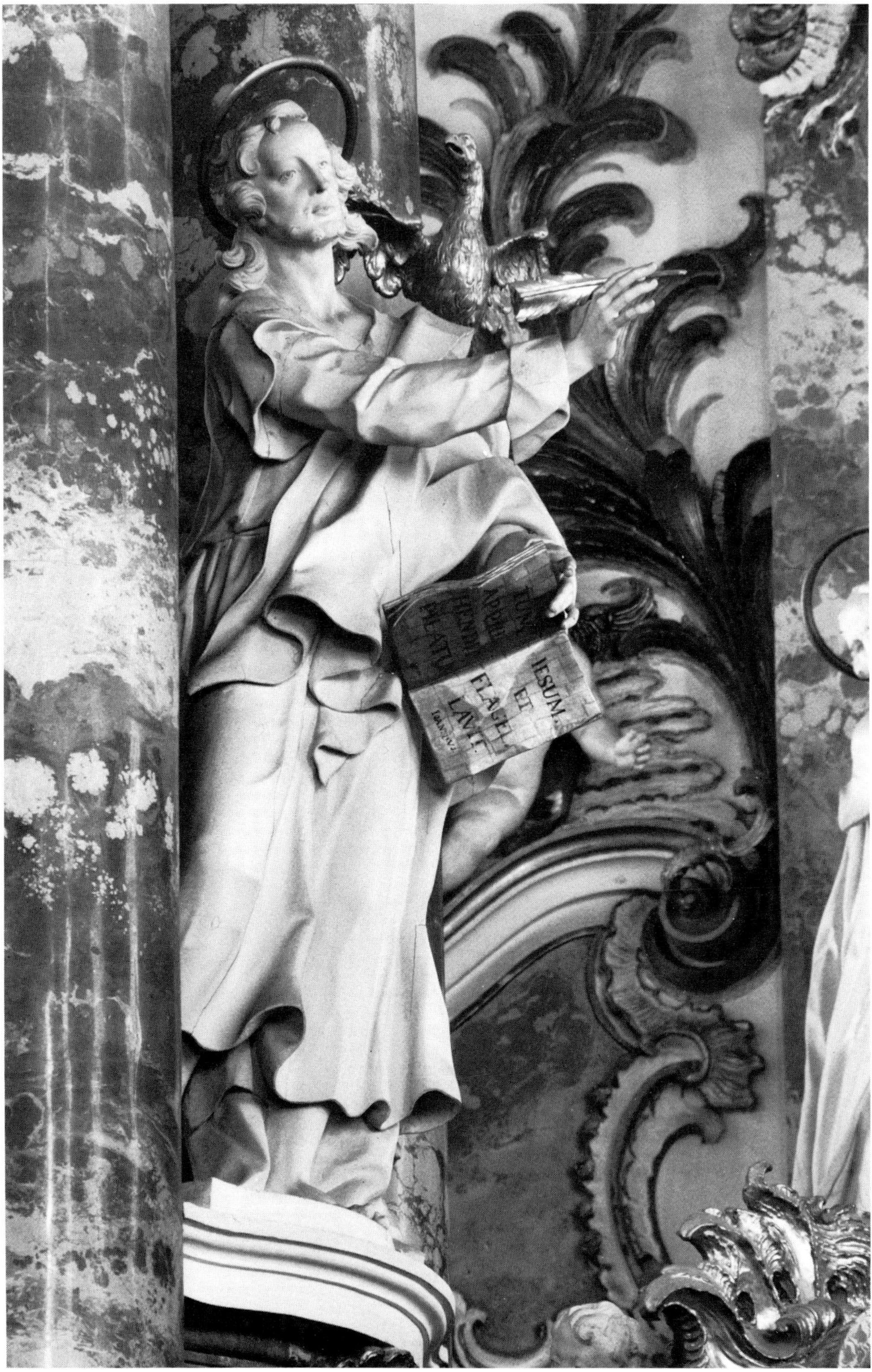

184 Wies, Hochaltar, Figur des hl. Johannes von E. Verhelst

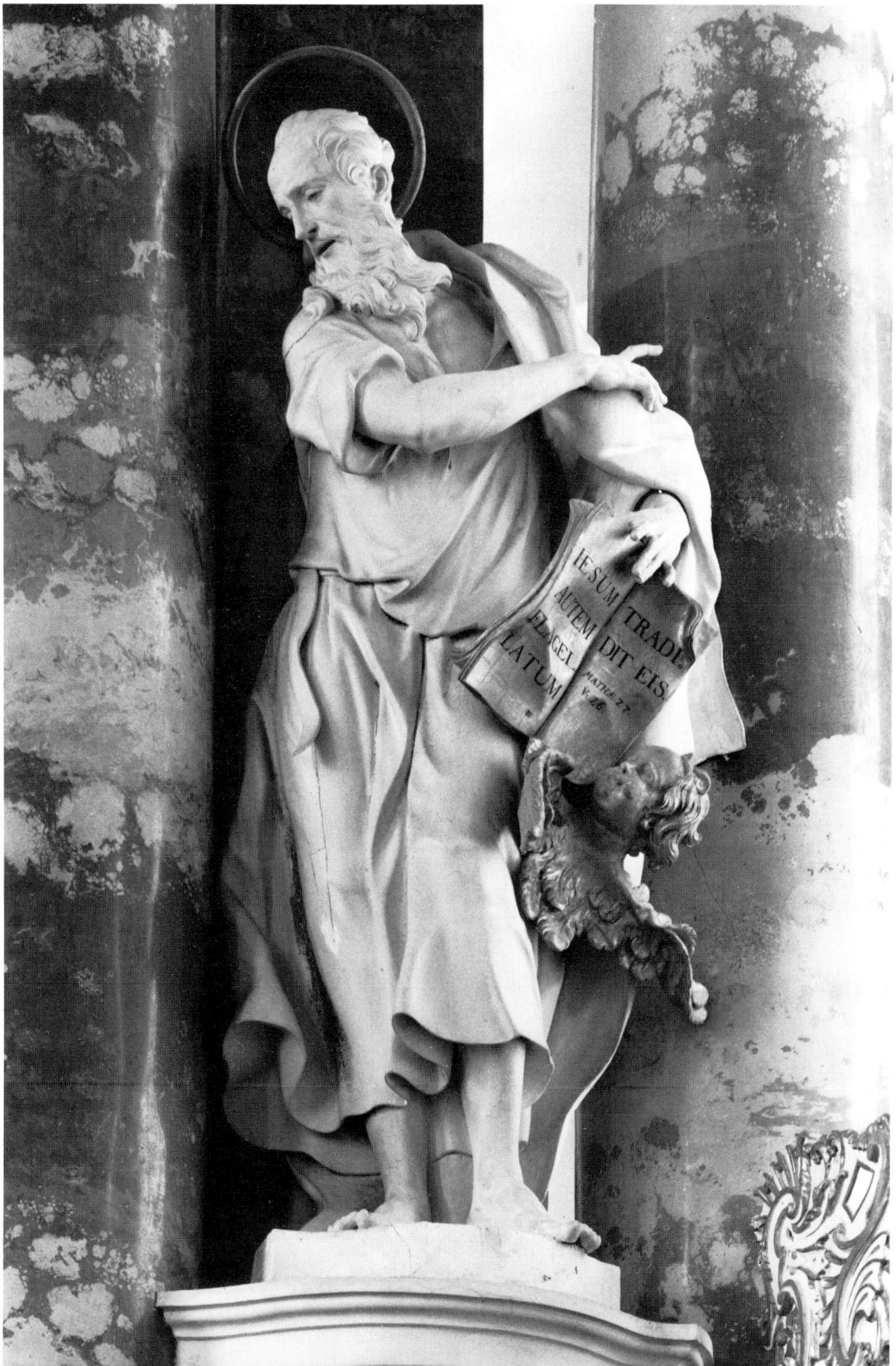

185 Wies, Hochaltar, Figur des hl. Matthäus von E. Verhelst

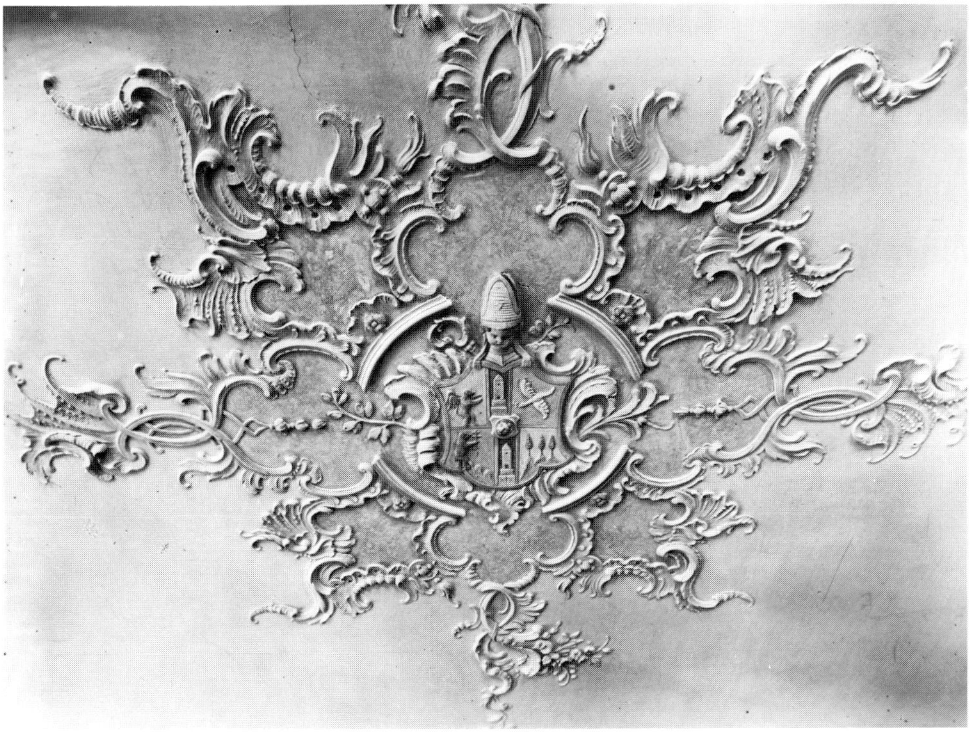

186 Wies, Stuckdecke in Abteizimmern des Priesterhauses

gerecht. Es besteht eine Grenze zwischen profanem und christlichem Rokoko. Nicht alle Maximen lassen sich übertragen. Profanes Rokoko kann trotzdem in Überhöhung oder Verchristlichung in die Kirche einziehen.

Die *Räume und Zeiten* sind hier zur Einheit fortbewegt. Der Christ lebt schon auf der Erde in der Ewigkeit, die er in sich trägt und der er angehört. Die Bilder der Bibel sind für ihn oft mehr Gegenwart als Geschichte. Wie kaum eine Kirche ist die Wies dem Augenblick geöffnet, der momentanen Aussprache von Licht, von der Kunst wie von der Religion aus, doch ist dieser in die Ewigkeit eingebunden. Ein Schweben durch die Zeiten ist erreicht. Aus diesen letztmöglichen Spannkräften von Zeit und Ewigkeit lebt die Wies.

Die Gemeinde erlebt nur *eine* Kirche, ein Reich Christi: die streitende, die im Gemeinderaum versammelt ist und die »triumphierende«, d. h. die ewig in der Liebe lebende Gemeinde der himmlischen Ewigkeit, die das Fresko vor Augen stellt. Ein Raum umschließt sie. Kein Riß, keine Vortäuschung, keine Illusion. Diese Zeit-Ewigkeitsspannung symbolisiert das Tor, das an die Zeit des Stundenglases des Chronos *und* wiederholt an die Ewigkeit erinnert. *Die Wies ist der Ort des Währenden, Dauernden.*

Gnadenbild, Altar, Freskenthemen, Farbführung sowie Figuren stellen das theologische Thema der Wieskirche klar heraus: die Liebe Christi und der göttliche Ratschluß der Dreifaltigkeit erlöst und löscht das Sündige. Im Mittelpunkt des Langhauses wird im Deckenfresko auf das Herz Christi hingewiesen. Die sonore Symbol-Farbe Rot ist perspektivische, verbindende und anklingende Leitfarbe: vom geöffneten Tabernakel über die blutüberströmte Geißelsäule und Christusfigur bis zu dem dunklen Rot des in die Hermeneutik eingespannten Hochaltars mit roten Säulen und mit Evangelienbüchern, die in den Händen der Evangelisten auf das vergossene Blut Christi aufmerksam machen. Der Pelikan über dem Tabernakel gibt sein Blut für das Leben seiner Jungen. In der entscheidenden Hauptachse West-Ost hat sich der Pelikan auch auf der Orgel niedergelassen. Hier schließt das Hochaltarbild mit dem über Maria menschgewordenen Christus an (»Mausoleum Davids«). Die Konzeption ist straff christologisch nur auf biblischen Unterlagen und ohne Heiligenhimmel aufgebaut. Die Unmittelbarkeit der Begegnung Gemeinde – Erlöser ist kaum in einer zeitgenössischen Kirche so klar und zielbewußt formuliert wie in der Wies. Es überwältigt das durchklingende Thema der verzeihenden Liebe. Durch diese ergibt sich das Streben nach den evangelischen Räten (Acht Seligkeiten im Langhaus zwischen Erde und Himmel). Die Wies ist die *Kirche göttlicher Erbarmnis.* Auf einem Spitzenbild der Sammlung Michael Hartigs (Akt Wies) steht: »Du unerschöpflicher Brunnen der Barmherzigkeit.«

Da die theologischen Leitlinien und Symbole in die künstlerischen Gestaltungen übergegangen und zur Einheit geworden sind, mußte Dominikus Zimmermann an der Gesamtformung wesentlich und entscheidenden Anteil haben. Sie ist konform mit seiner christlichen Persönlichkeit und milden Menschlichkeit. Kein zweites Votivbild eines Rokokobaumeisters ist bekannt, wo dieser dankbar vor dem Himmel kniet, der ihm das Werk ermöglicht hat. (Abb. Nr. 4/5) D. Zimmermann schrieb sich mit großen Buchstaben an der Unterseite der Orgelempore an: DOMINIKUS ZIMERMAN BAVMEISTER V: LANDSPERG. Man findet die Inschrift erst dann und kann sie erst lesen, wenn man die Kirche verläßt. Man denkt an mittelalterliche Hinweise: Gedenke des Baumeisters mit einem Paternoster. Begabung und Begnadung war bei D. Zimmermann mit Demut geeint.

Das Oval des Gemeindehauses bietet Geborgenheit. Nicht mehr Majestät und herrschaftliche Würde der Barockepoche empfängt die Gläubigen als Geschöpfe des allmächtigen Gottes, sondern die liebenswürdige Aufnahme bereitet Freude, geladen zu sein. Die Strenge geometrischer Räume ist – auf der Höhe süddeutschen Rokokos – verwandelt in die anmutige »Oval«- oder Eiform, das Symbol beschützten Lebens. Dieser Raum löst und lockert.

Wo es nur möglich ist, ist er auf Rhythmus, auf Losbindung und Entwirrung, befreiendes Atmen und beglückendes Schauen bedacht. Er vermittelt Entspannung, bis auch seelische Erleichterung und Entlastung folgt. Die Bilder der Barmherzigkeit bekräftigen vom Geistig-Geistlichen aus. Elemente des Räumlichen greifen in seelische Bezirke über. Der ins Ätherische leitende Säulenumgang beschenkt mit nie erreichter lockernder Rhythmik, die sanft ansteigende Höhe erhebt. D. Zimmermann hat sich um diese Wirkungen der Architektur im Dienst des Menschlichen und Seelischen bemüht, wie das Gesamtkonzept aufzeigt. Hier äußert sich auch die große Gegensätzlichkeit und Andersartigkeit zur Kirche in Steinhausen. Die Architekturstilistik unterscheidet sich nur um zehn bis zwölf Jahre. Doch der Gesamtraum *und die* Gesamtthematik ist grundsätzlich verändert, nicht zur Straffung, sondern zur Befreiung geführt.

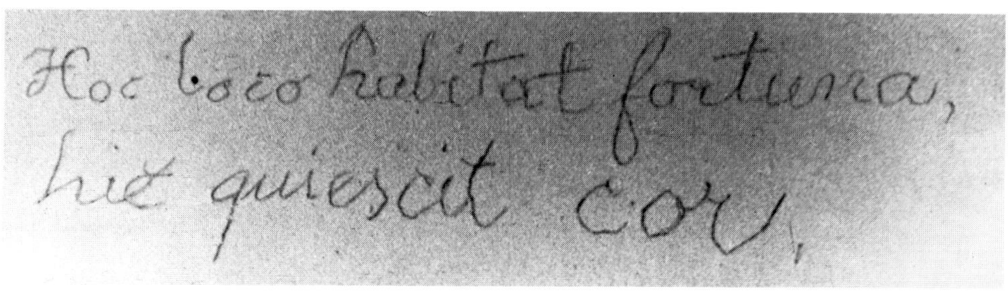

187 Wies, Abteizimmer, Inschrift in einem Fenster (zerstört)

Schönheit und Sinnenhaftigkeit sind in dem katholischen Kirchenbau aufgenommen und überhöht. »Was kein Auge gesehen und kein Ohr gehört und was in keines Menschen Herz gedrungen ist, hat Gott denen bereitet, die ihn lieben.« (Js 64,4; 1 Kor 2,9) Es entsteht im Verfolg der Ästhetik keine »Unwirklichkeit eines Bildes«, da Heilswahrheit vertreten ist, in der der Abglanz von Gottes Schönheit aufleuchtet.

Raum, Rhythmus, Licht und Farbe erheben die Wies in das Reich des Schönen. Sie ist nur zum Teil erfaßt, wenn sie »malerische Architektur« genannt und zum »Bild« erhoben wird. Dominikus Zimmermann verband als sensibelster »Architektus« seiner Zeit möglichst alle Sinne, das Auge, das hier trunken und entrückt werden soll durch Lichtspiel und Farbenwunder, das Ohr, das die himmlischen Melodien der Welt und Überwelt hier empfängt und die Musik aufnimmt, deren königliche Vertreterin die Orgel ist, und das Raum- und Tastgefühl, das durch D. Zimmermann in eine neue Kategorie übergeführt wurde, die ihn in besonderem und außerordentlichem Maße zum Stuck-Architekten erhob. Diese Kategorie ließ ihn zum führenden Meister bayerischen Rokokos erküren. Das, was in des Menschen Herz durch die Liebe eindringt (s. oben 1 Kor 2,9), versuchte D. Zimmermann nach dem Text der Lesung des Kirchweihfestes in Ahnung des Überweltlichen darzustellen: »Siehe das Zelt bei den Menschen. Er wird bei ihnen wohnen. Und sie werden sein Volk sein; und er, Gott selbst mit ihnen, wird ihr Gott sein. Und Gott wird abwischen jegliche Träne von ihrem Auge. Der Tod wird nicht mehr sein, noch Trauer, noch Klage, noch Schmerz wird mehr sein.« Die Wies-Kirche ist *die Kirche der Freude.*

Bei der näheren Bestimmung dieser neuen *Kategorie des Stuck-Architekten,* der die Formbarkeit seines Stuck-Stoffes in den gesamten Raum als fließendes Element einbringt und nicht »die umfassenden Wände entwertet«, sondern von seinem Ziel aus durchgestaltet, ergibt sich auch die notwendige Abgrenzung zur *»Vorarlberger Bauschule«.* Ihr Bestreben war niemals die Freiheit der Wieskirche. Sie baut mit festen Mauern, mit Einsprüngen, Wandpfeilern und Pilastern, bis sie zu Abrundungen vordringt; trotzdem sie über Kaspar Moosbrugger das Oval einführt, verbleibt es dort als ein- und festgebundener Chor. Das Licht wird geregelt, die Farbe dosiert, den aufgetragenen Stuck schaffen von Ort zu Ort hauptsächlich die Wessobrunner. Ihr Ziel wird von ihr erreicht. Dominikus Zimmermann, der Einzelheiten der Architekturführung übernimmt und der Auer Architektengemeinschaft dankbar verbunden bleibt – beim Bau des Chores der Wieskirche verunglückte der Vorarlberger Josef Walser tödlich –, bewegt sich in das Zentrum des Rokokos: letzte Unbeschwertheit und ätherische, farbenfunkelnde Schwingungen in rhythmisiertem, sonnenhaftem Raum der Tastbarkeit zu erreichen. Die Beweglichkeit und innere Heiterkeit siegte. Das andere Kleinod des süddeutschen Rokokos, Birnau, am sanften Ufer des Bodensees, wurde nicht aus diesen Vorstellungen konzipiert und ist von anderen Kategorien aus in seiner Einmaligkeit zu erfassen. Hier waltete der Maler Göz aus Böhmen mit changierenden Farben und half der Wessobrunner Josef Anton Feichtmayr dem genialen Baumeister Peter Thumb, ohne seine Stuckkunst in ganzem Einsatz verwerten zu können.

Grundvoraussetzungen des Baues der Wies war die Reife des sechzigjährigen Meisters, der von Werk zu Werk sich bedachte und voraneilte, bis dieses Werk irdischer und überirdischer Entrückung ermöglicht wurde; war seine Verbindung mit seiner Familie, da die Brüder durch Jahrzehnte zusammenarbeiteten und der Sohn als Palier diente; war die enge Verbindung mit seinem Heimatort, der Wessobrunner Bau- und Stukkatorenschule. Diese stellte auch die Mitglieder seiner feinfühligen Werkschar[67]. Die letzte Grundvoraussetzung für den geläuterten Künstler und Christen war die Erkenntnis, daß Glaube, daß Erde und Himmel einem Reich, der durch die Erlösung erreichten Harmonie von Natur und Übernatur zugehören. Dominikus Zimmermanns Werk ist singulär. Er erreichte *die Kirche der Verklärung.*

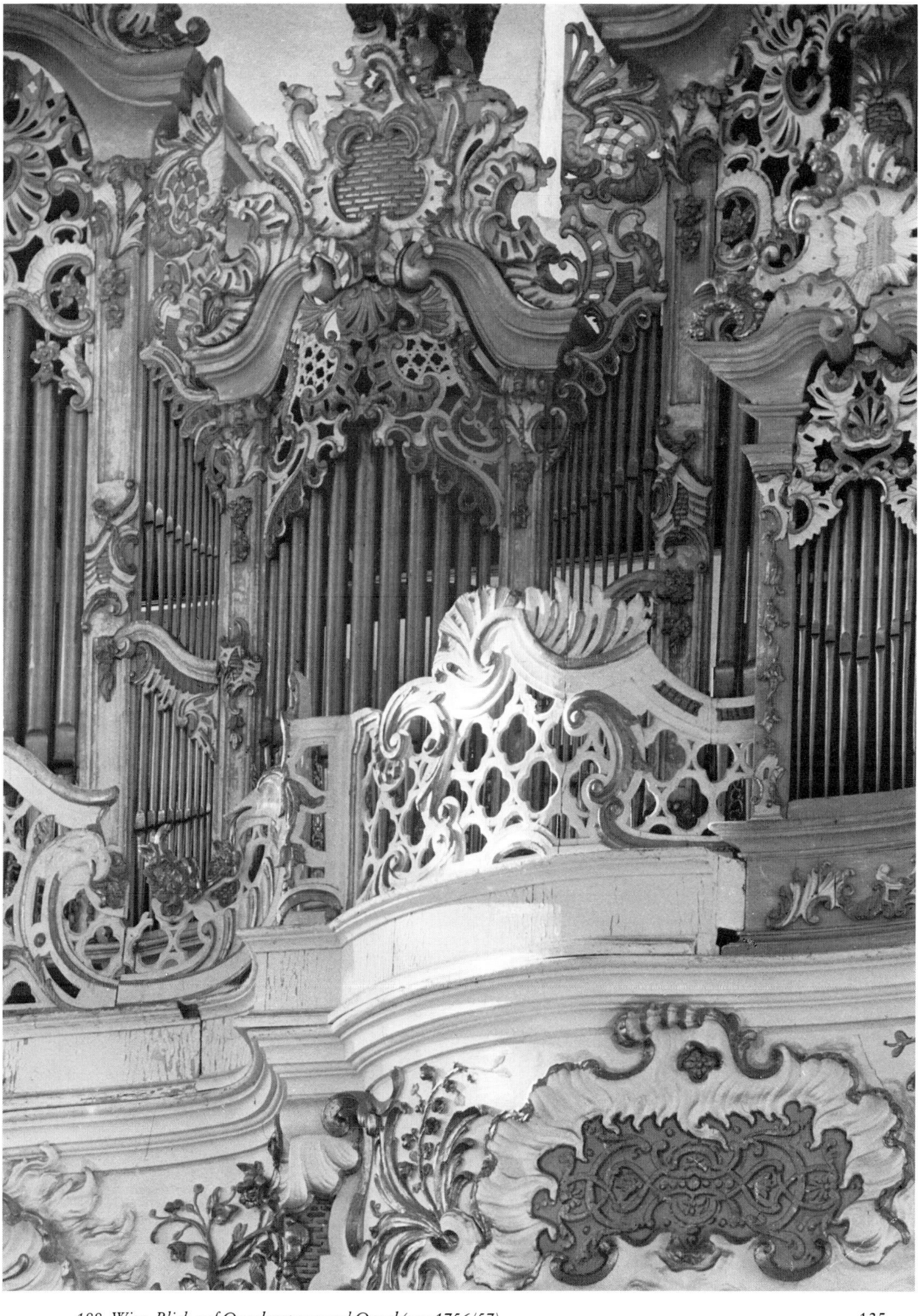

188 Wies, Blick auf Orgelempore und Orgel (um 1756/57)

189 Wies, Wappen des Abtes Marian Mayr und der Abtei Steingaden am Chorbogen (um 1754)

Anmerkungen

1 Literatur zu Wessobrunn (stets nur auszugsweise): Leutner Coelestin, Historia monasterii Wessofontani ... 2 Tl. Augsburg 1753 – Kunstdenkmäler I, 1 Obb. Bez. A. Weilheim 1895, S. 737–740 – Lindner P. Pirmin, Monasticon Episcopatus Augustani antiqui. Bregenz 1913, S. 96–100 – Hemmerle Josef, Die Benediktinerklöster in Bayern. II Augsburg 1970 S. 336–342. – H. Wichmann, Bibliographie der Kunst in Bayern II Wiesbaden 1964 S. 705–706. – Speziell zur Kunst: Hager Gg., Die Bautätigkeit und Kunstpflege im Kloster Wessobrunn und die Wessobrunner Stuccatoren. In Obb. Archiv f. vaterländische Geschichte Bd. 48 Mchn. 1894 S. 195–521 – Schnell H., Die Bedeutung von Wessobrunn. Festschrift N. Lieb. Zeitschr. f. bayer. Landesgeschichte 35 S. 186–201. – Führung. In Schnell, Großer Kunstführer Bd. 13 Mchn. 1953, [6]1979. Vgl. auch Schrifttum S. 140. Verf. hat den größten Teil der Matrikeln in Wessobrunn im Hinblick auf Kunsthandwerker verzettelt. (Vgl. Archiv Hg. Schnell)

2 Trautwein Johann, J. J. Herkommer (1648–1717). Phil. Diss. Mchn. 1941. X und 151 S. Ms. (U 1941–4930) – Dussler P. Hildebrand, Der Allgäuer Barockbaumeister J. J. Herkommer. Leben und Werk. Allgäuer Heimatbücher 52. Kpt. 1956, 132 S.

3 Schnell Hugo, Die Scagliola-Arbeiten Dominikus Zimmermanns. In Zeitschrift des dtsch. Vereins f. Kunstwissenschaft, Berlin, 1943 Bd. X, Heft 1/2 S. 105–128 (mit Abb. der einzelnen Arbeiten) – Semper Hans, Carpi, ein Fürstensitz der Renaissance. Dresden 1882 – D. E. Tirelli, Guida storicoartistica di Carpi. C. 1900. – Neumann Erwin, Materialien z. Gesch. der Scagliola. In Jahrbuch der Kunsthist. Sammlungen in Wien. Bd. 55. 1959. S. 76–158.

4 Schnell H., Die Scagliola-Arbeiten (s. Anm. 3) S. 107–109 – Birchler Linus, D. Zimmermann in der Schweiz. In Bodenseebuch 1942 S. 67–68. – Knoepfli Albert, Die Kunstdenkmäler (KD) des Kt Thurgau II Bez. Münchwilen, Das Kloster Fischingen S. 63–226.

5 Schnell, Scagliola S. 120 und 121 (oben Anm. 3) – Bernhard Schütz, Niederschönenfeld, In Schnell, Kl. Kunstführer Nr. 966, Mchn. 1971, [2]1977.

6 Durchgesehen 1952 im Archiv der Abtei Ottobeuren, Bestand Kartause Buxheim, Manualien des Priors bzw. Procurators 1700 1750 (Auszüge über Künstler im Archiv H. Schnell) – Breuer T., Stadt- und Landkr. Memmingen, Bayer. Kurzinventar IV Mchn. 1959 S. 81–92. – Arens Fritz und Stöhlker Friedrich, Die Kartause Buxheim bei Memmingen in Kunst und Geschichte. B. 1962 – Stöhlker, Die Kartause B. 1402–1803, bis 1979 vier Lfgn. bis 1554, B. 1974 f. – Thon Christina, J. B. Zimmermann als Stukkator, Mchn. 1977, Buxheim S. 371 (Reg.).
Friedrich Stöhlker teilte mir dankenswerterweise aus ungeordneten Buxheimer Rechnungen in Ottobeuren mit:
»Anno 1709/ haben wir hernachbenante In allhiesigen Gotts Hauß vnd/ Closter zu Buxheim den Anfang gemacht/ In der Ney Ehrbauten Capell den 2 Junijus/ Auch widerumb Zum Endt gemacht den 7 october Dise fällig Zeit Ehrstreckht sich gegen 96 täg 1 halb / M. Dominicus Zimerman 91 tag 1 halb dut 91 fl: 1 halb / Dominicus Göbhart 96 tag 1 halb dut 41 fl: 55 Kr. / Benedickht Zöbff 45 tag 1 hallb 19 fl: 44 Kr. / Diser ist angestanten allhie den 11 augustij / Suma dut. 100. 53 fl. 4 Kr. / Ich Dominicus Zimerman bekhene / das alles bezallt.«
»Von dem Löblich. Closter Buxheimb / bin ich Ends Vnder schribner Vor die / gedingte stuckhadorarbeit den 28 octobr. / völlig mit Danckh bezahlt wordten. / Suma 620 fl. / Dominicus Zimerman / Anno 1710.«
Zur Wiederherstellung vgl. Walther Bertram, Die Restaurierung der Kartausen-Kirche in Buxheim. Im 15. Bericht des Bayer. Landesamtes für Denkmalpflege 1956 S. 31–38.

7 Braun Walter, Grabungen in der Kreuzherrenkirche zu Memmingen. In »Das Münster« I Mchn. 1947 S. 110–111 (mit Abb.).

8 Schnell Hg., Die Scagliola-Arbeiten D. Zimmermanns. S. 109–111 (s. Anm. 3) – Lieb N., Biberbach. In Schnell, Kunstführer Nr. 768, [1]1962, [2]1972. – Wörner-Neu, Ehem. Ldkr. Wertingen. Bayer. Kurzinventar XXXIII Mchn. 1973 S. 46f.

9 Schnell, Die Scagliola-Arbeiten ... (Anm. 3) S. 111 f. – A. Horn, KD Schwaben III Ldkr. Donauwörth Mchn 1951 S. 546f.

10 Schnell Hg., Scagliola-Arbeiten (s. Anm. 3) S. 124f.

11 Schnell Hg., Scagliola-Arbeiten (s. Anm. 3) S. 123 – Scagliola-Antependium und bemerkenswerter Stuckmarmor-aufbau des Hochaltars und Scagliolen der Seitenaltäre in KD Bayern, Schwaben I Bez. Amt Nördlingen Mchn. 1938 S. 255 f. nicht erwähnt

12 Schnell, Scagliola-Arbeiten (s. Anm. 3) S. 121f. – Schnell, Bad Waldsee, Württ., Kl. Kunstführer Nr. 517 Mchn. 1945, [2]1974

13 Schnell, Scagliola-Arbeiten (Anm. 3) S. 113 (stets mit Abb.)

14 Thon Christina, J. B. Zimmermann als Stukkator, Mchn., Schnell & Steiner 1977, Anm. 785 S. 281. Dazu Schnell in Kirchenführer 554 v. 1951, [3]1970. Vgl. auch Sixtus Lampl zum Streng, »J. B. Zimmermann als Altarbauer« in »Zwiebelturm« 1967 H. 5 S. 108/9

15 In Buxheim z. B. wird Dominikus Z. für den Stuck in der Klosterkirche genannt, aber trotzdem muß angenommen werden, daß im figürlichen Teil, bes. der Gruppe der Pieta, Johann B. geholfen hat. In einer subtileren Kunstgeschichte ist Archivstudium *und* Stilistik als eigenstes Gebiet des Kunsthistorikers einzusetzen

16 Thon Chr. (Anm. 14) Ortsregister Ottobeuren. – Lieb N., Ottobeuren und die Barockarchitektur Ostschwabens. Diss. 1931, Memmingen S. 38

17 Muchall-Viebrook Th., D. Zimmermann. L. 1912 S. 9–12. – W. Meyer, KD Bayern/Schwaben VII Landkr. Dillingen A. D., Maria Medingen, Mchn. 1972 S. 690–754. – Jul. Schöttl, Kloster M. Medingen. Schnell, Kunstführer 509/1942, [3]1970. – Im Tagebuch von P. Pankraz Nothelfer (1731/56), Schussenried, wird der Baumeister anläßlich des Todes seines Sohnes 1753 genannt: »Bürgermeister und Baumeister D. Zimmermann (!) zu Landsberg i. B.«

mit Aufzählung seiner Werke incl. »Nonnenkloster zu Maria Medlingen«. U. a. bei A. Kaspar, Der Schussenrieder Bibliotheksaal und seine Schätze. Erolzheim 1954 S. 72. – Ebenso erwähnt im Tagebuch des Kanzleisekretärs Johann Heyser im Kloster Neresheim (P. Weißenberger im Archiv f. d. Geschichte des Hochstifts Augsburg, Dillingen a. D. VI 1929, 654)
Im Ratsprotokoll Landsberg vom 30. VII. 1716 heißt es noch: »Dominicus Zimmermann, seiner Profession ein Stuckhadorer«. Zu gleicher Zeit verhandelte er – zumindest als Bausachverständiger – über den Klosterbau in Maria Medingen

18 Michael Petzet, Stadt und Landkreis Füssen. Bayer. Kurzinventar. Mchn. 1960 S. 50–53

19 Mertin Paul, D. Zimmermann und sein Verhältnis zu Johann Jakob Herkomer und Füssen. In Alt Füssen, Beilg. zum F. Blatt, 18. Jg. 1957 Nr. 1 (nicht 4)

20 Nach Herkommers Tod erkundigte sich der Abt von Fultenbach über Herkommers Mitarbeiter. Nach Lothers Name heißt es: »H. Dominico Zimmermann habe in Stuckkadorerarbeith nichts gesechen, in dem Marmolieren ist er aber als »guett.« Brief v. 22. Nov. 1717 des Abtes. (H. St. A. München Kloster Fultenbach Lit. Nr. 32 fasc. 4) Der Abt war anscheinend nicht genügend orientiert über D. Zimmermann, da der ältere Lotter (Lother) im Vordergrund stand

21 Stadtarchiv Landsberg a. L. – Bezold – Hager, KD Oberbayern I Lfg. 6 Mchn. 1893 (bearbeitet 1888) S. 510–511. – Muchall-Viebrook, Anm. 13, S. 70–72 u. T. 26 und 29. – Ein Votivbild v. 11. X. 1744 in der Franz Xaver-Kap. der ehem. Jesuitenkirche L. zeigt die (wahrscheinlich) früheren Farben der Fassade: Lisenen gelb und ebenso Flächen über den 2 Seiteneingängen und zwischen den Fenstern des 1. Stockes (1934 noch sichtbar). Die 3 Portale rot umrandet, Englein über dem 1. Stock rosa gefaßt und die Randlinien des oberen Aufbaus. Archiv und Texte über »Zümmermann« 1719ff. zum Rathaus: S. Hofmann, Landsbg. Gesch. Bl. 1974/75 S. 90ff. – Ein Riß der Fassade wurde 1972, bez. 1719, unsigniert, im Landsberger Museum gefunden. Etwas verändert gegenüber der Ausführung. 1. Veröffentlichung durch Sigfrid Hofmann in Bayerland, Mchn. 57. Jg. S. 32. (Abb. Nr. 32/33)

22 Obermedlingen in W. Meyer, Die KD des Landkr. Dillingen a. D., Schwaben VII Mchn. 1972 S. 792–826

23 Rückholz in M. Petzet, Bayer. Kurzinv., Mchn. 1960 S. 148–150

24 Weißenberger Paul, Baugeschichte der Abtei Neresheim. Stuttg. 1934, Register S. 260, bes. S. 84f. – P. Weißenberger, D. Z. in N. Im Archiv f. die Gesch. des Hochstifts Augsbg. VI, 6, 1929 Dillingen, S. 651f.

25 Weißenberger Paul, Kirchl. Dorfkultur im Härtsfeld. Bilder aus d. Gesch. v. K., Aalener Volksztg. Nr. 172 v. 30. VII. 1958 S. 10 – Im Diarium des Klosterkanzlei – Sekretärs Joh. Heyser II 1712/22: »Den 23. Junii (1720) Herr Dominicus, Stoccator, kombt von Mödingen anhero, einen Riß zu der Ipsarbeith in die Kirch (= umschließt alle Ipsarbeith) nacher Kössingen zu entwerfen.« (Liegt in Klosterbibliothek Neresheim). Der Palier Michael Köpf wird auch genannt für Gewölbe, Altar und Kanzel

26 Schnell Hg., Die Landsbg. Dominikanerinnenkirche das letzte Werk D. Zimmermanns († 1766). In »Das Münster« XIX H. 12 Mchn. 1966 S. 472–480 (mit alter Abb. des bemalten Klosters)

27 Muchall-Viebrook Th., D. Z. (Anm. 13) S. 68/69 (mit Abb.) – Schnell, Scagliola (Anm. 3) S. 115/116 (mit Abb.)

28 Mader Felix, KD Bayern, Ufr. XII Stadt Würzburg. Mch. 1915 S. 290, 305, 308 (mit Abb.) – Schnell H., Scagliola (Anm. 3) S. 116–119 (mit Abb.)

29 Schnell H., in Die christliche Frau, Münster i. W. 1941 S. 34f.

30 Walz Angelus, Bad W., Dominikanerinnenkloster. Schnell, Kunstführer Nr. 930 Mchn. 1970 (mit Archivalien u. Lit.) – Hch. Habel, Ldkr. Mindelheim, Bayer. Kurzinventar XXXI, Mchn. 1971 S. 51–69

31 Neu Wilh., D. Zimmermann als Maler. In Jahrbuch der bayer. Denkmalpflege 28 für 1970/71 (Mchn. 1973) S. 248ff. mit 6 Abb. Fotos vor der Renovation 1941 Archiv Schnell

32 Schnell Hg., Der Baierische Barock. Die volklichen, geschichtlichen und religiösen Grundlagen. Mchn. 1936 S. 10, 30, 188

33 Zu dem wenig erforschten Bau vgl. Klaus B., Zur Gesch. der Klöster der ehem. Reichsstadt Schw. Gmünd. In Württ. Vierteljahreshefte f. Landesgeschichte N. F. XX 1911 Heft 1 Stuttg. Kohlhammer S. 5–67, ges. S. 45f. – KD Kgr. Württemberg 29./30. Lfg. Jagstkreis, Gmünd, v. E. Gradmann, Stuttg. 1904 S. 409–410. – Pfeiffer B. in Württ. Vierteljahresh. 20, 1911. – Muchall – Viebrook, D. Zimmermann, L. 1912 S. 13 widmet dem Bau nur zehn Zeilen. Er ist trotz der Umbauten zur Kaserne, zu Büros etc. wert, eingehend monographisch behandelt zu werden: sowohl für Architektur wie für Stuck, mit welch einfachen Mitteln sich D. Zimmermann auch bei größter Sparsamkeit einsetzen konnte. Die Franziskaner von Schwäbisch Gmünd baten ihn 1750/1951 um einen Hochaltaraufbau

34 Archivmaterial in KD Württ. Krs. Saulgau Stuttg. 1938 nicht genannt. Aufgeführt bei Schnell, Kloster Siessen, Kl. Kunstführer Nr. 276 Mchn. 1938 S. 5. Ergiebige Chronik des Klosters: »Gründliche Beschreibung des Jungfräulichen Gotteshauses Sießen« ... ab 1250 mit verschiedenen Künstlernamen und Beträgen. Liegt heute im Fürstl. Thurn und Taxis'schen Denkmalarchiv in Regensburg. – Dorothea Bender, DZ. und sein Werk. Eine Genese des Werkes, aufgezeigt an Siessen, Steinhausen u. Wies. 80 Bl. Schreibmasch. April 1974 Zulassungsarbeit Pädag. Hochschule Weingarten Württ.

35 Manualien des Priors bzw. Procurators der Kartause Buxheim im Archiv der Abtei Ottobeuren. (Veröffentlicht von Schnell H. im Allgäuer Geschichtsfreund Nr. 79 Kempten 1979, ausgezogen nach Bestand 1952): proanno 1726: Eintrag 31. May Grundsteinlegung zur »neüen Pfarrkirch .. dem Dominico Zimmermann (2 n), Baumeistern, zur Discretion .. 13 fl. 20 kr. – 1727, 28. Sept. empfangt Er Dominicus (Göbhart) Gypser Pallier 126 fl., 9. Nov. 300 fl. Den 26. Nov. Herrn Dominico Zimmermann die restierende 100 fl. für accordirte Gypserarbeith zahlt 100 fl. (Unterschrift »Dominicus Zimmerman.«) Dan ihm geben pro parte Discretionis eodem dato 100 fl. – 1728, den 18. July mehr ihme zu voriger Discretion geben 50 fl.,« – Er erscheint dann erst wieder 1733 in Buxheim. Breuer T., Stadt- und Landkreis Memmingen. Bayer. Kurzinventar IV Mchn. 1959 S. 90–02. – Arens Fritz und Stöhlker Fr., Die Kartause B. bei Memmingen in Kunst und Geschichte. B 1962 S. 6–9. – Müller Michael und Zitzelsberger, Buxheim, Reichskartause, Museum und Pfarrkirche. B. [2]1977 S. 26–28

36 Archivalien und Literaturangaben in Bischof und Schnell, Steinhausen, Kl. Kunstführer Nr. 203 von 1937; [14]1977. Außerdem Lieb N., Barockkirchen zwischen Donau und Alpen, Mchn. [4]1976, S. 175. Gute Lichtbilder hier und bei Kasper und Strache, St., 1957

37 Schmieder Ldg., St. Blasien. Augsburg 1929 S. 132/33, 213

38 Schnell, Scagliola, Anm. 3, S. 125–126 mit Abb.
39 Manuale Buxheim, Anm. 35
40 Es wurde bisher nicht angezweifelt, daß die Annakapelle in Buxheim von D. Zimmermann erbaut und in entscheidender Weise stukkiert wurde. Im Manuale erhält D. Z. in diesen Jahren Beträge als Baudirector, ein anderer Architekt ist nicht erwähnt. Johann Z. wird nur für das Altarbild (nicht für den Altar) bezahlt. Anton Sturm hat den formenprächtigen Rahmen und die Figuren geschnitzt. Da Franz D. Zimmermann mit Rechnungsbeträgen erscheint, darf er als Mitarbeiter in der Annakapelle angenommen werden
41 Aktenangabe bei Schöttl Julius, Die Kirche zu U. L Frau in Hg. Schnell, Kl. Kunstführer Nr. 407 Mchn. [5]1965. – Muchall-Viebrook, Schöttl J., U. L. Frauen Kirche zu G., Augsburg 1925. – Ders. in Günzbg. Heimatblätter 4/5. 1955. – Der beste Beitrag der Frühzeit: A. Schröder, Die Frauenkirche zu G. in »Beilage zur Augsbg. Postzeitung« Nr. 52 v. 24. X. 1903 (Archiv Schnell)
42 Über die in der Forschung vernachläßigte Kirche gibt es kaum Material. Mit Archivalien erarbeitet: Schloß Pöring und seine Besitzer (ohne Verf. Name). In Landsberger Geschichtsblätter XII 1913 Nr. 4 S. 25–28, Nr. 5 S. 36–38, Nr. 6 S. 41–43, Nr. 7 S. 49–51, Nr. 8 S. 57–63. – Muchall-Viebrook, D. Z. 1912, S. 44–47, 78. – Landsbg. Geschichtsbl. 42/1952 S. 19
43 Wenige Nachrichten im Stadtarchiv Landsberg u. Kreisarchiv Mchn. Landger. Landsberg. Fasc. 2020/124. – Muchall-Viebrook Th., D. Z., L. 1912, S. 47–49. – Schnell H., Stadtpfarrkirche und Johanneskirche Landsberg. Kl. Kunstführer Nr. 88 1935, [4]1975, S. 16–19. – Hofmann Sigfrid, Landsberg a. L. In Schnell, Große Kunstführer Nr. 35 Mchn. 1961, S. 11, 22, 27. – Zu Ornamentaltären vgl. in Kupferstichwerken Jg. Carol. Junck, gestochen Hertel, Augsburg, Nr. 35 Altarentwurf mit Muschelornament, an Ausführungen Küchels Gnadenaltar in Vierzehnheiligen. Es bestehen keine formalen Beziehungen
44 Der Altar wurde leider einmal renoviert
45 S. 31 Ich, Endes Unterschriebener, bekenne öffentlich gegen männiglich in Kraft dieses Scheins, daß ich von Ihrer Exz., Herrn Dechant und Stadtpfarrer« bin föllig bezalt wordten mit 500 fl. nebst Abruhung für mich einen Dukaten mit 4 fl. 15 kr. zusammen 512 fl. 45 kr. welches bezeigt meine eigene Handschrift, geschehen den 3. November anno 1748 D. Zimmermann St:E:Archtg:« (Schongauer Nachr. Sonntagsbeilage 21./22. VII 1951)
46 Der Überschlag veröffentlicht in S. Hofmann, Wiss. Veröffentlichungen des Heimatpflegers von Obb. H. 13 Schongau 1957 S. 37 (Privatdruck). Die Pläne veröffentlicht in S. Hofmann, Geschichte der Stadt Schongau, Bayerland Verlag Mchn. 1953, S. 57. (SA)
47 Reinle Adolf, Ein Fund barocker Kirchen und Klösterplä ne. In ZAK (Zeitschrift f. Schweiz. Archäologie u. Kunstgesch. XII 1951 H 1, S. 9ff.) – Grundlegend Alfons Kasper, Das Prämonstratenser-Stift Schussenried 2. Teil Schussenried 1960 (mit Abb. u. Plänen)
48 Schnell H., Der Hochaltar in der ehem. Franziskanerkirche in Schwäbisch Gmünd. In »Das Münster« XII Mchn. 1960 S. 109–118 (mit 10 Abb.) – Schnell H., St. Franziskus Schwäb. Gmünd, Kl. Kunstführer Nr. 739, [1]1961 (mit Archivalienangaben)
49 KD Württ. Donaukreis OA Biberach (J. Baum u. B. Pfeiffer), Eßlingen a. N. 1909 S. 114/126 – Erstmalige Erwähnung Zimmermanns in Schnell H., Scagliola, Anm. 3, S. 126ff. und in Schnell H., Gutenzell, Württ., Kl. Kunstführer Nr. 627, [1]1955. – Briefwechsel D. Z.s in Ldg. Pöllmann, »Für die gaistl. Jungfer Tochter des Reichs-Stifts-Kirchen renouvieret« in »Das Münster« 28. Jg. Mchn. 1975 S. 296–299
50 Lieb N., Die Vorarlberger Barockbaumeister, 3. völlig neu bearbeitete Neuauflage. Mchn. 1976 S. 112
51 Hofmann S., Das D. Zimmermannhaus in der Wies bei St. In »Der Zwiebelturm«, Rgsbg. 1967 H. 3 S. 54
52 Schmidt Hermann, Eresing. Erstmals auf D. Zimmermann verwiesen. In Schnell, Kl. Kunstführer Nr. 81 Mchn. 1935 – Landsberger Geschichtsblätter 32. Jg. 1935 Nr. 9–10 (Baurechnungen 1756/57) – Die Pfarrkirche zu E. In Der Zwiebelturm I Rgsbg. 1956 S. 88f. (Baubeschreibung nach 18. Jh.) – Neu W., Die Rechnungen in Pfarrk. St. Ulrich in E. 1646–1804. In Lech-Isar-Land 1969 S. 147–165
53 Archivalien im Kloster, im Stadtarchiv, Augsbg. Ordinariatsarchiv. Literaturangaben in H. Schnell, Die ehem. Ursulinenk. in L., das letzte Werk D. Z. In »Das Münster« XIX. Jg. Heft 11–12 Mchn. 1966, S. 472–480. – Schnell, H., Kirche im Kloster der Dominikanerinnen Landsberg. Kl. Kunstführer Nr. 861 Mchn. 1967 (mit Abb.)
54 Zum Anteil D. Zimmermanns an der Kirche + Ausstattung in Maria Steinbach a. Iller vgl. Schnell H., M. Steinbach, Kl. Kunstführer Nr. 205, Mchn. [5]1977 (mit Abb.)
55 A. Reinle, Ein Fund barocker Kirchen- und Klosterpläne (Mit 11 T.) In Zeitschrift für Schweiz. Archäologie und Kunstwiss. Bd. 11 Basel 1950, H 4 S. 216–247; Bd. 12 1951 H 1 S. 1–21 (mit 6 T.) Dank für Grundrisse-Abdruck S. 75
56 Salvatore Boscarino, Juvarra Architetta, Roma 1973 S. 197f. (Abb. 139)
57 Münchner Jahrbuch d. bild. Kunst NF 2 München 1925 S. 250/57; Alfons Kasper, Zur Vorgeschichte des Ovalgrundrisses der Wallfahrtskirche Steinhausen. In Ulm und Oberschwaben Bd. 34 Ulm 1955 S. 153–161 (mit 5 Abb.) – Zum Oval vgl. ferner Louis Hautecoeur, Mystique et Architeture. Paris 1954 – Hermann Weidhaas, West-östl. Beziehungen in der Baugeschichte des 17. und 18. Jhs. In Wiss. Zeitschrift d. Hochschule f. Architektur ... Weimar II 1955/56 H 2 S. 75–148 – Ergänzend zu Ungarn: Andreas Angyal, Ein spezieller Architekturtypus im ungar. Barock. In Forschungen u. Fortschritte 31 H. 5 Berlin Mai 1957 S. 153f. – Wolfg. Lotz, Die ovalen Kirchenräume des Cinquecento. In Röm. Jahrb. f. Kunstgesch. VII 1955 S. 7–99. – Gg. Mörsch, Der Zentralbaugedanke im belgischen Kirchenbau des 17. Jhs. Diss. Bonn 1965 (Kreis mit Freistützen in Mecheln) – Joh. Hch. Müller, Das regulierte Oval. Zu Ovalkonstruktionen bei Serlio ... Diss. Bremen 1967. – Naab u. Sauermost, Der Ovalraum als Einzelmotiv. In Katalog Vorarlbg. Barockbaumeister. Einsiedeln 1973 S. 116–120. – Böhmen vgl. Kunstdenkmäler, bes. Bd. XVII 2, XXX 48. – Frankreich (nur profan). U. a. Fr. Blondel, De la Distribution des maisons deplaisance ... I 1737; Nachdruck 1967 by Gregg Bd. I p V Pl 39 S. 170
58 W. Oechslin und H. J. Sauermost in Katalog »Die Vorarlberger Barockbaumeister«. Einsiedeln 1973
59 Erstveröffentlichung durch L. Birchler, Einsiedeln, Augsbg. 1924 Abb. 115. – H. Schnell, K. Moosbrugger und der Grundriß der Wies. In »Das Münster« III 1950, S. 183–186 (mit Abb.). – Die Ovalpläne Moosbruggers im sog. Auer Lehrplan ebenda Jg. III H 1/2 S. 1–20
60 Geh. Rat Julius Haase, München, hat um 1938/40 eine raumtechnische Studie über die Wies geschrieben: Studie ihrer Proportions-Methodik. Ms. 19 Blatt Schreibmasch. Ob sie gedruckt wurde, ist mir unbekannt. (Ms. im Archiv Schnell, auch Ms. über Ottobeuren)
61 Schnell Hg., Die Entwicklung des Kirchturms und seine

Stellung in unserer Zeit. In »Das Münster« XII Mchn. 1969 I S. 85–96; II S. 177–204

62 Schnell Hg., Christliche Lichtsymbolik in den einzelnen Kunstepochen. Ein entscheidendes Element in der Metamorphose der Ikonologie des Kirchengebäudes und von Stilen. In »Das Münster« Münster 31. Jg. München 1978 S. 21–47

63 Nach Thomas von Aquin ist »im Tastsinn principaliter die ganze sinnenhafte Wesenheit enthalten«

64 Eingehendste Schilderung aller Fresken in dem grundlegenden Werk von Hermann Bauer und B. Rupprecht, Corpus der barocken Deckenmalerei in Deutschland. I. Bayern, Obb. Mchn. 1976 S. 600–623 mit guten Abb. aller Fresken

65 Vgl. »Das Münster« XXVIII Mchn. 1975 S. 296–299

66 Vgl. Die Arbeiten von Hermann Bauer, bes. Rocaille. Berlin 1962. – Ders., Zum ikonologischen Stil der südd. Rokokokirche. Mchn. J 6. 3. Folge XII 1961 S. 218–240. – B. Rupprecht, Die bayer. Rokokokirche, Kallmünz 1959

67 *Schütz (Schüz, Shiz) Nikolaus* Stukkator und Maurermeister, stammt aus weitverzweigter, sehr angesehener Wessobrunner Stukkatorenfamilie. Er dürfte m. A. einer der führenden Mitarbeiter D. Zimmermanns in Wies gewesen sein. Der gesuchte Nachweis der Wessobrunner Abkunft ergibt sich aus der Landsberger Trauungsmatrikel: 22. XI. 1717 Nicolaus Schüz, ledig von T(!)essesprunn mit Helene Settele aus Landsbg. Maurermeistersfamilie. Beim Sohn Joh. Michael Sch., geb. 16. IX. 1721, wird Stockatorin Theresia Zimmermann Patin. 1745 übernahm Dom. Zimmermann, der den Vater 1717 für das Bürgerrecht in Landsberg empfohlen hatte, für Sohn Joh. Michael eine Caution. (26. XI.) Nikolaus Sch. wird mehrmals Stockator und Maurermeister genannt. Ob er von D. Z. freigesprochen wurde, ist unbekannt. Er starb als »freiresign. des Äußeren Rats und Güpsarius« in Landsberg 13. XII. 1785 (Geburtseintrag unauffindbar, da Taufen nicht immer verzeichnet sind).
Bereits 1. 5. 1719 kommt N. Sch. als »Ballier« D. Zimmermanns nach Neresheim (Festsaal) und tritt in dieser Stellung auch in Steinhausen und Eresing 1756f. (nach der Wies-Arbeit) auf. Deshalb ist anzunehmen, daß er auch in Wies Stukkator-Palier war. 1730/32 über mindestens 12 Stukkatoren in Steinhausen »primier Stuccador« mit höchstem Lohn. 1738 stukkiert er (dort genannt und stilistisch ausgewiesen) die Kirche in Katharinenthal, Kt. Thurgau; 1739 Sigmaringen Josefskapelle (Zuschreibung Genzmer), 2 Zimmer auf dem Josefsberg (lt. Quittung); 1740 Inzigkofen Einsiedler Muttergotteskapelle; 1746 Hechingen, Marienkapelle; 1746/47 Oberelchingen Klosterkirche OSBI; 1747/49 Chor (Wies(?); 1748 Haigerloch, Stadtkirche lt. Inschrift stuckiert und im Schloß; 1749 Bauern- und Gasthaus erbaut in Katharinenthal; 1751/52 Thalfingen Pfarrk. (Auftrag über Elchingen) Chor (mit Putten und Vogel); 1753/54 Wies Langhaus? 1756f. Eresing Pfarrk. (unter D. Zimmermann) st.; 1759f. Schwabmühlhausen Pfarrk. st.; 1762/64 Thaining b. Landsberg Pfarrk., Neubau u. Stuck; 1764 Spoetting St. Ulrich bei Landsberg (durch 24 Wochen Bau geführt 223 fl. 55 kr. Stadtarchiv). – In der Werkschar Zimmermanns war auch Pontian *Gigl* (s. d.). Vgl. auch *Übelher*. – Über diese Stukkatoren und noch weiteres Material über D. Zimmermann vgl. Schnell, Die Wessobrunner Bau- und Stukkatorenschule (in Bearbeitung).

Schrifttum

Archivalien im Augsburger Ordinariatsarchiv verbrannt. Vor dem Brand vom Verf. benützt. Im Münchener Kreisarchiv (bes. KL Steingaden 1745, 688–690). – In der Bayer. Staatsbibliothek München (Cgm 2960 Ms. *Haimerle*, Sammlung zu einer Steingadensischen Chronik (bis 1745). – Im Neuburger Archiv liegt nichts. – Neuere Bauakten im Landbauamt Weilheim (ab 1831) und im Landesamt für Denkmalpflege München (ab 1900).

Neu – entsprossene Gnaden – Blum auf der Wis, d. i. Kurtzer Unterricht des Ursprungs und Gnadenvollen Fortgangs der ... Wallfahrt auf der Wis genannt ... von einem diss. Löbl. Closters Steingaden Ordin. Präm. Can. Capitulari. I. Theil Augspurg bey Max Heiß 1746. 196 S. (mit Wunder- und Gnadenberichten). – Fernerer und noch weit mehrer sich ausbreitender Geruch der Neu-entsprossenen Gnaden-Blum in der Wis ... von einem ... Capitulari. Anderter Theil. Kauffbeyren bey Christian Starck 1748. 220 S. – Fortdaurend-Lieblicher Geruch der neu-entsprossenen Gnaden-Blum in der Wis, III. Theil, Kauffbeyren bey Johann B. Neth. 1749. 386 S.

Wahrer Ursprung und Fortgang Der in Oberbaiern/Augspurger Bißthums, und einem löblichen Prämonstratenser Chorherren Stift Steingaden einverleibten Walfart des gegeißelten Heilands auf der Wies. Neue/ und verbeßerte Auflage. Gedruckt in der Fürstlich Hochstift Kemptischen Buchdruckerey durch Aloiys Galler 1779.

Bauer, Il Rococò tedesco. Nella Cattedrale di Wies. Nr. 40 L'arte racconta. Fratelli Fabbri-Albert Skira, Genf. 1965 (6 S. Text, 30 Farbt.)

Bauer Hermann und *Sedlmayr* Hans, Rococo. In Encyclopedia of World Art, Vol. XII London 1966, italien. 1958 Roma

Baumeister Engelbert, Rokoko-Kirchen Oberbayerns. Straßbg. 1907 S. 67.

Dehio, Gg., Handbuch der deutschen Kunstdenkmäler, Bd. III Berlin 1925.

Ders. Geschichte der deutschen Kunst. Bd. III Berlin 1926.

Dörfler Peter, Der ungerechte Heller (Roman), München 1922

Ders., Die Wessobrunner, München 1948 und 1978.

Feulner Adolf. Die Wies. Bd. 50 Deutscher Kunstführer, Augsburg 1931.

Hager Georg, Die Bau- und Kunstdenkmale des Klosters Steingaden

Ders., Die Bautätigkeit und Kunstpflege im Kloster Wessobrunn und die Wessobrunner Stuccatoren. Beide Aufsätze in Oberbayr. Archiv Mchn. 1894, 48 Bd., S. 124f.; S. 195f.

Hartig Michael, die Wallfahrtskirche in Wies. In Die christl. Kunst XXI Mchn. 1925 S. 129f.

Ders., Die Wallfahrtskirche in Wies, mit 10 Ill. von Fred. Nockher in »Die Christliche Kunst« XXI 1925 Heft 6 S. 129f.

Ders., Die oberbayerischen Stifte. Bd. II München 1935 S. 24ff.

Hauttmann Max, Geschichte der kirchlichen Baukunst ... München 1921.

Ders., Die Wallfahrtskirche Wies (Heimatbilder I, 5) München 1922 (der 1. neuzeitliche Führer durch die Wies).

Henle A., Die Typenentwicklung der südd. Kanzel des 18. Jahrh., Heidelberg. Diss. 1935.

Hitchcock Henry-Russell, German Rococo: The Zimmermann Brothers. Allen Lane The Penguin Press London 1968

Ders., Rococo Architecture in Southern Germany. Phaidon London–New York 1968 (Register S. 423, 425)

Hoffmann Richard, Die Wallf. K. W. b. St. In Kalender bayr. u. schwäb. Kunst. Mchn. 1911. Bd. VIII S. 8–10.

Hofmann Dr. Sigfried, Stift Steingaden 1147–1803. Steingaden 1947.

Ders., Zur Verbreitung des Wieskults (Ergänzung zu Kriss R., Volkskundliches aus altbayerischen Gnadenstätten 1930, Lech-Isar-Land, XII Juli 1936).

Ders., D. Zimmermann. Leben und Werk. Festvortrag Landsberg 1966. 16 S. (Privatdruck).

Hofmiller Josef, Pilgerfahrten. München 1932.

Kimball Fiske, Le style Louis XV. Engl. Ausgabe 1943, französische Paris 1949

Lamb Carl, Zur Entwicklung der malerischen Architektur in Südbayern in der ersten Hälfte des 18. Jh.... bei Asam, Holzer und Zimmermann. München Diss. 1935. Druck Würzburg 1937.

Ders. Die Wies. München 1948. Neuausgabe München 1964. Kunstgeschichte, Deutscher Verein f. Kunstwissenschaft, Rembrandt-Verlag, Berlin 1937.

Ders. Die Wies. München 1948 und 1964.

Lampl Sixtus, Die Klosterkirche Tegernsee. Obb. Archiv Bd. 100 Mchn. 1975 S. 1 f. (betr. Choranlage Vilgertshofen–Tegernsee–Wies)

Lieb Norbert, Barockkirchen zwischen Donau und Alpen. Mchn. [4]1976.

Muchall-Viebrook Thomas, Dominikus Zimmermann, L. 1912. Auch im Archiv für die Geschichte des Hochstiftes Augsburg IV.

Pinder W., Deutscher Barock. Blaue Bücher, Königstein 1911.

Quehl Gg., Eine Studienfahrt zu den Hauptwerken D. Zimmermanns. Im Zentralblatt für Bauverwaltung. Bln 1923.

Quittner – Alatini, Fleur de Grace. (L'eglise de Wies). Roman. Paris 1933.

Sachse H.-J., Barocke Dachwerke, Decken und Gewölbe, Berlin 1975 (behandelt die Wies)

Satzger Alfons, Anton Sturm, der Meister der vier Kirchenväter in der Wies. – »Münster« II. 1948/49, S. 406ff. und »Münster« III, S. 186ff. München 1950.

Ders., Wallfahrtskirche Wies, 1. Aufl. 1949, letzte Aufl. 1978

Sulzbacher Kalender 1854.

Schmid J. B., Johann Baptist Zimmermann, Altbairische Monatsschrift II, München 1900.

Schneider F., Die Verhelst. München Diss. 1934.

Schnell Hugo, Die Wies. Schnell & Steiner, [1]1934, [10]1960.

Ders., Der Baierische Barock. Die volklichen, die geschichtlichen und religiösen Grundlagen. München 1936.

Ders. (Hsg.), Kleine Deutsche Kirchenführer, Verlag Schnell und Steiner, München, ab 1. 1. 1934. (Die meisten Kirchen des Pfaffenwinkels und der Gebrüder Zimmermann behandelt). Vgl. besonders Biberbach b. Augsburg, Eresing, Füßen, Günzburg, Gutenzell, Landsberg, Maria Medingen, Siessen, Steingaden, Steinhausen, Waldsee-Württ., Wies, Wörishofen, Würzburg–Neumünster.

Ders., Die Scagliola-Arbeiten D. Zimmermanns. In Zeitschrift des Deutschen Vereins für Kunstwissenschaft, Berlin 1943, X. Bd. S. 105–128.

Ders., K. Moosbrugger und der Grundriß der Wies. »Münster« III 5/6, München 1950 S. 183ff.

Ders., Der Hochaltar der ehem. Franziskanerkirche in Schwäbisch Gmünd, ein Werk D. Zimmermanns. »Münster« XIII 3/4, München 1960, S. 109ff.

Stutzer Dietmar, Hoc loco habitat fortuna – »Zur abenteuerlichen und schmerzensreichen Bau- und Finanzierungsgeschichte der Wieskirche«. In Bayerland Nr. 9 Mchn. 1978 S. 2–15.

Vierthaler Max, Führer durch die Wies, München 1924. Schongau 1929.

Worobiow Nicolay, Die Fensterformen D. Zimmermanns. Versuch einer genetischen Ableitung, Diss. Mchn. 1934. – (Vgl. Archivalien und Schrifttum in den Anmerkungen zu einzelnen Themen und Orten.)

Die Künstler

Albrecht Balthasar August (geb. 1687 zu Berg am Starnberger See, gest. 1765), Münchener Hofmaler, malte das Hochaltarblatt der Heiligen Familie um 1753/54, der Tradition nach in München, weshalb das Rot am Mantel des oberen Engels mit dem Rot der Kirche nicht übereinstimmt. Signatur: »B. A. Albrecht pinx.« Er war in der Kommission, die das »Wunder der Tränen« an der Heilandsfigur zu begutachten hatte. (Bachter, Falk, B. A. Albrecht. Diss. Mchn. Univ. Phil. 1978 Ms.)

Baeck Elias stach um 1745/46 ein breiter ausgeführtes Blatt mit dem Loryhaus und der alten Kapelle (diese mit Türmchen auf dem später wieder abgebrochenen Langhaus aus Holz). Veröffentlicht [1]1934, [2]1935 in Schnell, Die Wies.

Bergmüller Dominikus, geb. 23. VII. 1707 in Türkheim; erstellte die Altäre in Mönchsdeggingen, dann 2 Seitenaltäre 1756 in Wies (lt. Zettel im lk. Seitenaltar. Vgl. »Das Münster« III 1950 S. 186f. A. Satzger und Oswald Läuterer, Die Künstler Türkheims I Jg. Gg. Bergmüller. Türkheim 1953)

Bergmüller Johann Georg, geboren 1688 zu Türkheim in Bayern, gestorben 1762, Augsburger Akademiedirektor. Malte das nördliche Seitenaltarblatt. Maria Magdalena salbt dem Herrn die Füße. Signatur: »J. G. Bergmüller fecit 1756«. Er malte Altarblätter und ausgezeichnete Fresken, vor allem im nahen Steingaden 1751. (Altar der Bruderschaft des gegeißelten Heilandes)

Betz, Bildhauer, München, Schüler Eberhards, 1847 (als die Wallfahrt neu belebt wurde): Büsten des hl. Joseph und Jakob für den Hochaltar.

Feichtmayr (Feuchtmayr), Stukkatorenfamilie, Wessobrunn. Sie soll in der Wies mitgearbeitet haben.

Feulner schreibt ihr mit Unrecht die Kanzel zu. Der ausführende Meister ist Steinhauser (s. denselben). Für die Mitarbeit Feichtmayrs findet sich bisher keine Unterlage. In der Dissertation von Erika Petri, J. M. Faichtmayr, München 1935, ist die Wies nicht erwähnt.

Gigl, Stukkatorenfamilie aus Wessobrunn-Forst; laut Tradition soll Gigl in der Wies mitgearbeitet haben. Am ehesten käme Pontian Gigl in Frage, der 1731 Mitarbeiter D. Zimmermanns in Steinhausen (urkdl.) war. 1721 stukkierte er u.a. die Sakristei in Rheinau, Schweiz, 1732 mit anderen die Klosterkirche in Beuron.

Gleich, Augsburg, hat ein größeres Blatt des Wiesheilandes gestochen. 21.:15 cm (Sammlung M. Hartig in Diözesanbibl. Regensburg). Spielt auf die Lichtsymbolik an.

Jäger Andreas, Füßen, erstellte 1753 die Orgel in Füßen (vgl. auch Benediktbeuern); laut mündlicher Tradition von ihm die Orgel in der Wies (Orgeln von ihm u. a. 1749 in Hindelang, in Füßen 1752/53 für St. Mang, für U. L. Frau v. Berg, 1770 St. Sebastian.) Vgl. Brenninger Gg., Orgeln u. Orgelbauer im ehem. Ldkr Schongau. In Lech–Isar–Land 1976 S. 72f.

JCL Meistermarke auf Rokokokelch in Wies, vielleicht Joh. Caspar Lutz, Augsburg.

Köpfle Josef Anton, von Höfen bei Reutte, Tirol, malte 1847 vierzehn Kreuzweg-Stationsbilder.

Labhart J. A., Augsburg, lieferte die Kanontafeln für den oberen Hochaltar, der wohl für Stille Messen des Abtes gebraucht wurde. Ein Vorzeigen von Reliquien fand hier nie statt.

Mages Josef (Magges), (geboren 1728 in Imst), Augsburger Schüler, malte das rechte Seitenaltarblatt: »Reumütiger Petrus«. Eines der besten Gemälde von Mages. Auf dem Schild links unten signiert: »J. Mages Mentor pinxit ao 1756«. † 1769. – PTL Meisterzeichen auf dem geschmackvollen Rokokokelch mit Leidensinsignien Christi an der Schale, Mitte 18. Jahrhundert; nach N. Lieb von dem gleichen Augsburger Meister ein Meßgeschirr in St. Georg, Augsburg und ein Kelch im Münchner Dom.

Pfauntz Gottfried, Augsburg, hat schon vor 1746 Bilder für die Wies gestochen. Auf einem (s. Sammlung Miachael Hartig) ist die alte Kapelle mit einem Türmchen abgebildet, das jetzt nicht mehr vorhanden.

Ramis Bernhard, der Vergolder des Stucks in der Steingadener Kirche, der Maler der Kreuzwege in Steingaden und Bernbeuren, wo er 1749 starb, lieferte laut Signaturen dem S. T. Sondermayr für dessen Stiche in der »Neu-entsprossenen Gnaden-Blum ...« 1746 die zeichnerischen Unterlagen. – Vielleicht stammen von ihm Wallfahrtstafeln und vor allem die für die Geschichte der Wies interessanten Malereien auf Holz in dem kleinen Tambour der alten Kapelle (Brunnen mit Christi Blut und Adam und Eva, die Prämonstratenser tragen das Kreuz auf die Erhöhung in der Wies, der Teufelsrachen verschlingt die Unbußfertigen. Man darf annehmen, daß er, bezeugt in der Wies, Stuck gefaßt hat im Chor.

»Rauch F. Emman. Ord. Chist. P. Fürst 1755 exc.« zeichnete die drei feinen Kanontafeln, die jetzt am linken Seitenaltar stehen, wohl ein Geschenk an die Abtei, eigens für die Wies in Kupferstichmanier gezeichnet. Fr. Rauch war Zisterzienserbruder in Fürstenzell, Ndb. (Kanontafeln »1753« von ihm auch in Kaisheim nach N. Lieb

Schaidhauf Urban, Stukkator, Wessobrunn, getauft 2. Oktober 1787, gest. 17. I. 1869, »arbeitete viele Jahre im Palais eines Fürsten in Warschau, aber auch oft in München ..., ferner in der Wieskirche«. Laut Mitteilung des Enkels an Georg Hager, Oberbayrisches Archiv 48, S. 453. – Es handelt sich hier um eine kleine Renovation; vielleicht ist sie identisch mit einer genannten kleinen Wiederherstellung ca. 1830 nach Wiedereröffnung der Kirche.

Schütz Nikolaus, st., geb. in Wessobrunn, gest. 1785 Landsberg. Vgl. Anm. 67.

Schwaiger Lukas, Prämonstratenserbruder in Steingaden, »wohlerfahrener Maler«, geboren in Rom, Selbstporträt am Hochaltarbild in Ilgen, setzte aus alten (!) Teilen die Wallfahrtsfigur zusammen mit P. Magnus *Straub,* überpappte und übermalte sie 1730. + 8. VI. 1741.

Söckler Bernhard, gestorben 1781, Augsburg, stach Wallfahrtsbildchen mit dem Wies-Heiland (Sammlung M. Hartig).

Sondermayr S. T., Augsburger Kupferstecher, brachte wohl die meisten Wallfahrtsbilder der Wies auf den Markt, kleinere und größere, auch aufklappbare, berührte usw., meist mit Text (Gebeten). Er druckte für das Steingadener Kloster, da er auch den Bilderteil in der »Gnadenblum« besorgte.

Steinhauser Pontian, Stukkator, arbeitete in Steinhausen und in Sießen 1729 beim Bau, wo er »Maurerballier von Wessobrunn« genannt wird, mit. Beide Male archivalisch nachweisbar. Er gehört zu dem Trupp des Dominikus Zimmermann. Hager (Oberbairisches Archiv 48, S. 446) bringt aus J. B. Leuchthenmayr, Forst oder St. Leonhard, ... Neuburg a. D. 1881 die bisher übersehene Nachricht, daß nach der Tradition die Steinhauser (er hatte auch einen Sohn Johann Michael, geboren 1718) die *Kanzel* der Wies gefertigt (nicht entworfen) haben. Von den Steinhauser ist bisher kein selbständiges Werk bekannt.

Sturm Anton, geboren 30. Mai 1690 in Prutz bei Landeck in Tirol, gestorben 25. Oktober 1757 in Füssen, »der bedeutendste Allgäuer Plastiker« (nach Lieb), tätig u. a. in Ottobeuren, Füssen, St. Mang,

Kloster und Kirche (Kanzel), Steingaden, Rottenbuch, Garmisch, Buxheim, Ochsenhausen. Vgl. »Münster« II. Jg. 1948/49 Heft 13/14 und III. Jg. Heft 5/6. Meister der Kirchenväter im Langhaus. Ebenda XVI. 1963 S. 317f. A. Schahl, Die plastische Ausstattung ... zu Nasgenstadt. Ebenda XVII 1964 S. 314f. Mich. Petzet, Die Füßener Bildhauerwerkstatt A. Sturm im Oberallgäu.

Übelherr (Übelhör) Johann Georg, Stukkator, geboren 31. 4. 1700 zu Wessobrunn, gestorben 27. 4. 1763 zu Steinbach an der Iller. Arbeitete mit Johann Baptist Zimmermann bei der Stuckierung der Reichen Zimmer in der Residenz zu München 1730/33. Da der Hochaltar in Maria Steinbach, den Übelherr gefertigt hat, viele Ähnlichkeiten mit dem in der Wies aufweist, ist zu klären, ob D. Zimmermann einen Riß lieferte oder ob Übelherr in der Wies mitgearbeitet hat. An Engelstypen ist er nicht zu erkennen.

Verhelst Ägid (d. Ä.), geboren 13. 12. 1696 in Antwerpen, gestorben 19. 4. 1749. Für Wies schuf er nach Lipowsky bis 1749: sechs Choraltarfiguren (2 Propheten und 4 Evangelisten). Diese sind in ihrem Stilcharakter typische Augsburger Arbeiten (vgl. F. Schneider, Die Verhelst, Diss. Leipzig 1934).

Vogl, Mitglied der weitverzweigten Familien in Wessobrunn, gest. in Wien um 1820/25, restaurierte einiges in der Wies als Stukkator Ende 18. Jh. (Archiv Schnell)

Walser Joseph von Schwarzberg (prope Sylvam Hercynias), Vorarlbg. Maurer, verunglückte tödlich beim Bau des Chores der Wies 1744 (Mitt. S. Hofmann).

Zimmermann Dominikus, Baumeister, Altarbauer und Stukkator, geboren Ende Juni 1685 in Gaispoint bei Wessobrunn, gestorben 16. November 1766 in Wies. Gesamtplan für Kirche und Gebäude für Abt und Wallfahrtspriester, ca. 1743. Entscheidend auch beteiligt am Stuck, der Kanzel, und der gesamten Einrichtung. Rechnungen unbekannt. Sein Name steht an der Westempore.

Zimmermann Franz Dominikus, Sohn des Dominikus Zimmermann, geboren vor 1716, gestorben 2. 3. 1786, stuckierte u. a. in Steinhausen und Buxheim (Kreuzgang), laut Tradition Maurerpalier in der Wies. Es liegt nahe, an seine Mitarbeit als Stukkator zu denken. Am 9. 2. 1750 hatte er die Witwe Maria Lory geheiratet, deren erster Mann Johann Martin Lory am 2. 4. 1746 gestorben war. Franz D. Zimmermann blieb in der Wies. Er war dort auch als Wirt tätig, ähnlich wie der Maler F. A. Erler in Ottobeuren oder M. von Aw, Sigmaringen.

Zimmermann Franz Michael, gest. 1784, Maler (Gemälde St. Elisabeth in München, Hl. Geist usw.) und Hofstukkator, in der Kunst sehr eng an den Vater gelehnt, aber ohne besondere Begabung, hat sehr wahrscheinlich, laut Tradition dem Vater Johann Baptist bei den Fresken in der Wies geholfen.

Zimmermann Johann Baptist, getauft zu Wessobrunn am 3. 1. 1680, begraben am 2. 3. 1758 an der Südseite der Peterskirche in München. Er malte ca. 1749 und 1753/54 die Fresken. Am Fuß der Geißelsäule (in der Wallfahrtskirche zum gegeißelten Heiland!) die Signatur »Zimerman pinx«. Während sein Bruder vor allem im Schwäbischen arbeitet, ist er meist in Oberbayern beschäftigt: Er freskierte u. a. Buxheim, Medingen, Benediktbeuern, Sießen, Steinhausen, Weyarn; Angerkirche, St. Peter und Harlaching in München; Berg am Laim, Ingolstadt O. F. M., Landshut – Dominikanerkirche, Dietramszell, Andechs, Schäftlarn, Neustift, Nymphenburg, Tegernsee, Emmering b. Wasserburg a. Inn., Prien (als Vorbild für Wies in verschiedener Hinsicht wichtig) und Attel (Elendkapelle). Zweifelsohne regten seine Altarbauten und vor allem Stukkaturen Dominikus Z. an. (Zu Fresken vgl. Ursula Röhrig, Die Deckenfresken J. B. Z. Diss. Ms. Mchn. 1949. Zum Stuck: Chr. Thon J. B. Z. als Stukkator. Mchn. 1977 mit Hinweisen auf die Wies in Text und Abb.).

Fotoverzeichnis

Augsburg, Städtische Kunstsammlungen, Abb. 48 F I 10277 – Bayerisches Landesamt für Denkmalpflege Abb. 13 – Bischof Georg, Steinhausen, Abb. 61 – Buxheim Grundriß, Köbele, Buxheim, Abb. 69 – Gramer Kurt, Bietigheim-Bissingen, Abb. 105, 137, 148, 153, 168, 182, 184, 185, 189 und alle Farbtafeln, sowie Umschlagbilder – Hirmer Verlag, Wiss. Lichtbild, München, Abb. 64 – Kasper Alfons, Schussenried, Abb. 93 – Klammet Gerhard, Garmisch-Partenkirchen, Abb. 188 – Reinle Adolf, Archiv, Zürich, Abb. 94, 95 – Schlegel Arthur, München, Abb. 83 – Schongau, Pfarrarchiv, Abb. 91–92 – Dr. Johannes Steiner, München, Abb. 2, 3, 4, 28, 60, 63, 72, 73, 87, 149, 165, 166, 172, 173, 177, 180, 181, 186, 187 – Foto Wirth, Füssen, Abb. 32 – alle übrigen Fotos Dr. Hugo Schnell, Scheidegg.

INHALT